混合所有制改革
实操与案例研究

PRACTICE AND CASE ANALYSIS OF
MIXED-OWNERSHIP REFORM

周丽莎◎主 编
韩笑妍　肖　雪　周海晨◎副主编

中国经济出版社
CHINA ECONOMIC PUBLISHING HOUSE
·北京·

图书在版编目（CIP）数据

混合所有制改革实操与案例研究／周丽莎主编．－－
北京：中国经济出版社，2020.12（2022.7 重印）
　　ISBN 978 - 7 - 5136 - 5972 - 7

　　Ⅰ.①混⋯ Ⅱ.①周⋯ Ⅲ.①国有企业－混合所有制
－企业改革－研究－中国 Ⅳ.①F279.241

中国版本图书馆 CIP 数据核字（2019）第 249647 号

项目统筹	李煜萍
责任编辑	王　帅
责任校对	李若雯
责任印制	马小宾

出版发行	中国经济出版社
印 刷 者	北京艾普海德印刷有限公司
经 销 者	各地新华书店
开　　本	710mm×1000mm　1/16
印　　张	17.75
字　　数	235 千字
版　　次	2020 年 12 月第 1 版
印　　次	2022 年 7 月第 3 次
定　　价	68.00 元

广告经营许可证　京西工商广字第 8179 号

中国经济出版社 网址 www.economyph.com 社址 北京市东城区安定门外大街 58 号 邮编 100011
本版图书如存在印装质量问题，请与本社销售中心联系调换（联系电话：010 - 57512564）

版权所有　盗版必究（举报电话：010 - 57512600）
国家版权局反盗版举报中心（举报电话：12390）　　服务热线：010 - 57512564

本书编委会

主　编

周丽莎

副主编

韩笑妍　肖　雪　周海晨

编　委

李　蠡	王京波	孙王敏	陈　奥
佟杉杉	耿子恒	孟令轲	颜　巍
赵　敏	李兴元	王绛华	陈翔宇
邢倩倩	张志华	赵孟尝	胡　钰
李晨雨	孙　琦	付学博	王国义
水丹萍	徐　哲	杨尚洪	茹愿洁
陈茜子			

前言
Preface

探索国有企业混合所有制改革,是践行《中共中央 国务院关于深化国有企业改革的指导意见》《国务院关于国有企业发展混合所有制经济的意见》有关要求和党中央、国务院工作部署的具体体现,也是新形势下国有企业改革的重要突破口。

国有企业混合所有制改革的目的在于推动完善现代企业制度,健全企业法人治理结构,提高国有资本配置和运行效率,优化国有经济布局,增强国有经济活力、控制力、影响力和抗风险能力,主动适应和引领经济发展新常态;促进国有企业转换经营机制,放大国有资本功能,实现国有资产保值增值,实现各种所有制资本取长补短、相互促进、共同发展,夯实社会主义基本经济制度的微观基础。积极推进国有企业混合所有制改革,对当前建立现代经济体系、推进供给侧结构性改革、提高资源配置效率、促进创新发展、推动经济高质量发展具有重要的理论和现实意义。

本书以混合所有制改革为切入点,主要从理论背景、实操分析和案例解读三个部分展开研究。在理论背景部分,主要从混合所有制改革的历史和政策演变过程、混合所有制改革的目的和前景、混合所有制改革的方式和路径、混合所有制改革的主要经验四个方面进行梳理;在实操分析部分,主要围绕混合所有制改革的一般程序、"混资本"相关环节操作要点和"改机制"相关环节操作要点展开讨论;案例解读部分作为本书的特色和亮点,主要聚焦国有企业混合所有制改革企业实践展开具体的分析和解读,将十余项珍贵的一手案例分别从混改背景、混改模式、混改成效与经验启示三个维度进行归纳总结,输出分析观点,以期为后续研究提供借鉴和启发。

本书的出版受到国务院国资委研究中心,以及全国国资国企改革领域多位专家和学者的大力支持。希望本书所提供的丰富的案例资源以及一些创见性观点,能够为混合所有制改革领域的决策制定提供有益的参考,为本领域的深入研究提供一定程度的基础性指导。由于作者水平有限,书中难免有不足之处,恳请各位专家、读者批评指正。

目 录
Contents

第一篇　理论背景

第一章
混合所有制改革的历史和政策演变过程 / 3

　　第一节　混合所有制改革的概念界定 / 3

　　第二节　混合所有制改革的历史演进 / 9

　　第三节　混合所有制改革的实践要求 / 30

第二章
混合所有制改革的目的和前景 / 35

　　第一节　党的十八大以来混合所有制改革的背景 / 35

　　第二节　混合所有制改革需要考虑的问题 / 38

　　第三节　混合所有制改革的目的 / 42

　　第四节　混合所有制改革的前景 / 44

第三章
混合所有制改革的基本路径和选择 / 47

　　第一节　混合所有制改革的基本逻辑 / 47

　　第二节　混合所有制改革的方式和路径 / 49

第四章
混合所有制改革的主要经验 / 60

    第一节　混合所有制改革进展 / 60

    第二节　影响混合所有制改革成效的关键因素 / 66

第二篇　实操分析

第五章
混合所有制改革的一般程序 / 73

    第一节　混合所有制改革的基本操作流程 / 73

    第二节　"混资本"主要内容 / 76

    第三节　"改机制"主要内容 / 78

第六章
"混资本"相关环节操作要点 / 80

    第一节　混合所有制改革的战略动机 / 80

    第二节　战略投资者的选择 / 82

    第三节　混合所有制改革中的股权结构设计 / 89

    第四节　资产评估与审计 / 93

    第五节　职工安置 / 105

    第六节　混合所有制改革中的国有资产交易 / 112

第七章
"改机制"相关环节操作要点 / 144

    第一节　企业治理机制体系 / 144

    第二节　企业管理机制设计 / 156

    第三节　中长期激励机制 / 162

第三篇 案例解读

第八章
东航集团东航物流混改案例／169

第九章
中国联通混改案例／181

第十章
中国能建葛洲坝集团混改案例／196

第十一章
中船重工中国动力混改案例／203

第十二章
三峡集团西安风电混改案例／209

第十三章
中国黄金中金珠宝混改案例／215

第十四章
中国建材集团混改案例／222

第十五章
中国节能太阳能公司混改案例／235

第十六章
中粮集团中粮资本混改案例／239

第十七章
山东交运集团混改案例／246

第十八章
江盐集团混改案例／255

参考文献／262

附　录
混合所有制改革政策清单／271

理论背景

第一篇

| 第一章 |

混合所有制改革的历史和政策演变过程

新中国成立以来,如果从企业资本构成的角度看,一部分企业很早就实现了公有资本与非公有资本的混合,这说明混合所有制经济在一定范围内已经长期存在。改革开放后,在20世纪90年代,混合所有制改革也有过阶段性实践,相当一批国有企业引入非公有资本,有的被非公有资本收购,因此,混合所有制改革(以下简称"混改")并不是新鲜事物。今天,我们再度审视新一轮的混改热潮,是因为新的时代背景下混改被赋予了新的内涵和意义。党的十八届三中全会以来,混改成为国有企业改革的重要突破口,从一般竞争性领域拓展到重要领域,从股权混合到强调完善治理,混改一直在提速,热度不断上升。混改着眼于坚持和完善基本经济制度,培育具有世界竞争力的一流企业,促进发挥市场配置资源的决定性作用、巩固国有资本的主导能力、促进国有经济与民营经济深化融合、完善国有企业制度建设等。今天我们深入推进混改,就要对混改的历史和政策演变进行深入的梳理,深刻把握混改新的历史要求和时代内涵,才能推动混改健康发展。

第一节 混合所有制改革的概念界定

一、所有制和所有制经济的基本概念

清晰、准确地理解混改的概念、内涵是搞好混改研究和实践的出发

点。目前，在混改已经成为强烈改革共识的情况下，一些质疑混改的声音和认识还存在，相当程度上是一些人对混改本义的认识和解读存在误区。因此，要对混改的概念进行清晰的界定。要全面地理解混改，首先要了解什么是混合所有制经济，混合所有制经济是基本经济制度的重要表现形式，混改基于此前提展开，① 不在所有制层面上搞清楚，单独以企业为主体进行研究是有局限的。

（一）所有制

所有制可以从宏观层面理解，也可以从微观层面把握。所有制问题是马克思主义理论中的一个重要的理论出发点，马克思主义经典作家对这个问题非常重视，甚至将其提升到共产主义运动的基本问题的高度。马克思和恩格斯曾指出："所有制问题是运动的基本问题，不管这个问题发展程度怎样。"② 在谈到资本主义生产关系时，马克思指出："私有制不是一种简单的关系，也不是什么抽象概念或原理，而是资产阶级生产关系的总和。"从上述论断出发，马克思主义经典作家对所有制的定义首先是基于某一社会形态的生产关系性质的反映，即从宏观的角度出发，所有制主要是指一个社会的生产资料占有和劳动产品分配的关系。因此，简单来讲，资本主义社会的所有制是私人占有制，而社会主义社会的所有制是公有制。除了这种宏观视角，所有制还可以从微观视角去审视。所有制既然是一种总和，微观层面上就是由无数个生产个体所组成，这些个体在现代经济体系下构成了一系列的市场主体，其中最基本的单元就是企业，它们普遍以公司形式存在。

（二）所有制经济

企业的所有制是指企业采用何种生产资料的占有形式来组织生产，它反映了企业的性质，甚至能决定一个社会的所有制性质。现代社会

---

① 李楠.中国特色社会主义经济理论体系研究[M].北京:中国社会科学出版社,2012.
② 邓沛琦.中英混合所有制经济模式比较研究[D].武汉:武汉大学,2015.

中，所有制性质不是各种企业在数量上的简单加总，重要的是看不同所有制企业的影响力。如资本主义国家中，大部分企业施行私人占有制，国有企业的存在仅是为了提供一定的公共服务职能，总体上不改变资本主义的性质。虽然近年来我国的国有企业在比重上有所降低，但是由于国有企业在关系国家安全、国民经济命脉和国计民生领域占据着主导地位，所以我国经济性质仍然是公有制为主体的社会主义市场经济。

二、混合所有制改革的相关概念

（一）混合所有制

所有制可以从宏观和微观两个层次来考察：从宏观层面看，所有制是社会基本经济结构和经济关系的总和；从微观层面看，所有制是企业的产权结构与组合形式。现实经济活动中生产关系的性质由生产资料的归属问题决定。历史经验表明，一国经济发展水平、社会制度体系和制度结构、社会发展目标等诸多因素决定了国家在某个时期何种所有制结构处于主体地位。基本经济制度是一个国家社会生产关系的总和，其中占主体地位的经济成分决定基本经济制度的性质，进而决定一个国家的制度体系、发展道路和发展目标。其中，经济体制是指资源配置方式以及与之相适应的管理体制和制度，如市场经济体制、计划经济体制等[1]。社会主义基本经济制度是以公有制为主体、多种所有制经济共同发展，而社会主义市场经济体制则是以市场为基础的资源配置方式以及与之相适应的管理体制和制度。社会主义基本经济制度，决定社会主义经济的生产、分配、交换和消费各个方面，决定市场经济在资源配置方式和生产、分配、交换、消费各个环节的实现形式。基本经济制度一旦确定，在市场经济的运行中，资源配置过程就必然在生产、分配、交换和消费各个环节上主导市场经济的发展方向。

---

[1] 邓沛琦.中英混合所有制经济模式比较研究[D].武汉:武汉大学,2015.

（二）混合所有制经济

关于混合所有制经济，我们认为同样需要从宏观和微观两个层面去界定。西方经济学中有混合经济的概念，1941年美国凯恩斯主义经济学家阿尔文·汉森在《货币理论与财政政策》一书中提出了混合经济的概念，他认为西方国家自19世纪末期开始出现了二重经济，在私人占有生产资料的同时，政府越来越多地提供社会服务。不过，混合所有制经济不是西方混合经济的概念，两者有根本上的不同。西方混合经济的出现是由于私人占有制的自由经济时代结束，国家对经济的干预加强，资本主义进入垄断资本主义时代。关于我国的混合所有制经济，党的十八届三中全会明确指出："国有、集体和非公有资本等交叉持股、相互融合的混合所有制经济，是基本经济制度的重要实现形式。"我们认为，混合所有制经济即社会主义初级阶段以公有制为主体、多种所有制经济融合发展，是社会主义生产关系的重要实现形式，① 使得多种所有制产权主体共同出资的企业成为社会主义市场经济的重要主体，这就是从宏观和微观两个层面看混合所有制经济。

我国坚持以公有制为主体，多种所有制经济共同发展，是我国生产力、生产关系和社会发展目标等共同决定的，是我们遵循生产社会化规律、资本社会化规律和市场经济体制发展规律的必然结果。所有制关系决定基本经济制度，而产权关系则反映一定的基本经济制度，具体包括各类资本在企业内部的治理结构、管理运作方式的权利分配关系，包括企业资本谁来占有、谁来支配、谁来使用，企业剩余谁有索取权，等等。所有制性质相同的企业，可以有不同的产权制度安排，比如国有企业，可以是股份有限公司，也可以是有限责任公司，还可以是国有独资公司；同理，所有制性质不同的企业，可以有相同的产权制度安排。混

---

① 经济观察网. 积极稳妥推进混合所有制改革的基本逻辑[EB/OL]. [2019-04-13]. http://www.eeo.com.cn/2019/0413/353352.shtml.

合所有制作为产权关系是基本经济制度的重要表现形式。

(三) 混合所有制改革

在对所有制、所有制经济、混合所有制、混合所有制经济进行了分析后,我们要对混改的定义有一个全面、精准的认识。目前,关于混改,不少人都把目光集中到了国有企业混改上面,认为混改是国有企业的改革任务,也有一些观点认为,混改就是搞私有化,还有观点认为,混改就意味着以后企业所有制性质越来越淡化,不会再出现"公"或者"私"的标签。我们认为,这样的理解都是片面的。

国有企业推进混改是改革工作的重要一环,国家鼓励民间资本、外商资本参与改革,不能认为国有企业推进混改就是国有企业单向地引进民营企业等企业的优势,单方面引资金、引机制、引人才。实际上混改是一个双向的过程,国有资本可以主动控股、参股民营企业等,民营企业等在混改中也可以汲取国有企业优秀的经验和做法,这就是"各种所有制资本取长补短、相互促进、共同发展"。[①] 党的十八届三中全会明确指出:"允许更多国有经济和其他所有制经济发展成为混合所有制经济。"这就进一步指出,混改不仅是摆在国有企业面前的选项,也是其他类型企业的选项。

混改也不是搞私有化。混合所有制经济是社会主义基本经济制度的一种重要实现形式,公有制为主体在任何情况下都不会改变。中央在做混改的顶层设计时已经明确:"坚持因地施策、因业施策、因企施策,宜独则独、宜控则控、宜参则参,不搞拉郎配,不搞全覆盖,不设时间表,一企一策,成熟一个推进一个,确保改革规范有序进行。"[②] 不搞全覆盖就是混改必须从实际出发,分类推进,不同的领域、行业有不同的混改要求,不要"一刀切"地推进,改革的目的是增强而不是削弱

[①] 中共中央关于全面深化改革若干重大问题的决定[EB/OL].[2013-11-18]. http://www.ce.cn/xwzx/gnsz/szyw/201311/18/t20131118_1767104.shtml.

[②] 中共中央、国务院关于深化国有企业改革的指导意见[J].中国有色建设,2015(3).

国有经济活力、控制力、影响力和抗风险能力。

"混合所有制改革"和"股权多元化"的概念是有区别的。《中共中央 国务院关于深化国有企业改革的指导意见》指出:"以促进国有企业转换经营机制,放大国有资本功能,提高国有资本配置和运行效率,实现各种所有制资本取长补短、相互促进、共同发展为目标,稳妥推动国有企业发展混合所有制经济。"《国务院关于国有企业发展混合所有制经济的意见》指出:"国有资本、集体资本、非公有资本等交叉持股、相互融合的混合所有制经济,是基本经济制度的重要实现形式。"《关于国有企业功能界定与分类的指导意见》指出,"主业处于充分竞争行业和领域的商业类国有企业,原则上都要实行公司制股份制改革,积极引入其他资本实现股权多元化,国有资本可以绝对控股、相对控股或参股,加大改制上市力度,着力推进整体上市","对需要实行国有全资的企业,要积极引入其他国有资本实行股权多元化"。[①]

上述文件中对"混合所有制改革"和"股权多元化"的概念都有提及,按照中央文件和指示精神来看,股权多元化的概念大于混合所有制改革。首先,从文件政策界定视角看。《关于国有企业功能界定与分类的指导意见》指出"引入其他资本实现股权多元化""引入其他国有资本实行股权多元化"。股权多元化既包括引入"其他资本",也包括引入"其他国有资本"。《国务院关于国有企业发展混合所有制经济的意见》提出"国有资本、集体资本、非公有资本等交叉持股、相互融合的混合所有制经济"。混合所有制经济更强调不同所有制资本的交叉持股。其次,从概念界定视角看。在广义的概念界定上,股权多元化应该涵盖了混合所有制改革,查阅国际资料,国外几乎没有混合所有制改革的说法,但是有股权多元化的概念。英国是"混合经济"改革,美国是"政府管理下的经济自由"模式,日本是"政府指导型的市场经

---

① 积极稳妥推进混合所有制改革的基本逻辑[EB/OL].[2019-04-13]. http://www.eeo.com.cn/2019/0413/353352.shtml.

济"模式，而这些模式，都更多的是从产权角度进行界定。因此，股权多元化是一个国际通行的概念，而混改是中国特色市场经济制度下的概念。最后，从方案实操的视角看。股权多元化是股份制改造，不同股权交叉持股就行，只需要考虑股东出资比例，对应相应的权责，但是如果是混合所有制改革，实操概念会更小一些，不仅要考虑出资比例，还要考虑股东主体的所有制情况，所以从实操角度来界定，股权多元化的概念也要大于混合所有制改革。①

综上可知，社会基本经济制度的重要实现形式包括国有资本、集体资本、非公有资本等交叉持股、相互融合的混合所有制经济。国有企业可通过引入非公有资本参与国有企业产权制度改革和治理机制的完善，实现各类资本取长补短、共同发展，也可通过投资入股、联合投资、并购重组等方式，与非国有企业进行股权融合、战略合作、资源整合，发展混合所有制经济。

第二节 混合所有制改革的历史演进

自党的十一届三中全会以来，我国的经济体制改革已经历了40多年。在这一改革进程中，我国逐步形成了以公有制为主体、多种所有制共同发展的基本经济制度，非公有制经济也获得了持续快速的发展。随着中国经济体制改革的不断深入，社会主义市场经济体制的逐步成长和完善，中国的所有制理论也出现了一系列新的突破。② 虽然在最初的所有制理论突破中并没有明确提出混合所有制的概念，但正是随着政策的演进和非公有制经济的持续快速发展，混合所有制改革在实践中获得发展。

---

① 积极稳妥推进混合所有制改革的基本逻辑［EB/OL］.［2019 - 04 - 13］. http://www.eeo.com.cn/2019/0413/353352.shtml.

② 汪海波. 对发展非公有制经济的历史考察——纪念改革开放40周年［J］.中国经济史研究，2018,137(3):48 - 64.

一、"三资"企业的设立及个体经济的初步发展(1979—1984年)

(一) 多种所有制并存的格局初现端倪

我国在1978年春夏期间开展了一场"真理标准大讨论",冲破了"两个凡是"的思想束缚,极大地解放了思想。党的十一届三中全会于1978年12月18—22日隆重召开,恢复了"实事求是"的思想路线,把党的工作重心由以阶级斗争为主转向以经济建设为主,并确定了改革开放的方针。党中央在讨论所有制理论发展进程时明确提出要"改革同生产力迅速发展不相适应的生产关系和上层建筑",并重申"社员自留地、家庭副业和集市贸易是社会主义经济的必要补充部分,任何人不得乱加干涉",要求各地、各部门的公有制企业"在自力更生的基础上积极发展同世界各国平等互利的经济合作,努力采用世界先进技术和先进设备"。这为所有制的改革、所有制结构的调整,以及所有制理论的突破和对外开放开启了闸门,指明了方向,确定了总的原则。[①]

1980年8月17日,中共中央《关于转发全国劳动就业会议文件的通知》(中发〔1980〕64号)进一步贯彻了党的十一届三中全会进行所有制改革的精神,明确指出,"多年来,在生产关系上,我们不适当地强调'大'和'公',强调集体经济向国营经济过渡,对个体经济压制、取消",使"劳动就业的出路越搞越窄,基本上只剩下了国营企事业和带有国营性的'集体'企业安置的路子",对单一公有制和"穷过渡"带来的弊端进行了深刻的剖析。这是中央文件对传统所有制理论的首先抨击。文件在谈到劳动力如何择业问题时指出:"可以在国营企业工作,可以在集体企业工作,可以组织合作社或合作小组进行生产和经营,还可以从事个体工商业和服务业劳动。"并明确要"大力扶持兴

[①] 周丽莎.混合所有制改革政策演变和实践发展[J].开发性金融研究,2018(4):57–67.

办各种类型的自负盈亏的合作社和合作小组""有条件的国营企业,应当积极支持待业青年办合作社""发展以知青为主的集体所有制场(厂)队和农工商联合企业""鼓励和扶植城镇个体经济的发展"。这初步勾画了多种所有制并存的格局。

(二) 不同所有制合作开创先河

随着对外开放的起步、经济特区的试办,外商和港澳台等私人资本与大陆的社会主义公有制经济进行合作、合资,开创了大胆利用资本主义的私人资本、技术设备发展社会主义经济,不同所有制合作的先河。

改革开放前,受国际形势和"左"的政策的影响,即使是在计划经济体制允许的范围内,我国经济发展也没有取得应有的进步。党中央在十一届三中全会上作出了对外开放的重大决策。在1981年11月五届全国人大四次会议上,党中央进一步明确提出:"实行对外开放政策,加强国际经济技术交流,是我们坚定不移的方针。"并于1982年将对外开放政策写入《中华人民共和国宪法》。此举标志着对外开放成为我国的基本国策。[1]

对外开放政策中最重要的一项内容就是利用外资,可以通过引进资金、设备、技术和管理等资源,实现对我国产业结构的优化和升级,进而增加劳动力就业、进出口贸易和财政收入,对我国市场经济发展具有重要的意义。对外开放期间,国家为了推动作为直接利用外资重要形式的"三资"企业的发展,采取了一系列政策措施,开展了涉外立法工作,以便为外商投资创造必要的舆论氛围、物质条件和法律保障。1979—1984年,在这方面先后颁布的重要法律有:《中华人民共和国中外合资经营企业法》(1979年)、《中华人民共和国外国企业所得税法》(1981年)和《关于中外合作经营企业进出口货物的监督和征免税的规定》(1984年)等。这些立法明确规定了中外双方的权利、责任和义

---

[1] 周丽莎.混合所有制改革政策演变和实践发展[J].开发性金融研究,2018(4):57-67.

务，规范了中外双方的行为，增强了外商投资的信心，调动了他们投资的积极性。为了充分利用沿海地区的有利条件，促进包括直接利用外资在内的对外开放工作，我国建立了经济特区和开放城市。1979年7月，党中央、国务院决定在广东和福建两省实行对外经济活动的特殊政策和灵活措施，并决定在深圳、珠海、汕头和厦门试办经济特区。按照当时有关规定，经济特区是社会主义中国在统一政策指导下对外实行特殊政策的地区。在特区，以吸引外商投资为主，以发展外向型经济为主，以市场调节为主，对前来投资的外商给予特殊优惠政策，特区本身也拥有较大的自主权。1984年4月，党中央、国务院在总结对外开放实践经验的基础上，决定进一步开放天津、上海、大连、秦皇岛、烟台、青岛、连云港、南通、宁波、温州、福州、广州、湛江和北海14个沿海城市和海南行政区。开放的基本内容包括两方面：①扩大这些地方对外开展经济活动的权利；②给予外商投资优惠政策待遇。此外，还决定在沿海开放城市兴办经济技术开发区。开发区以引进高科技的工业项目、知识密集型项目和科研项目为主，同时发展合作生产、合作研究和合作设计，成为开发新技术和新产品的基地。另外，为了加强直接利用外资的工作，并发挥地方和部门在这方面的积极作用，国务院建立了专门的管理机构，并下放了管理权限。1979年8月，国务院建立了外国投资管理委员会，作为全国利用外资工作的归口管理机构。1982年3月，该委员会的职能由新成立的对外经济贸易部行使。该部所属的外国投资管理司，负责管理外商直接投资的具体业务。1983年以来，国务院还多次下放外商投资项目的审批权限。按有关规定：限额以上的项目，或供产销等需要全国综合平衡的项目，由国家计委、经贸部会同有关部门审批项目建议书、可行性研究报告、合同和章程；限额以下的项目分别由各省、自治区、直辖市、计划单列市、经济特区、沿海开放城市人民政府或国务院有关部门审批。地方和部门的审批权限是：生产性项目，天津、北京、上海、辽宁、河北、山东、江苏、浙江、福建、广东、广西、海南等沿海省市以及深圳、珠海、厦门、汕头经济特区投资总额在3000万美元以内,其他省、自治区以及国务院各部委投资总额在1000万美元以内;非生产性项目,除需要全国综合平衡的项目和国家限制发展的项目以外,不受投资总额的限制,由地方政府和国务院各部委自行审批。①

(三) 个体经济应运而生

生产资料所有制改造过程中,改造范围过大,导致剩余的个体劳动者较少。党的十一届三中全会对束缚生产力发展的单一公有制的弊端进行了初步揭露和批判,对城乡个体经济由"允许存在"转为"鼓励和扶植"发展。1982年9月1日,党的第十二次全国代表大会上的报告明确提出"在很长时期内需要多种经济形式的同时并存",并指出了在现阶段发展城乡集体经济和个体经济的重要性和必要性,要求在巩固发展国营经济的同时,鼓励发展集体经济和个体经济。为了贯彻党的十一届三中全会精神,党和政府就此做了一系列的政策规定。重要的有:1981年7月7日国务院发布的《关于城镇非农业个体经济若干政策性规定》、1984年2月27日国务院发布的《关于农村个体工商业的若干规定》;特别是1982年12月4日,五届人大五次会议通过的《中华人民共和国宪法》(以下简称《宪法》),给予非公有制经济发展以合法地位,并明确对非公有制经济的财产的合法权益予以保护②。《宪法》明确规定,"参加农村集体经济组织的劳动者,有权在法律规定的范围内经营自留地、自留山、家庭副业和饲养自留畜";③ "在法律规定范围的城乡劳动者个体经济,是社会主义经济的补充,国家保护个体经济的权利和利益";④ "国家依照法律规定保护公民的私有财产的继承权";"中

---

①② 周丽莎.混合所有制改革政策演变和实践发展[J].开发性金融研究,2018(4):57-67.
③ 刘为勇."营业自由":一个不应被忘却的宪法性语词[J].法治研究,2013(6):118-127.
④ 唐晨.为民营经济正名——改革开放四十年来民营经济的宪法地位及其变迁[J].社会科学论坛,2019(2):221-233.

华人民共和国允许外国的企业和其他经济组织或者个人依照中华人民共和国法律的规定在中国的投资，同中国企业或者其他经济组织进行各种形式的经济合作"。①《宪法》对非公有制经济的法律地位和私人财产所有权、继承权进行了法律定位，即对非公有制经济的发展给予了法律保护。从此，非公有制经济在中华大地上重新崛起，成为社会主义初级阶段经济发展中的一支重要力量，也是改革以来各地培育的一个新的经济增长点，为改革开放以来中国经济的高速发展作出了贡献。

二、社会主义市场经济体制的确立及国有企业股份制改革的推动（1985—1992年）

（一）社会主义市场经济体制的确立

1984年10月20日，召开党的十二届三中全会，会议上通过了《中共中央关于经济体制改革的决定》，以极其鲜明的观点和立场首次提出，经济体制改革的目标是要"发展社会主义商品经济"——"在公有制基础上的有计划的商品经济"；进行经济建设，要在国家经济政策和计划指导下，"实行国家、集体、个人一起上的方针，坚持发展多种经济形式和多种经营方式；在独立自主、自力更生、平等互利、互守信用的基础上，积极发展对外经济合作和技术交流"。

1987年12月25日，党的十三大报告要求各级领导正确认识我国社会所处的历史阶段，要从社会主义初级阶段的实际出发，要从中国的具体国情出发，并着重指出："在初级阶段，尤其要在以公有制为主体的前提下发展多种经济成分，在以按劳分配为主体的前提下实行多种分配方式，在共同富裕的目标下鼓励一部分人通过诚实劳动和合法经营先富起来。"党的十三大报告在总结改革的实践经验时指出，"我们已经进

---

① 刘柳. 浅析准入前国民待遇原则对我国外资准入法律规制的影响[J]. 法制与经济,2019, 454(1):154-155.

行的改革,包括以公有制为主体发展多种所有制经济,以至允许私营经济存在和发展,都是由社会主义初级阶段生产力的实际状况所决定的","社会主义初级阶段的所有制结构应以公有制为主体。目前全民所有制以外的其他经济成分,不是发展得太多了,而是还很不够。对于城乡合作经济、个体经济和私营经济,都是继续鼓励它们发展。公有制经济本身也有多种形式。除了全民所有制、集体所有制以外,还应发展全民所有制和集体所有制联合建立的公有制企业,以及各地区、部门企业互相参股等形式的公有制企业。在不同的经济领域,不同的地区,各种所有制经济所占的比重应当允许有所不同"。①

1992年,党的十四大报告提出了"我国经济体制改革的目标是建立社会主义市场经济体制"的观点。这是改革以来首次提出这一观点。社会主义市场经济体制是同社会主义基本制度相结合的,因此,在所有制结构上,是"以公有制包括全民所有制和集体所有制经济为主体,个体经济、私营经济、外资经济为补充,多种经济成分长期共同发展,不同经济成分还可自愿实行多种形式的联合经营。国有企业、集体企业和其他企业都进入市场,通过平等竞争发挥国有企业的主导作用"。党的十四大报告对股份制试点作了进一步肯定,明确指出"股份制有利于促进政企分开、转换企业经营机制和积聚社会资金,要积极试点,总结经验,抓紧制定和落实有关法规,使之有秩序地健康发展","并鼓励有条件的企业联合、兼并,合理组建企业集团",对于国有小型企业的改革进一步明确"有些可以出租或出售给集体或个人"。②

(二) 国有企业股份制改革的兴起

党的十四大确定了建立社会主义市场经济新体制的目标,国有企业改革在探索转换企业经营机制的同时,迅速地找到了建立现代企业制度的改革目标。1991年9月,中央工作会议专门研究如何搞好国有大中

---

①② 周丽莎. 混合所有制改革政策演变和实践发展[J]. 开发性金融研究,2018(4):57-67.

型企业的问题,提出增强国有大中型企业活力,除改善外部条件,更重要的是进一步深化改革,转换经营机制。会议召开之后,转换企业经营机制试点逐步展开。据不完全统计,截至1991年底,确定转换企业经营机制的企业766户。1992年6月30日,国务院通过了《全民所有制工业企业转换经营机制条例》(以下简称《转机条例》)并于7月23日颁布实施。《转机条例》是为了推动企业进入市场,增强企业活力,提高经济效益,根据企业法制定的。推进企业转换机制的目的是既使企业能适应市场的要求,成为依法自主经营、自负盈亏、自我发展、自我约束的商品生产和经营单位,又使企业成为独立享有民事权利和承担民事义务的企业法人。1992年,随着经济的又一次高涨,国有企业改革在转换经营机制方面有所突破后,股份制试点掀起了一个新的高潮。究其原因,一方面,邓小平南方谈话所产生的新一轮思想解放运动使人们对股份制的性质有了新的认识;另一方面,这也是上海证券交易所从1992年5月实施股票自由交易政策,从而扫除了股票需求方面障碍的直接结果。到1993年底,我国股份制试点企业已有11560家,股本总额达3147亿元人民币。在这些股份制企业中:股份有限公司为3261家(其中上市公司183家),股本总额为2591亿元,占试点企业股本总额的82.3%;有限责任公司8299家,股本总额为556亿元,占试点企业股本总额的17.7%。[①]

随着股份制企业的迅速发展,我国的股票交易额也迅速增长。1993年,我国的股票发行由深、沪两地试点扩大到全国,共有42个省、自治区、直辖市及计划单列市发行了新股。到1993年底,我国的股票交易金额达到3740亿元,比1992年增长2.3倍,股票市值高达3700亿元,增长2.6倍。

(三) 私营经济的初步发展

改革之后,个体经济的发展必然会在一定范围内导致私营经济的再

---

① 周丽莎.混合所有制改革政策演变和实践发展[J].开发性金融研究,2018(4):57-67.

生,但这时私营企业还未取得合法地位,都是存在于个体经济和集体企业的名义下。据有关单位估算,到1987年底,存在于个体经济和集体企业名义下的私营企业总数在全国已经达到22.5万户,从业人员总数为360万人。事实证明,在坚持以社会主义公有制为主体的前提下,发展包括私营经济在内的非公有制经济,对于充分利用社会生产资源,增加生产、市场供应、财政税收和出口创汇,扩大就业,丰富人民生活,乃至促进社会主义市场经济的形成,都有积极作用。①

为适应这一客观要求,1987年10月党的十三大报告首次明确提出,私营经济是存在雇佣劳动关系的经济成分,但在社会主义条件下,私营经济一定程度的发展,是公有制经济必要的和有益的补充,必须尽快制定有关私营经济的政策和法律,保护它们的合法利益,加强对它们的引导、监督和管理。这个建议为1988年4月召开的七届全国人大一次会议所接受,并在通过的《宪法》修正案中做了相应的规定。《宪法》规定:"国家允许私营经济在法律规定的范围内存在和发展。国家保护私营经济的合法的权利和利益,对私营经济实行引导、监督和管理。"从此,私营经济在我国社会主义初级阶段中的法律地位,就在作为根本大法的《宪法》中被确定下来。②

但当时私营经济发展还有许多重要问题有待解决,诸如对私营企业权益的保护、对私营企业违法经营的管理、对私营企业税负的处理等等,都需要法规予以解决。为此,国务院于1988年6月发布了《私营企业暂行条例》《私营企业所得税暂行条例》和《关于征收私营企业投资者个人收入调节税的规定》。按照《私营企业暂行条例》,私营企业是指企业资产属于私人所有、雇工8人以上的营利性的经济组织。私营经济是社会主义公有制经济的补充。国家保护私营企业的合法权益。私营企业必须在国家法律、法规和政策规定的范围内从事经营活动。该条

---

①② 周丽莎. 混合所有制改革政策演变和实践发展[J]. 开发性金融研究,2018(4):57-67.

例对私营企业的种类、开办和关闭、权利和义务、劳动管理、财务和税收、监督和处罚等方面的重要问题做了明确规定。按照上述的税收条例规定，私营企业所得税依照35%的比例税率计算征收；其税后利润用于生产发展基金的部分，免征个人收入调节税。相对当时个体经济的税收来说，这些税收政策是比较优惠的。在当时条件下，这些法律、法规的制定和贯彻执行，在形成必要的法律环境、消除对私营企业的歧视和私营企业主本身的顾虑、确认私营企业应有的生产经营权利，以及提供比较优惠的税收政策等方面，为私营经济的发展创造了有利条件，进而促进了私营经济的发展。①

尽管这期间私营企业获得迅速发展，但也存在一些问题，如："左"的影响还存在，对私营企业仍有歧视，私营企业主也有顾虑；私营企业在融资等方面还有困难，私营企业本身有消极因素，再加上部分私营企业主素质差，违章违法经营时有发生，劳资关系问题也不少；管理法规不配套，多部门管理导致不协调，工商行政管理部门人员少，其中部分人员素质不高，从而造成管理不力，乱收费、乱摊派、乱罚款对私营企业也有影响；等等。②

三、混合所有制概念的初步提出及国有企业深入改革（1993—2002年）

（一）混合所有制概念的初步提出

1993年，党的十四届三中全会从理论和实践方面进行阐述，提出建立社会主义市场经济体制的框架，并指出："建立社会主义市场经济，就是要使市场在国家宏观调控下对资源配置起基础性作用。"为了实现这一目标，党的十四届三中全会进一步指出，必须坚持公有制为主体、多种经济成分共同发展的方针，建立产权清晰、权责明确、政企分

---

①② 周丽莎.混合所有制改革政策演变和实践发展[J].开发性金融研究,2018(4):57–67.

开、管理科学的现代企业制度,建立全国统一开放的市场体系,转变政府管理经济的职能,建立以按劳分配为主体、效率优先、兼顾公平的收入分配制度,建立多层次的社会保障制度。为了与社会主义市场经济相适应,党的十四届三中全会的决定在所有制理论方面有了进一步突破,指出:"坚持以公有制为主体、多种经济成分共同发展的方针。在积极促进国有经济和集体经济发展的同时,鼓励个体、私营、外资经济发展,并依法加强管理。随着产权的流动和重组,财产混合所有的经济单位越来越多,将会形成新的财产所有制结构。就全国来说,公有制在国民经济中应占主体地位,有的地方、有的产业可以有所差别。公有制的主体地位主要体现在国家和集体所有的资产在社会总资产中占优势,国有经济控制国民经济命脉及其对经济发展的主导作用等方面。公有制经济特别是国有经济,要积极参与市场竞争,在市场竞争中壮大和发展。国家为各种所有制经济平等参与市场竞争创造条件,对各类企业一视同仁。现有城镇集体企业,也要理顺产权关系,区别不同情况可改组为股份合作制企业或合伙企业。有条件的也可改组为有限责任公司。少数规模大、效益好,也可组建为股份有限公司或企业集团。"党的十四届三中全会勾画了我国社会主义市场经济体制的基本框架,首次提出了"财产混合所有的新的财产所有制结构"。[①]

(二) 明确公有制为主体、多种经济共同发展的基本经济制度

1997年,党的十五大报告在全面总结20年来所有制改革的经验教训基础上,提出了要调整和完善所有制结构的任务。明确指出,公有制为主体、多种所有制经济共同发展,是我国社会主义初级阶段的一项基本制度。这是在我党历史上和党的文件中,第一次将非公有制经济作为社会主义初级阶段的"一项基本经济制度"提出来,对所有制理论的突破具有划时代的意义,是对当代马克思主义所有制理论的重大发展。

---

① 周丽莎. 混合所有制改革政策演变和实践发展[J]. 开发性金融研究,2018(4):57-67.

提出公有制经济不仅包括国有经济和集体经济,还包括混合所有制经济中的国有成分和集体成分的理论,这在理论上第一次把混合所有制经济中的国有成分和集体成分划归公有制经济的范畴,这是对当代马克思主义所有制理论的重要补充和发展。在股份制理论方面,进一步突破姓"公"姓"私"、姓"社"姓"资"的争论,提出股份制是现代企业的一种资本组织形式,有利于所有权和经营权的分离,有利于提高企业和资本的运作效率,资本主义可以利用,社会主义也可以利用的理论。进一步突破非公有制经济是社会主义公有制经济"补充"的理论,提出非公有制经济是我国社会主义市场经济的重要组成部分,并对非公有制经济的地位和作用做了明确界定:这对满足人们多样化的需要、增加就业、促进国民经济的发展有重要作用。这是在党的报告、文件中,第一次对非公有制经济的性质、地位和作用,作出如此明确、积极肯定的结论,是改革实践的又一次理论飞跃。[①]

(三)"两个毫不动摇"基本原则

2002年,党的十六大报告明确提出"两个毫不动摇"原则:必须毫不动摇地巩固和发展公有制经济,必须毫不动摇地鼓励、支持和引导非公有制经济发展;各种所有制经济要在市场经济竞争中发挥各自的优势,相互促进,共同发展。

党的十六大报告关于所有制理论方面的重大突破有以下几点:第一个理论突破,除了继续肯定"非公有制经济是社会主义市场经济的重要组成部分"以外,又着重强调非公有制经济"对充分调动社会各方面的积极性、加快生产力发展具有重要作用"。把非公有制经济的作用提高到充分调动社会"各方面的积极性"和"加快生产力发展"的高度来认识,这是前几年对非公有制经济是"新的经济增长点"、有利于"满足人们多方面的需要""增加就业""促进国民经济发展"等评价

---

① 周丽莎.混合所有制改革政策演变和实践发展[J].开发性金融研究,2018(4):57–67.

的又一次理论升级。第二个理论突破，明确提出，在社会主义市场经济条件下，非公有制经济与公有制经济不是"对立"的，而是"统一"的，并且进一步指出，公有制经济和非公有制经济"统一于社会主义现代化建设的进程中"，"各种所有制经济完全可以在市场竞争中发挥各自优势，相互促进，共同发展"。这是对公有制经济与非公有制经济的"对立"理论和"补充"理论的彻底否定。这一所有制理论是符合我国社会主义初级阶段的所有制结构实际情况的新思想、新观点。第三个理论突破，国有资产管理的理论由"一级所有""一级授权管理"的理论发展为"国家所有""中央和地方分级代表国有资产""分级管理"的理论。在党的十五大前后，国有资产管理只承认"国务院是国有资产的代表"，国有资产只有国务院有权"授权管理"。党的十六大明确提出要"建立中央政府和地方政府分别代表国家履行出资人职责，享有所有者权益，权利、义务和责任相统一，管资产和管人、管事相结合的国有资产管理体制"，并对中央政府和地方政府代表国家履行出资人职责做了明确界定。这反映了国有资产管理体制改革的客观要求。第四个理论突破，对国内民间资本由"限制"进入市场转向放宽"市场准入领域"，并要在投融资、税收、土地使用和对外贸易等方面采取措施，让国内民间资本与其他资本"实现平等竞争"。这标志着我国资本市场的进一步完善和投融资体制改革的进一步深入，资本市场和投融资体制正在朝着国际化方向迈进。第五个理论突破，明确提出了要"完善保护私人财产的法律制度"，这是具有重大现实意义的所有制理论，是对1982年五届人大五次会议通过的《宪法》中关于对个体经济的权利和利益给予"保护"和"国家依照法律规定保护公民私有财产的继承权"的法律定位的进一步完善。①

---

① 周丽莎.混合所有制改革政策演变和实践发展[J].开发性金融研究,2018(4):57-67.

(四) 国有企业改革深入推进

1. 现代企业制度的建立

建立现代企业制度，核心是建立公司制企业。我国国有企业改革，对于大中型企业来说，主要是进行公司制改造问题。围绕这一问题，曾提出"十六字"方针，即"产权清晰、权责明确、政企分开、管理科学"。对这一方针的理解曾出现过偏差，有的人强调关键是产权明晰，有的人则强调主要应加强内部管理。最后，中央重申对"十六字"方针必须完整、准确地理解，不可偏废，由此统一了人们的认识。建立公司制企业，一是必须对现有产权制度进行改革，明确国有产权的出资人制度，强化出资人的权利；二是转换政府职能，实行政企分开；三是建立企业内部治理结构，用"新三会"替代"老三会"；四是加强企业内部管理；五是建立社会保障体制，完善配套改革。①

在探索建立现代企业制度的过程中，对国有企业改革的许多认识也日趋成熟。近年来提出的指导国有企业改革的基本原则，如"三个有利于"原则、整体上搞活国有经济的原则、分级分类进行改革的原则等等，都为搞好国有企业改革提供了强有力的理论和政策支持。1995年，国务院确定的百户现代企业制度试点、18个城市优化资产结构试点、56户企业集团试点和3户国家控股公司试点以及各地区、各部门的改革试点工作全面推进，其中百户现代企业制度试点是重中之重。实施试点方案的企业，分别按以下五种形式进行改制：一是改制为多元股东持股的有限责任公司或股份有限公司，有唐山碱厂、吉林化纤等7户企业，占已改制企业总数的13.5%。其中唐山碱厂将中央和地方"拨改贷"转为"贷改投"，形成由国家开发投资公司、省建设投资公司、省经济开发投资公司及唐山市经济开发投资公司等四家股东持股的有限责任公司，实现了投资主体多元化，形成有利于政企分开的内部制衡机

---

① 周丽莎. 混合所有制改革政策演变和实践发展[J]. 开发性金融研究, 2018(4):57-67.

制，同时，还使企业的资产负债率由90%降到了59.5%。二是改制为国有独资的集团公司，并由新组建的国有独资集团公司作为投资主体，将其生产主体部分改制为股份有限公司或有限责任公司，这一类企业有24户，占已改制企业总数的46.2%。其中，重钢、杭动、冶钢、扬子电气、武锅、徐工、桦林集团、西北轴承等21户的生产主体部分改制为股份有限公司，上海汽车和安徽轮胎等3户主体部分改制为有限责任公司。这些企业中，扬子电气、徐工、长春汽油机和西北轴承等企业已获A股上市额度，建设工业集团等企业已发B股。三是直接改制为混合控股的国有独资公司，有烟台合成革、太钢、湖北化纤、西北七棉、秦川机床等17户，占已改制企业总数的32.7%。四是将原行业主管厅局"转体"改制为单纯控股的国有独资公司，有青岛益青、湖南物资等3户，占5.8%，改为控股公司，主要从事资产经营。五是解体1户，即上海无线电三厂。①

这些企业改制后，除3户企业由行业主管部门代行所有者职能外，均已明确了国有资产的投资主体。多数正在按母子公司体制，将子公司改建为多元股东持股的有限责任公司或股份有限公司，充分发挥公司制组织形式有利于吸纳社会资本的优势，实现自己的发展战略。如西北轴承厂改为国有独资集团公司后，已与不同地区、不同行业另外5家股东发起筹建股份有限公司，与一家县属企业合资成立有限责任公司，以优势产品为龙头，以产权为纽带，朝着跨地区、跨行业、跨隶属关系的大型企业集团方向发展。同时，已改制的企业都依照公司法规定，建立了由股东大会、董事会、经理层、监事会组成的公司治理结构。改制为国有独资公司的，由政府向其派出监事会，对国有资产保值增值实行监督。目前，冶钢、杭动、徐工、扬子电气、烟台合成革等国有独资公司的外派监事会已经组成，其他企业的监事会正在抓紧组建中。②

---

①② 周丽莎.混合所有制改革政策演变和实践发展[J].开发性金融研究,2018(4):57-67.

2."抓大放小",加大结构调整力度

国家集中抓的1000户重点企业,分类指导方案已基本确定,其中300户企业明确主办银行、落实经营资金的工作进展顺利,已有279户企业与银行签订了银企合作协议,改善了资金难到位情况。这300户企业的主要政策是:确定商业银行总行或总行委托省分行为主办银行,主办行与企业签订协定,保证企业信贷资金来源;核定企业合理的流动资金,将流动资金短期贷款改为一年期贷款,实行基准利率;企业保证不挪用银行贷款,不欠息,并制订补充自有流动资金计划。各地方、各部门也围绕支柱企业、优势企业和名牌产品,集中力量抓好一批大型企业或企业集团,带动关联企业的调整和改组。[①]

国家重点抓的56户企业集团试点,在建立以资本为纽带的母子公司体制、规范领导体制和组织制度、发挥集团在结构调整中的带头作用和提高规模效益等方面,取得了新的进展。各地方采取许多积极政策和措施,实施"大公司、大集团"战略,培育出一批颇具实力的企业集团,在市场竞争中日益发挥重要作用。各地方坚持从实际出发,坚持"三个有利于"标准,不搞"一刀切",采取改组、联合、兼并、股份合作、租赁、承包经营和出售等多种形式,使一大批小企业机制得到转换,效益得到提高。已有17个省(区、市)制定了国有小企业改革的文件,推动小企业健康发展。各地国有小企业的改革特点:一是形式灵活多样,其中股份合作制是主要的改制形式,约占改制企业总数的1/3;二是注重推动存量资产的流动重组;三是把放开放活小企业与搞好县域经济结合起来;四是注重以国有大企业为依托,向专业化方向发展。山东诸城、广东顺德、河北新乐、黑龙江宾县、四川宜宾等地在放开放活小企业方面取得了有益的经验。为加强对"放小"工作的指导,国家经贸委于1996年7月下发了《关于放开放活国有小企业的意见》,提出

---

① 周丽莎.混合所有制改革政策演变和实践发展[J].开发性金融研究,2018(4):57-67.

小型企业改革的方向是：实行政企分开，创造条件，使企业自主走向市场；转换经营机制，使企业成为自主经营、自负盈亏、自我发展、自我约束的法人实体。允许企业依据自身特点，选择适合企业生产力水平的改制形式。①

四、大力发展混合所有制经济，深化垄断改革，引入竞争机制（2003—2012年）

（一）大力发展混合所有制经济

党的十六届三中全会决定推行公有制的多种有效实现形式，"大力发展国有资本、集体资本和非公有资本等参股的混合所有制经济"。混合所有制经济有利于实现投资主体多元化，使股份制成为公有制的主要实现形式。国有资本要区别不同情况，"实行绝对控股或相对控股"。这有利于完善国有资本有进有退、合理流动的机制，推动国有资本更多地投向关系国家安全和国民经济命脉的主要行业和关键领域，增强国有经济的控制力。要"发展具有国际竞争力的大公司，大企业集团"。这有利于中国企业走向国际市场，增强竞争力。大公司、大集团要依托雄厚的资本实力，通过投资、兼并成长为跨国公司，扩大中国企业的经营范围，增强中国经济对世界的影响力。"大力发展和积极引导非公有制经济"，要"清理和修订限制非公有制经济发展的法律法规和政策，消除体制性障碍"。在市场准入方面，应允许非公有制资本进入法律法规未禁入的基础设施、公用事业及其他行业和领域。非公有制企业应"与其他企业享受同等待遇"。非公有制企业在投融资、税收、土地使用和对外贸易方面，应与其他企业享受同等待遇，过去的限制性政策和法律法规应取消。国家应采取切实有效的政策，"支持非公有制中小企业发展"，因为它们在调整经济结构和布局、增加就业等方面有国有大

---

① 周丽莎.混合所有制改革政策演变和实践发展[J].开发性金融研究,2018(4):57-67.

中型企业无法替代的作用。对于有条件的中小企业,要支持它们做大做强,建立现代企业制度。政府要改进对非公有制企业的服务和监管。①

(二) 建立健全国有资产管理和监督体制

国有资产管理机构对授权监管国有资本依法履行出资人职责,维护所有者权益,维护企业作为市场主体依法享有各项权利,督促企业实现国有资本保值增值,防止国有资产流失。②

2003年4月,经第十届全国人民代表大会第一次会议批准,国务院成立国有资产监督管理委员会(以下简称"国资委"),将原由经贸委行使的指导国有企业改革和管理的职责,财政部有关企业国有资产管理的部分职责,中央企业工委、劳动和社会保障部拟订中央直属企业经营者收入分配政策、审核中央直属企业的工资总额和主要负责人的工资标准的职责划入国资委,授权其代表国家履行出资人职责,监管范围确定为中央所属企业(不含金融类企业)的企业国有资产。由此,国资委作为履行企业国有资产出资人职责的特设机构,承担起了对企业国有资产的监管职责。③

(三) 深化垄断行业改革,引入竞争机制

2007年,党的十七大提出了"深化垄断行业改革,引入竞争机制,加强政府监督和社会监督"的理论。要深化水、电、气、煤炭、石油、银行、保险垄断行业的改革,即允许私人资本等社会资本进入这些市场竞争行业,打破国有资本独霸天下的利益格局,以避免国有资本垄断资源、垄断价格、垄断利润,损害其他经济主体和人民群众的利益;由于非公有制资本进入垄断行业,打破了原有国有资本的垄断格局,形成了必要的竞争,使非国有资本与国有资本能按价值规律和竞争规律运行,使一些天然垄断的资源通过市场竞争,配置更加合理,特别是可以提高

---

①②③ 周丽莎. 混合所有制改革政策演变和实践发展[J]. 开发性金融研究,2018(4):57-67.

公共资源的效率和效益,实现原来垄断行业资源的经济效益、社会效益、生态效益最大化;"加强政府监督",即政府通过经济手段(财政、金融政策)、法律手段(法律法规)和必要的行政手段(行政命令、强制措施、奖惩办法等)对垄断行业的垄断行为进行治理,为市场创造平等竞争的环境和秩序,保护和促进非国有经济的发展;加强"社会监督",即社会组织和公众对政府实施的一些反垄断政策措施的落实情况和企业需要承担的就业分配、社保、环保和社会公益事业等进行监督,确保一些垄断企业完成它们必须承担的社会责任。[①]

同时,党的十七大提出了"推进公平准入,改善融资条件,破除体制障碍,促进个体、私营经济和中小企业发展"的理论。"推进公平准入",即要让个体、私营经济和中小企业同国有大中型企业一样,能在市场上平等融资和平等竞争,对非公有经济应采取无歧视政策;"改善融资条件",即要改变在贷款和融资方面,对公有企业和非公有企业采取不同政策的状况,现行融资政策都是公有企业优先,非公有企业融资很困难,必须打破这种现象;"破除体制障碍",即要对公有制经济和非公有制经济一视同仁,不能因为公有制经济属于体制内经济而在融资和市场准入方面给予其特殊优惠,不能因为非公有制经济属于体制外经济而在融资和市场准入方面对其设置各种限制,破除体制障碍的要点是要打破公有制经济是社会主义经济、私有经济是资本主义经济的传统观念、传统理论的束缚,把公有制经济和非公有制经济都当作社会主义经济来看待,对它们采取相同的政策、措施来扶持,促进它们共同发展;"促进个体、私营经济和中小企业发展",即政府的政策、措施能否促进非公有制经济和中小企业的发展,关系到我国经济能否可持续发展的问题,非公有制经济和中小企业在我国经济发展中的贡献率已超过60%,在就业方面已达80%,在国家财政收入方面已达40%,可以说

[①] 周丽莎.混合所有制改革政策演变和实践发展[J].开发性金融研究,2018(4):57-67.

非公有制经济和中小企业已是中国经济的"执牛耳",因此,支持、扶持个体私营经济和中小企业发展,将有利于防止经济的下滑,对保持经济中高速增长具有重要的意义。①

五、混合所有制是国有企业改革的突破口,推进重点领域混合所有制改革(2013年至今)

(一)混合所有制是基本经济制度的重要实现形式

2012年党的十八大报告提出:"完善公有制为主体、多种所有制经济共同发展的基本经济制度。""要毫不动摇巩固和发展公有制经济,推行公有制多种实现形式,深化国有企业改革,完善各类国有资产管理体制,推动国有资本更多投向国家安全和国民经济命脉重要行业和关键领域,不断增强国有经济活力、控制力、影响力。""毫不动摇鼓励、支持、引导非公有制经济发展,保证各种所有制经济依法平等使用生产要素、公平参与市场竞争、同等受到法律保护。"党的十八届三中全会提出,"毫不动摇巩固和发展公有制经济,坚持公有制主体地位,发挥国有经济主导作用,不断增强国有经济活力、控制力、影响力","必须毫不动摇鼓励、支持、引导非公有制经济发展,激发非公有制经济活力和创造力","国家保护各种所有制经济产权和合法利益,保证各种所有制经济依法平等使用生产要素、公开公平公正参与市场竞争、同等受到法律保护,依法监管各种所有制经济","积极发展混合所有制经济,国有资本、集体资本、非公有资本等交叉持股、相互融合的混合所有制经济,是基本经济制度的重要实现形式,有利于国有资本放大功能、保值增值、提高竞争力,有利于各种所有制资本取长补短、相互促进、共同发展。允许更多国有经济和其他所有制经济发展成为混合所有制经济。国有资本投资项目允许非国有资本参股。允许混合所有制经济实行企业员工持股,形

---

① 周丽莎.混合所有制改革政策演变和实践发展[J].开发性金融研究,2018(4):57-67.

成资本所有者和劳动者利益共同体","完善国有资本管理体制,以管资本为主加强国有资产监管,改革国有资本授权经营体制,组建若干国有资本运营公司,支持有条件的国有企业改组为国有资本投资公司。国有资本投资运营要服务于国家战略目标,更多投向关系国家安全、国民经济命脉的重要行业和关键领域,重点提供公共服务、发展重要前瞻型战略性产业、保护生态环境、支持科技进步、保障国家安全"。①

2017年党的十九大报告指出,"经济体制改革必须以完善产权制度和要素市场化配置为重点,实现产权有效激励、要素自由流动、价格反应灵活、竞争公平有序、企业优胜劣汰","要完善各类国有资产管理体制,改革国有资本授权经营体制","加快国有经济布局优化、结构调整、战略性重组","促进国有资产保值增值,推动国有资本做强做优做大,有效防止国有资产流失","深化国有企业改革,发展混合所有制经济,培育具有全球竞争力的世界一流企业"。②

(二) 推动重点领域的混合所有制改革

在2016年12月召开的中央经济工作会议上,习近平总书记在关于深化国企改革的论述中提出,要以提高竞争力和资源配置效率为目标,加快形成有效制衡的法人治理结构、灵活高效的市场化经营机制。习近平总书记特别强调:"混合所有制改革是国企改革的重要突破口,要按照完善治理、强化激励、突出主业、提高效率的要求,在电力、石油、天然气、铁路、民航、电信、军工等领域迈出实质性步伐。"从积极推进,到稳步推进,再到重要突破口,可以看出混合所有制改革在深化国企改革中的重要地位,同时,这也对混合所有制改革的规范化、制度化提出了更紧迫的要求。③

在2017年3月5日召开的十二届全国人大五次会议上,李克强总理所做的《2017年国务院政府工作报告》在关于深化国企改革的论述中提

---

①②③ 周丽莎. 混合所有制改革政策演变和实践发展[J]. 开发性金融研究,2018(4):57-67.

出:"要以提高核心竞争力和资源配置效率为目标,形成有效制衡的公司法人治理结构、灵活高效的市场化经营机制。今年要基本完成公司制改革。深化混合所有制改革,在电力、石油、天然气、铁路、民航、电信、军工等领域迈出实质性步伐。抓好电力和石油天然气体制改革,开放竞争性业务。"党的十八大以来,各地区、各有关部门和国有企业积极稳妥发展混合所有制经济,在电力、石油、天然气、铁路、民航、电信、军工等重点行业,推动了重要领域的混改试点,2016 年第一批 9 家,2017 年第二批 10 家,2018 年第三批 31 家,2019 年第四批 160 家(其中中央企业 103 家,地方国有企业 57 家)。[①] 2014 年 7 月,国务院国资委选择具有较好基础的中国建材和国药集团开展混改试点。到 2018 年底,中国建材和国药集团混改企业户数占比分别超过 85% 和 90%,营业收入占比分别超过 70% 和 90%,为央企混改探索出初步经验。根据国家出资企业产权登记数据,截至 2018 年底,已有超过 2/3 的央企各级子企业实现了混改,且子企业层级越低,混改程度越深,四级以下央企子企业中超过九成实现了混合。[②] 中央企业集团及下属企业中半数以上的国有资本集中在上市公司,上市公司已经成为中央企业运营的主体。具体而言,中央企业资产的 65%、营业收入的 61%、利润总额来源的 88% 都在上市公司;2018 年,央企和地方企业新增了 2880 户混合所有制改革的企业。[③]

第三节　混合所有制改革的实践要求

混改不是简单地将公有资本与非公有资本相混合,其有着丰富的内涵。中央对混改有明确的要求,即完善治理、强化激励、突出主业、提高效率。

---

① 周丽莎. 混合所有制改革政策演变和实践发展[J]. 开发性金融研究,2018(4):57-67.
② 杜雨萌. 更高层级国企改革全面铺开 央企集团层面混改有望加速落地[N]. 证券日报,2018-12-27.
③ 本刊记者. 国企改革发展记者会重点要点解析[J]. 现代国企研究,2019,155(5):12-19.

一、完善治理

完善治理方面,要求混改企业聚焦"四会一层"等方面建设,坚持党的领导,建立以董事会治理为核心、以市场化运营为原则的混合所有制公司治理机制、市场化经营机制等,保障各类资本合法权益。从目前改革的情况看,国有企业推进混改后,国有资本仍然控股或者占据多数的,都制定并规范企业党委会、股东会、董事会、监事会和经理层的关系,明确党委会决策程序为董事会前置程序,充分发挥党组织政治核心作用。在坚持党的领导的前提下,混合所有制企业也注意保护各类股东的合法权益。不少企业规定了国有资本方、非国有资本方对重大议题的双重否决权,以切实保障任何一方的权益不受多数人的侵害。

完善治理的重要任务是加强董事会建设。各股东按出资比例行权履职,董事会决策重大投资、选人用人、薪酬分配等重大事项形成协调运转、有效制衡的现代公司治理结构。以混改后的联通为例,联通A股公司正式选举产生混改后的新一届董事会,新一届董事会由13人构成,其中非独立董事8人,内部董事3人,其余5人来自混改引入的战略投资者,包括中国人寿、腾讯、百度、阿里、京东各1名董事席位,按照上市规则设置独立董事5人,成立了发展战略、提名、薪酬与考核、审计等专门委员会,实现了董事会组成的多元化和专业化。[①]

二、强化激励

激励措施不足一直是制约国有企业活力的重要因素。主要是通过综合运用市场化激励机制,采取多种手段方式,着力从薪酬体系、选人用人、股权激励等方面多措并举,深化三项制度改革,提高员工获得感,激发微观活力。

---

① 徐善长.国有企业混合所有制改革的政策与实践[J].北方经济,2018,373(12):13-14.

通过混改，形成能多能少的动态工资机制，让员工的工资能够充分地与效益挂钩，体现多劳多得、按效分配。2018年5月国务院印发《关于改革国有企业工资决定机制的意见》后，国资委下发了《中央企业工资总额管理办法》，并于2019年1月1日正式施行。该办法中提出要加大企业分配自主权，实施差异化工资机制。具有竞争性特点的中央企业工资总额由审批改为备案，工资总额与央企效益挂钩，实现薪酬能增能减，并向生产一线和高技能人才倾斜。[①] 通过混改，形成干部能上能下、员工能进能出的新格局，推进职业经理人制度。

在混改中，以员工持股为代表的股权激励是中长期激励的重要举措。2013年11月，《中共中央关于全面深化改革若干重大问题的决定》明确，"允许混合所有制经济实行员工持股，形成资本所有者和劳动者利益共同体"。优先支持人才资本和技术要素贡献占比较高的转制科研院所、高新技术企业、科技服务型企业开展员工持股试点，支持对企业经营业绩和持续发展有直接或较大影响的科研人员、经营管理人员和业务骨干等持股。[②]

三、突出主业

通过混改优化整合资源，将企业资源向优势主业集中，做大做强做优主业。需要注意的是，随着经济社会的发展，企业主营业务不是绝对的，而是相对的。当前，业务领域交叉融合现象日益突出，不能单纯地认为企业的主要业务是固化的、单一的，主营业务要随着时代发展插上新动能、新模式、新业态的翅膀，增强创新能力，推动新旧动能转换。要实现这一目标，关键是在股权改革中引入具有高协同性的战略投资

[①] 东营网. 东方财富证券东三路营业部早知道（0110）. [EB/OL]. [2019-01-10]. http://finance.dongyingnews.cn/system/2019/01/10/010715868.shtml.

[②] 国务院关于国有企业发展混合所有制经济的意见 [EB/OL]. [2015-09-24]. http://www.gov.cn/zhengce/content/2015-09/24/content_10177.htm.

者，围绕主业整合产业链资源。如中国黄金集团所属黄金珠宝公司通过混改成功引进中信证券、京东、兴业银行、中融信托、越秀产投和浚源资本等国内顶尖的金融机构、互联网公司和具有市场化基因的产业集团，在扩大销售的同时，积极发展了大宗商品、境外金融服务等产业链条。东航物流公司结合企业自身"一个平台、两个服务提供商"的发展战略，聚焦未来发展方向，围绕提升企业核心主业竞争力的目标，在混改过程中确定了"长期战略充分对接、短期业务有效协同、企业品牌社会认可"的战略投资人选择原则，最终引进联想控股、普洛斯、德邦快递、绿地金融、君联资本五家战略和财务投资者。这五家合计持有公司45%股权。战略投资者分别为快递快运、物流地产、第三方物流解决方案等行业的领军企业，为东航物流核心主业快速发展提供了强有力的帮助。

四、提高效率

通过混改，提高国有资本效率，放大国有资本功能。效率的提升是多方面的。第一，混改本身引入了非公投资者，外部资金的引进有助于降低负债，改善财务指标。这是短期的效应。第二，不少国有企业为了推进混改，先推进"瘦身健体"等工作，处理好治僵脱困、重组、人员分流、解决历史包袱等问题，也一定程度上提高了效率，有利于吸引外部投资者进入。第三，通过完善治理、强化激励等举措，内部管理得到优化，过去企业存在的冲动投资、盲目投资等行为倾向受到有效约束，风险管控能力得到加强，微观活力得到激活，这是提高效率的最根本原因。如重庆长电联合能源公司混改后，母公司三峡集团公司党组会审议通过了对重庆长电联合的差别化管控方式，在人力资源、薪酬激励、对外投资、财务管理等方面，积极探索国资监管从管企业到管资本转变，充分尊重企业独立法人主体地位和自主经营管理权，建立股东权力清单，对混合所有制企业不做简单的管理延伸和制度对接，而是通过

"三会"参与管理,精简了管理程序,提升了决策效率。通过建立市场化的企业运行体系,极大地调动了企业经营层的积极性,激发了市场主体活力,企业有压力、有动力去深挖降本潜力,止住出血点、找出风险点、形成利润点,明显提升了资源配置效率,提高了企业生产效益,重庆长电联合混改当年净利润就较上年增长10%。

| 第二章 |

混合所有制改革的目的和前景

谈及混合所有制改革的目的和前景,首先要明确发展混合所有制经济的限定范围。在我国,混合所有制经济,从宏观层面是指公有制经济与其他所有制经济有机结合的所有制结构;从微观层面是指占有主导地位的国有经济在少数公共服务领域和广泛商业领域与其他所有制经济企业的联合。本章研究限定于微观混合所有制经济范围,并在此基础上,围绕党的十八大以来我国混合所有制经济制度安排和混合所有制经济发展背景,分析我国经济改革和发展所面临的处境和问题,以期达到有效的改革目的,实现发展的美好前景。

第一节 党的十八大以来混合所有制改革的背景

一、世界经济形势使多种所有制经济共同发展成为必然

当今世界正处于大发展、大变革时期。无论是社会思潮观念之间的碰撞,还是科技赋能所带来的日新月异的变化,都在推动经济全球化和国际秩序重塑的加速发展。因此,中国若要在全球治理体系和经济发展中扮演重要角色,就要做强做大国有企业,进一步增强与国际社会的深层次互动。这也是历史潮流的必然选择。其一,2008 年金融危机后,新自由主义经济受到质疑,部分资本主义国家选择行业"国有化"经济政策以维护国家政治和经济稳定,再次证明国有资本在市场经济中具

有关键作用。其二,我国支持经济全球化,反对"逆全球化"。随着持续扩大对外开放政策,我国各领域将与世界产生广泛而深刻的联通。国有企业作为我国经济的重要组成部分,将更进一步地"走出去、迎进来",更加充分地参与到国际竞争之中。所以,在世界政治经济不确定背景下,做强做大国有企业才能更好地促使我国多种所有制经济与世界各国开展合作和竞争,才能更好地发挥我国在国际竞争中的国有资本优势,才能获取世界经济和社会发展竞赛的胜利。

二、高质量发展要求使发展混合所有制经济成为必然

面对世界经济复苏乏力,我国经济经历阵痛期后,仍在爬坡过坎,负重前行,现在由高速增长阶段转向高质量发展阶段,正处在转变发展方式、优化经济结构、转换增长动力的攻关期。国内经济持续面临下行压力,经济增速不断放缓,经济结构调整迫在眉睫,但是,我国仍必须打好防范化解重大风险、精准脱贫、污染防治三大攻坚战,决胜全面建成小康社会。因此,国有经济作为我国经济的重要组成部分,要充分发挥公有制经济为主体、多种所有制经济共同发展的基本经济制度优势,进一步使国有企业切实引领深化供给侧结构性改革方向,为建设创新型国家、实现乡村振兴、协调发展区域经济、取得国际竞争胜利,促进我国经济实现高质量发展目标贡献力量,就要做强做大国有企业。因此,在我国经济期待高质量发展的背景下,每一项重大经济任务都离不开国有经济的支持,经济社会发展更需要国有资本发挥更大更强的作用,同时也需要其他非公有资本为我国经济高质量发展共同发力。

三、产业转型与竞争使发展混合所有制经济成为必然

全球竞争的关键点是创新和产业。未来我国要占领全球价值链中高端的位置,就要深化供给侧结构性改革,加快升级传统产业,以世界标准加快发展现代服务业,除加大科研机构、高校等基础理论研究创新投

入之外，还要向三次产业的微观主体进行科技创新等要素投入，使研究机构和企业共同成为创新发源地，使市场成为创新成果检验的导向，推进以"理论研究＋应用研究"与"生产＋市场检验"全流程循环模式为核心的产学研深度融合创新管理与技术发展体系，加快建设产业与人力资源协同发展的产业体系。在产业市场竞争背景下，国有资本要深刻领会和把握市场竞争规律，利用自身资金和人才优势，率先或加速进入上游产业链领域，并与该领域先发企业深度合作，摆脱高人工和资源耗费模式的低效率发展，追求高质量发展。例如，在互联网、大数据或人工智能产业领域，很多非公有资本提前布局，走在国有资本前面，但它们也面临资金投入不足、人才供给不够等困难，很难在战略新兴产业领域持续发力，占领全球价值链高端位置。因此，国有资本应与非公有资本进行充分合作，实现国内产业结构调整、产业转型升级、经济发展方式转变的目标，同时，实现共同占领全球产业高地的双赢局面，最终使我国在世界经济格局中占有重要的一席之地。

四、国有企业改革使发展混合所有制经济成为必然

2015 年 8 月，《中共中央 国务院关于深化国有企业改革的指导意见》拉开了新一轮国有企业改革的序幕。新一轮国有企业改革剑指解决国有企业现存问题，破除体制机制障碍，做强做优做大国有企业。然而，当前我国国有企业存在发展过分依赖政府、发展活力动力不足、经营管理体制机制不够完善、国有资本布局不够合理、自身发展束缚条件没有完全破除、运营效率较低等不能适应经济新常态的问题，无法更好地实现放大国有资本功能、有效配置国有资本并使其高效运行的良好发展局面。

在经营管理体制机制方面，主要是公司制和公司法下的"三会一层"的责权尚未落实到位，党委会、董事会、监事会、经营层之间的关系还未完全理顺，企业内部管理制度不完善、不连续、不科学，进而

影响管理效率和决策效率，使企业活力不够、运营效率较低。

在转变发展方式方面，国有资本大多布局于传统重资产行业，"转身慢、淘汰难"。面临"三去一降一补"的重担，一方面，要加速传统产业转型升级或延伸上下游产业链，处僵治困，保障国有企业做大；另一方面，要加快创新创业，因应市场发展，布局战略性新兴产业，变革产业结构，寻求新的经济增长点，促进国有企业做强做优做大。但是，一些国有企业创新动力不足，不具备创新自主知识产权的关键技术的意识和能力，在自身发展中陷入"转身"受限的困境。

在投融资管理方面，国有企业融资的主要来源依然是银行贷款，因为有国企背景背书，银行也都乐于给予国有企业较高评级并发放贷款。这是国有企业投资随意性的根源，也是造成国有企业负债较高的意识根源。随着世界经济竞争加剧和我国经济体制改革的推进，我国国有企业已经处在社会主义市场经济宏观竞争环境之下，但在意识上、行动上尚未摆脱经营管理上依靠政府的理念和实践。

发展混合所有制经济，有利于国有企业强化市场竞争意识和忧患意识，有利于国有企业与非国有资本合作，尽快健全和完善有效的法人治理结构，进一步理顺经营管理体制机制。通过与市场先发或优势非国有资本合作，激发企业活力，增强创新力和品牌意识，调整产业结构，优化国有资本布局；同时，可以开展资金、技术、人才等全方位多层次互动，弥补融资渠道单一的缺陷，减少对政府的依赖，逐步提高资金使用效率和效果，在由市场发挥资源配置主导作用的充分竞争市场中，做强做优做大。

第二节　混合所有制改革需要考虑的问题

第一节从世界经济和中国经济宏观背景出发，在我国经济发展形势和高质量发展要求的中观背景下，探讨产业转型和国有企业发展自身存在问题的微观背景,清晰地展现了我国发展混合所有制经济的"四个必然",展现了我国发展混合所有制经济所面临的问题、旨在解决的问题和预计实现的目标这一内在逻辑。在此基础上,从分析当前我国混合所有制改革存在的问题出发,以求更加全面地理解进行混合所有制改革的目的。

一、治理机制和监管体制不够完善

近年来,一批国有企业通过改制发展成为混合所有制企业,但是仅仅是"混"在一起而已,并未因"混"而带来一系列的"改"。没有把引资本与转机制结合起来,把产权多元化与完善企业法人治理结构结合起来,更没有通过发展混合所有制,实现市场化经营机制,建立现代企业管理制度、职业经理人制度和股权激励机制等,没有能够充分激发新企业的活力。

二、非公有资本参与积极性不够强烈

非公有资本为进一步促进自身发展,包括突破垄断壁垒、追求产业布局、规避市场准入门槛、扩大市场规模等,采取一些方式与公有制经济产权混合。但是,非公有资本出于对"大鱼吃小鱼"的担忧,面对偶现的违背契约问题,不愿充当资本输出方。它们为保护自己的产权权益,要么对存量国有资本独资或控股企业混合所有制改革参与性低,要么就要求在参与国有资本新建混合所有制项目中充分获得控制权和话语权,充分实现有效公司治理,保障自身可持续发展。

三、国有资本"一股独大"现象仍较突出

从产权结构这一混合所有制经济的微观基础分析,已进行混改的企业股权结构依然不合理,只有产权多元化的形式,没有公司有效治

理的实质。① 虽然全国绝大多数国有企业完成了公司制股份制改革，一大批国有企业先后在境内外资本市场上市，但是国有企业体制机制未得到根本转变。改制上市国有企业在产权结构、股东结构、法人治理结构、少数股东权益等方面存在问题。这些问题的根源在于国有资本掌控权理念未曾转变，导致国有股权份额过重，出现"一股独大"的问题。

四、国有资产评估定价机制不够科学

国有资产评估是混合所有制经济的关键点。定价过高不利于与非公有资本的合作，定价过低有贱卖国有资产的嫌疑。当前，针对科学管控定价和国有资产流失的问题，尚未建立有效的抑制机制和措施。缺乏国有资产评估定价细则，产权交易机构又多有行政化印记，致使在产权交易中未能充分使市场在资源配置中发挥重大作用。同时，国有企业领导人员为避免"国有资产流失"，宁愿以较低交易价格将资产出售给其他国有或国有控股企业，这在一定程度上排挤了有意愿的民营资本参与混合所有制经济。另外，一些资产评估与购买倒置，刻意提高评估价格实现协议转让，评估工作不深入、不完整、不清晰和披露内容不透明、不全面、不充分等问题，都是国有资产评估定价机制不科学的表现和结果。

五、非公有经济进行混合所有制改革的微观问题

在混合所有制改革过程中，非公有资本面临着一些实际操作的问题。一是非公有资本仍然面临一些门槛和壁垒。虽然国家在政策层面给予非公有资本"非禁即入"的支持，但是很多行业仍然以资本实力、技术水平、从业经历等指标衡量，变相抬高了市场准入门槛。另外，审

---

① 臧跃茹,刘泉红,曾铮.促进混合所有制经济发展研究[J].宏观经济研究,2016(7).

批多、流程长等低效现象仍然存在，非公有经济在利益保障、平等参与方面仍然缺乏细则和措施支持。二是混合所有制企业面临不公平待遇。对有非公有资本参与的混合所有制企业，社会总抱另眼相看的态度，特别是行政化单位，往往对混合所有制企业实施差别待遇。混合所有制企业在信贷政策、资源获取、人才引进和服务等方面，都得不到原国有企业身份时期的待遇，丧失了原有的要素使用优势。三是混合所有制企业经营被干预。非市场化的行政手段要求有实力的非公有资本并购效益较差的国有企业，以解决职工就业问题，保障社会稳定。也正是出于稳定原因，有关方面在进行混改时，干预正常股权比例下的正常掌控权和话语权，导致新形成的混合所有制企业非公有资本一方的利益缺失，运营效率低，经营效益差。

六、国有企业进行混合所有制改革的微观问题

从国有企业改革视角出发，混合所有制改革微观实践层面存在三个需要深入探讨的问题：一是国有企业选择非公有资本合作时持谨慎态度，在一定程度上有碍"混改"进程。各资本方合作的基础是彼此深入了解对方的真实情况，然而，在各方合作前，大多数情况下都不具备这个基础。有时候国有企业不愿意把企业真实情况反映给合作方，而合作方又迫切地想掌握企业经营管理状况、盈利能力、资产状况等。这种不间断的博弈激发了双方的不信任感，不利于双方合作。然而，选择资本合作方是混合所有制改革的关键环节。选好合作方，才能达到当初"混"的目的，否则只是给各方一种束缚，不利于各方自我发展。二是国有资本布局战略性调整的市场意识不强，影响"混改"效果。国有企业大多数情况下市场竞争意识不强。不仅对市场配置资源的理念理解不到位，在思想上、行动上仍依赖企业国有属性和垄断行业地位，习惯于使用垄断资源，而且面对全国经济转型升级产业环境，没有及时抓住供给侧结构性改革机会，仍然靠现有产业的利润支撑企业运营，等待转

型发展机会,缺乏主动出击布局战略性新兴产业或满足需求侧产业的勇气。① 同时,缺乏一批制定企业战略规划和优化产业布局的高端人才。这些都导致国有企业与产业链高端层非公有资本合作失败,造成国有资本布局战略性调整不到位或不合理,使"混改"效果大打折扣。三是市场化选人用人理念和机制缺失,抑制"混改"活力。当前,国有企业公司制后,新"三会一层"基本建立,但是企业内运行体系或授权界面仍然需要完善。只有这样,才能真正授权经理层,赋予企业活力。但是,现实操作中,体制内外选拔的企业领导人员在薪酬水平与预期福利之间存在较大的矛盾,党组织选拔干部和市场化选聘职业经理人机制结合力度还不够。② 如此的运行机制不能充分激发管理人员的工作热情,更不利于激发新建混合所有制企业的活力。

第三节　混合所有制改革的目的

《中共中央 国务院关于深化国有企业改革的指导意见》指出,国有企业改革要"形成更加符合我国基本经济制度和社会主义市场经济发展要求的国有资产管理体制、现代企业制度、市场化经营机制,国有资本布局结构更趋合理,造就一大批德才兼备、善于经营、充满活力的优秀企业家,培育一大批具有创新能力和国际竞争力的国有骨干企业,国有经济活力、控制力、影响力、抗风险能力明显增强"。③《国务院关于国有企业发展混合所有制经济的意见》指出,要"推动完善现代企业制度,健全企业法人治理结构,提高国有资本配置和运行效率,优化国有经济布局,增强国有经济活力、控制力、影响力和抗风险能力,主动适应和引领经济发展新常态;促进国有企业转换经营机制,放大国有资

---

①② 耿子恒.关于国有企业混合所有制改革实践的思考[J].中国发展观察,2019,209(5):35-38.

③ 中共中央、国务院关于深化国有企业改革的指导意见[A]//国家发展改革委体改司.国企混改面对面[M].北京:人民出版社,2015:210-226.

本功能，实现国有资产保值增值，实现各种所有制资本取长补短、相互促进、共同发展，夯实社会主义基本经济制度的微观基础"。[①] 这从政策层面指明了我国新一轮混合所有制改革的方向。

一、落实国有企业微观市场主体地位

实行混合所有制改革，就是要促进国有企业和非公有制企业双方在市场中都更加成熟稳健发展。成熟的标志是资本布局优、经营管理水平高、利润收益稳、持续发展能力强。通过混合所有制改革，实现政企分开、政资分开，成为完善的市场竞争主体，并在市场竞争中发展。同时，非公有制资本与国有资本互相融合、互相扶持、互相补位，各自发挥优势，双方共同成长，趋于更加成熟。在国有经济和非公有经济这两大市场主体逐渐成熟的过程中，也会逐步处理好政府与市场的关系，使我国公有制为主体、多种所有制经济共同发展的基本经济制度更加完善。这将有利于我国这一基本经济制度在未来社会主义市场经济中发挥更大的积极作用。

二、放大国有资本功能

放大国有资本功能有两个前提：一是明确国有企业功能定位；二是明确国有资本与非公有资本准入市场。国有企业在社会主义市场经济中，不变的功能定位是在体现国家意志和人民整体利益的基础上服务于国计民生，惠及全民福祉。因此，在新一轮混合所有制改革中，国有企业与市场化的关系依然不变，要增盈利，更要促民生。因此，国家将处于充分竞争行业和领域的商业类国有企业进行混合所有制改革，并进行分类。遵循市场化和国际化的标准和原则，以增强国有经济活力、放大国有资本功能、实现国有资产保值增值为主要目标，以提高经济效益和创新商业模式为导向，充分运用整体上市等方式，积极引入其他国有资

---

① 中共中央、国务院关于深化国有企业改革的指导意见[J]. 中国有色建设, 2015(3).

本或各类非国有资本实现股权多元化。坚持以资本为纽带完善混合所有制企业治理结构和管理方式，国有资本出资人和各类非国有资本出资人以股东身份行使权利和履行职责，使混合所有制企业成为真正的市场主体。[①] 有效探索主业处于重要行业和关键领域的商业类国有企业混合所有制改革。对主业处于关系国家安全、国民经济命脉的重要行业和关键领域，主要承担重大专项任务的商业类国有企业，要保持国有资本控股地位，支持非国有资本参股。针对自然垄断企业，要按照"政企分开、政资分开，特许经营、政府监管"的原则进行改革，根据不同行业特点实行网运分开，放开竞争性业务，促进公共资源配置市场化，同时加强分类依法监管，规范盈利模式。[②] 实现国有资本布局优化，进而放大国有资本在各领域的功能，增强其活力、控制力、影响力。

三、实现国有企业管理机制优化

新一轮国有企业混合所有制改革的主要目标是做强做优做大国有企业。在依法治企的进程中，加强党对国有企业的领导，建立和完善产权清晰、权责明确、政企分开、管理科学的现代企业制度，健全法人治理结构，能够适应市场化、现代化、国际化的新形势，不断提高国有资本效率，优化国有经济布局，实现与非公有资本的有效合作，取长补短，互相促进，共同发展，主动适应和引领经济发展新常态，促进经济社会持续健康发展。

第四节 混合所有制改革的前景

按照《中共中央 国务院关于深化国有企业改革的指导意见》《国务院关于国有企业发展混合所有制经济的意见》等一系列国家政策层

---

① 连维良.国企发展混合所有制经济意义重大[J].求是,2015(20):63.
② 国务院关于国有企业发展混合所有制经济的意见[J].绿色财会,2015(9).

面顶层设计思路,遵循社会主义市场经济规律,稳妥推进国有企业发展混合所有制经济,达成夯实社会市场经济微观基础、提高国有经济乃至整个国民经济质量和效益、做强做优做大国有资本、培育世界一流企业、实现国有企业与市场经济更好融合、实现各种所有制资本共同发展、更加适应和引领经济发展新常态、推动经济社会全面协调可持续发展的愿景。

从体制机制和制度建设层面,国家出台一系列国有企业改革和混合所有制改革制度,通过发展混合所有制经济,逐步完善各类国有资产管理体制,变革国有资本授权经营体制,有效防止国有资产流失,促进国有经济优化布局、调整结构并进行战略性重组,不断推进国有资产保值增值,持续推动国有资本做强做大。[①] 如此一来,就培育出活力更强、效益更优的微观市场主体。这将进一步巩固和完善社会主义基本经济制度。

从宏观经济发展层面,通过完善产权保护制度,平等保护各类产权,将逐步打造各类资本公平竞争的市场环境。制定平等市场准入规则,为市场机制发挥决定性作用创造优质的市场环境。同时,逐步建立多层次股权市场、产权市场,充分发挥产权市场在发展混合所有制经济中的渠道作用,为混合所有制改革提供平台支撑。另外,在国有资本布局优化过程中,不断强化与非公有资本的合作模式和途径,使之渗透在各产业之中,不断增设新企业、转化新技术、投资新项目,实现国有与民营的优势互补,实现资源再配置,这将会加快推动供给侧结构性改革,为我国经济结构调整和产业转型升级提供重要动力,继而,进一步激发市场活力,解放和发展生产力,为我国保持经济中高速平稳增长创造必要条件。[②]

在民营企业和国有企业发展层面,在分类推进国有企业混合所有制

---

① 李劲涛. 混合所有制改革现状及所需解决的问题探析[J]. 经济研究导刊,2019,396(10):19-20,75.
② 臧跃茹,刘泉红,曾铮. 促进混合所有制经济发展研究[J]. 宏观经济研究,2016(7):21-28.

改革进程中，在充分竞争行业和领域推行商业类国有企业混合所有制改革。这一改革是完全遵循市场规律，以市场化和国际化为要求，以提高经济效益和创新商业模式为导向，进而引入非公有资本的"混改"形式。它实现了国有资本和非公有资本以股东身份履行职责和行使权利、成为真正市场主体的目标。商业类国有企业混合所有制改革将有利于非公有资本充分参与到国有企业所在行业，同时激发国有企业活力。[1] 另外，在重要行业和关键领域商业类国有企业混合所有制改革中，对重要通信基础设施、枢纽型交通基础设施、重要江河流域控制性水利水电航电枢纽、跨流域调水工程等领域，重要水资源、森林资源、战略性矿产资源等领域，江河主干渠道、石油天然气主干管网及电网等领域，核电、重要公共技术平台、气象测绘水文等基础数据采集利用等领域，国防军工等特殊产业等各行业领域，均以不同形式，不同程度地对非公有资本开放，允许其或进入，或依法依规参与开发经营，或参股，或提供服务。最后，对于其他服务国家战略目标、重要前瞻性战略性产业、生态环境保护、共用技术平台等重要行业和关键领域，将加大国有资本投资力度，发挥国有资本引导和带动作用，更好地把握国家经济命脉，实现普惠民生福祉。[2]

---

[1] 赵春雨.竞争性国企混合所有制改革研究[N].山西日报,2019-04-02.
[2] 国务院关于国有企业发展混合所有制经济的意见[J].绿色财会,2015(9).

第三章

混合所有制改革的基本路径和选择

以混合所有制经济发展目标为导向，本章重点探讨混合所有制改革的基本逻辑、路径和方式。从改革的基本逻辑出发，积极探索符合经济发展要求和适应企业发展阶段的改革方式，并在此基础上，为改革方式配备步伐地图，提出改革路径，方便读者按图索骥且科学有效地实施混合所有制改革，发展混合所有制经济。

第一节 混合所有制改革的基本逻辑

一、把握改革要求

混合所有制改革的逻辑起点是"国企混改"的总要求。一是要求完善治理。通过混合所有制改革，推动企业建立协调运转、有效制衡的现代公司治理结构，恢复企业在市场经济中的经营主体地位，充分发挥市场配置资源的决定性作用，进一步激发企业活力、创造力和市场竞争力，规范企业中股东大会、董事会、经理及监督会和党组织的权责关系。二是要求强化激励。完善市场化的激励机制，用机制激发活力，凝聚合力。建立完善市场化的职业经理人选聘任用体制机制，灵活采用任期制和契约化管理方式。[①] 按照

[①] 周丽莎. 积极稳妥推进混合所有制改革的基本逻辑[N/OL]. 北京青年报，(2019-04-13)[2019-06-23]. http://www.eeo.com.cn/2019/0413/353352.shtml.

市场水平及机制决定经理人薪酬，匹配中长期薪酬绩效管理体系，在科学合理的考核分配机制基础上，探索上市公司的股权期权、股票增值权、限制性股票，国有控股混合所有制企业员工持股，科技型企业的岗位分红、项目收益分红、股权奖励、股权出售。三是要求突出主业。国有企业要通过混合所有制改革做强做优主业，使主业的贡献率、实业的实力进一步提高和增强。四是要求提高效率。改革的最终目标，是要夯实社会主义市场经济体制下微观经济主体基础，包括国有资本经济和非公有制经济企业，同时，提高国有资本运营效率，以期实现与整体经济改革相匹配的提质增效、转型升级目标。提高企业的经营效益，就必须创新企业管理体制，建立完善的经营管理机制，建立现代企业管理制度，完善国有企业的机制，提升国有企业经营活力。

二、明确改革主体

党的十八大以来，混合所有制改革一直作为国有企业改革的突破口向前推进。2019年的政府工作报告指出，积极稳妥推进混合所有制改革。按照分层分类的原则，积极稳妥地推进混合所有制改革，不仅要把握改革总要求，还要明确混改主体的类型。

第一，集团层面股权多元化。通过开展集团层面的股权多元化工作，探索多元股东架构下的治理机制和国资监管的有效模式。第二，按照企业功能界定与分类结果，积极推进处于充分竞争领域的商业类国有企业混合所有制改革。第三，积极推进试点企业混合所有制改革。推动国有资本投资公司和运营公司所出资企业、主业处于竞争性领域的商业类国有企业、符合条件的"双百行动"企业、世界一流企业符合条件的子企业积极实施混合所有制改革。第四，进一步推动重点领域混合所有制企业改革。

三、理解改革内容

在全面理解所有制改革总体要求、改革主体和改革内容之后,遵循完善治理、强化激励、突出主业、提高效率的要求推进混合所有制改革。所谓混合所有制改革不是字面意义上的混合相加,而是将产业链中的产业节点和市场化经营机制、不同资源禀赋进行混合。这一过程需要避免"一窝蜂"、定比例等现象,要发挥市场配置资源的作用,决不能用行政手段取代市场。同时,在混合所有制改革落地实操的过程中,要明确各种问题,诸如:国有企业与国有企业之间交叉持股算不算混改?中央企业与地方国有企业之间交叉持股算不算混改?混合所有制改革与股权多元化之间又有什么区别?推行国有企业混合所有制改革时,要从《中共中央 国务院关于深化国有企业改革的指导意见》《国务院关于国有企业发展混合所有制经济的意见》《关于国有企业功能界定与分类的指导意见》中找答案,将其作为开展混合所有制改革的政策指引,对主业处于充分竞争行业和领域的商业类国有企业,原则上都要实行公司制股份制改革,积极引入其他资本实现股权多元化;对需要实行国有全资的企业,要积极引入其他国有资本,实行股权多元化。[①]

第二节 混合所有制改革的方式和路径

一、混合所有制改革的整体思路

实施混合所有制改革要坚持围绕"两个毫不动摇",发挥市场配置资源的决定性作用,沿着国有企业发展混合所有制经济的核心思路,即由国家发展改革委体改司在解读发展混合所有制经济政策时提出的

---

① 积极稳妥推进混合所有制改革的基本逻辑[EB/OL]. [2019-04-13]. http://www.eeo.com.cn/2019/0413/353352.shtml.

"分类分层改革,各类资本参与,健全治理机制,依法合规操作"的核心思路,着力推动混合所有制经济从注重数量和形式的"粗放式混改"向注重质量和发展的"集约式混改"转变,持续放大国有资本功能,提升国有企业活力,为我国经济结构调整和产业转型升级夯实微观基础,不断完善社会主义市场经济体制。

(一) 分类分层开展混合所有制改革

"分类分层改革",就是根据国有企业的不同情况明晰"四个区分",因企制宜地发展混合所有制经济。

1. 区分"已经混合"和"适宜混合"的国有企业

一方面,已经实行股份制和上市的国有企业,已经实施了混合所有制改革,需要进一步完善企业制度和提高资本运作效率;另一方面,寻找适合推进混合所有制改革的国有企业,充分发挥市场机制作用,坚持因地施策、因业施策、因企施策,方式要服务于效果、服务于发展。[①]

2. 区分商业类和公益类国有企业

商业类国有企业具有竞争性,遵循市场化和国际化要求,该类企业应该充分运用整体上市的方式,积极引入其他国有资本或各类非国有资本,实现股权多元化。国有资本主要有三种方式:绝对控股、相对控股和参股。主业处于关系国家安全、国民经济命脉的重要行业和关键领域,主要承担重大专项任务的商业类国有企业,要保持国有资本控股地位,支持非国有资本参股。对公益类国有企业,要根据不同的业务特点,加强分类指导,推进具备条件的企业实现投资主体多元化。通过购买服务、特许经营、委托代理等方式,鼓励非国有企业参与经营。[②]

---

① 国家发展改革委体改司. 国企改革面对面——发展混合所有制经济政策解读 [M]. 北京: 人民出版社, 2015: 7.
② 国企发展混合所有制经济意义重大 [N]. 连维良, 解读. 朱剑红, 采访. 人民日报, 2015-09-28.

3. 区分集团公司和子公司

要区分集团公司、子公司不同层级。集团公司层面，在国家有明确规定的特定领域，坚持国有控股；在其他领域，鼓励通过整体上市、并购重组、发行可转债等方式，逐步调整国有股权比例，积极引入各类投资者。子公司层面，以研发创新、生产服务等实体企业为重点，引入非国有资本，加快技术创新、管理创新、商业模式创新。①

4. 区分中央企业和地方企业

不论中央企业还是地方企业，都要根据不同的层级，因层级施策发展混合所有制经济。地方国有企业，要区分不同情况，稳妥开展混合所有制改革，确保改革依法合规、有序推进。同时，在同一或类似产业布局中，中央企业和地方国有企业可以依据发展定位和市场原则进行互动合作，共同推动混合所有制改革的优质发展。

（二）各类资本参与混合所有制改革

"各类资本参与"按照交叉持股、相互融合的原则，鼓励各类资本，包括国有资本、非公有资本、集体资本、外资，以及企业员工出资入股等，参与发展混合所有制经济。

1. 鼓励非公有资本参与

非公有资本参与国有企业改制重组或国有控股上市公司增资扩股以及进行生产经营管理时，可以采取出资入股、收购股权、认购可转债、股权置换等多种方式。非公有资本投资主体可以货币出资，或以实物、股权、土地使用权等法律法规允许的方式出资。

2. 支持集体资本参与

允许经确权认定的集体资本、资产和其他生产要素作价入股，参与国有企业混合所有制改革。②

---

①② 任丽梅. 发展混合所有制 唱好国企改革"重头戏"[N]. 中国改革报，2015-09-28.

3. 有序吸收外资参与

引入外资参与国有企业改制重组、合资合作，鼓励通过海外并购、投融资合作、离岸金融等方式，充分利用国际市场、技术、人才等资源和要素，发展混合所有制经济。[①]

4. 推广政府和社会资本合作模式

可以通过投资补助、基金注资、担保补贴以及贷款贴息等方式优先支持引入社会资本项目，改善政府投资方式，组合引入保险资金、社保基金等长期投资者参与国家重点工程投资。鼓励社会资本投资或参股基础设施、公用事业、公共服务等领域项目，使投资者在平等竞争中获取合理收益。

5. 鼓励国有资本以多种方式入股非国有企业

国有资本可以通过投资入股、联合投资、重组等方式入驻非国有企业，与非国有企业达成股权融合、战略合作以及资源整合等战略协议，发展混合所有制经济。在公共服务、高新技术、生态环保和战略性产业等重点领域，按照市场规律选择发展潜力大、成长性强的非国有企业进行股权投资。[②]

6. 探索完善优先股和国家特殊管理股方式

国有资本参股非国有企业或国有企业引入非国有资本时，允许将部分国有资本转化为优先股。在少数特定领域探索建立国家特殊管理股制度。[③]

7. 探索实行混合所有制企业员工持股方式

员工持股主要采取增资扩股、出资新设等方式，要坚持激励约束原则，支持对企业经营业绩和持续发展有直接或较大影响的科研人员、经

[①②③] 任丽梅. 发展混合所有制 唱好国企改革"重头戏"[N]. 中国改革报, 2015-09-28.

营管理人员和业务骨干等持股。①

（三）发展混合所有制经济要健全治理机制

"健全治理机制"，就是要进一步确立和落实企业市场主体地位，建立健全混合所有制企业治理机制，推行混合所有制企业职业经理人制度。

（四）发展混合所有制经济要依法合规操作

"依法合规操作"，就是要建立依法合规的操作规则，严格规范操作流程和审批程序，健全国有资产定价机制，切实加强监管。

二、混合所有制改革的主流模式

混改坚持分类推进的原则。针对不同领域、行业、情况的国有企业，混改模式目前主要有四种：国有资本存量上的改革、增量上的改革、关系国家安全的企业的改革、沉淀资产大的企业的改革。

一是引入战略投资者做强做大主业的存量资本混改模式。通过引入在主营业务上具有高度协同性的战略投资者，实现存量国有资本的重组，各股东方优势资源对接互补，提升产业链和完善生态圈，做强做优做大主业。中国联通、中国黄金集团下属黄金珠宝公司、东方航空集团下属东航物流公司等是典型代表。如中国联通在集团层面进行混改，引入阿里、腾讯等战略投资者，创新主营业务，提升产业供给升级至中高端位置，实现重点业务和相关产业链的融合发展。存量资本混改模式对能源、交通、电信等负债高、效益低的传统重资产类型的国有企业有较强的适用性，适合有战略定力、追求中长期目标的民营资本进入，达到降杠杆、强活力的目的，实现重资产与新动能的有机结合，有力推进新旧动能转换。

---

① 蔡昌，沈静.混合所有制改革中的税收问题探讨(四)[N].财会信报,2018-11-26.

二是引入社会资本新设市场主体的增量资本混改模式。主要集中在子公司层面。做法是国有企业与一个或多个非国有企业兴办新企业，共同开发市场业务，做大市场蛋糕，实现国有资本增量发展。南方电网所属的深圳前海售电公司、杭温铁路项目、三峡集团所属的重庆长电联合能源公司等是典型代表。如深圳前海由五家公司出资组建，探索新售电模式和提供综合服务，成为前海蛇口地区主要售电提供商。增量资本混改模式阻力较小，在传统竞争性产业、战略性新兴产业领域都有较强的适用性。传统竞争性领域方面，合资公司有利于发挥国有资本吸引和带动更多民营资本共同发展的积极作用，部分行业国有资本可以不控股，主要实现投资效益最大化；战略性新兴产业领域方面，可以通过合资公司加强核心技术攻关，构建创新、共赢的产业新生态。

三是始终保有最大决策权和控制权的国家特殊管理股混改模式。国有股东通过特殊股权结构设计，有效防止恶意收购，并始终保有最大决策权和控制权。[①] 如中船航海科技有限责任公司是重点保军企业，混改时将其母公司中船电子科技有限公司持有的15%股权设置为国家特殊管理股，由中船电子科技有限公司代表国家持有并履行相关权利义务，在特殊情况下对特定事项行使否决权、最大决策权或超级表决权等，确保国有资本对重要涉军事项的绝对控制力，完成重大军工任务。国家特殊管理股模式对军工、文化、金融等国家安全领域的国有企业有很强的适用性。国有资本即使股份很少，也能获得对企业的执行管理权或一票否决权，是国有资本保持控制力的"撒手锏"。公司特殊管理股也是国际上通行的一种做法，2002年美国《标准公司法》和2006年英国新《公司法》，都允许实行"类别股份制度"，特定股东在股息、表决以及清算等方面享有特别权利。英国的《每日邮报》、美国的《纽约时报》等报业上市公司都采取了特殊管理股制度[②]。

[①②] 国有传媒企业特殊管理股[J].思想政治工作研究,2014(1):64.

四是激活弱流动性资产的证券化混改模式。这种模式是将流动性较弱的国有资产,通过企业改制上市、资产注入与置换等手段,转换为在金融证券市场上可以自由买卖的证券,改变"一股独大"格局,引入民营资本实行混改。如中国兵器工业集团下的内蒙古第一机械集团公司将超过80%的优质资源通过资产注入上市公司,实现军工核心资产证券化,资产证券化率达到83%,成功引入多元资本。资产证券化混改模式有利于盘活国有资产整体存量。国有资本分布在380多个国民经济行业,地方国有企业上市资产规模较小,资产证券化率不高。通过资产证券化,提升国有企业资产整体流动性,吸引更多外部资本进入参与混改,也有利于将资产集中到国家和地方大力扶持的产业上,解决地方国有资本分散的问题,优化国有资本配置。

三、混合所有制改革的方式路径

(一) 公司上市

1. 公司主营业务上市

这种资产证券化的方式也被称作拆分上市。剥离公司主营业务与非主营业务,将公司与主营业务相关的资产通过改制重组后的新设立公司进行挂牌上市,其他与非主营业务相关的资产继续在原公司中运营。

2. 公司整体上市

剥离满足企业上市条件的业务与不满足企业上市条件的业务,通过对公司的不良资产和不具备上市条件的产业进行改制重组或者直接摒弃等,使整个公司符合上市条件。企业实现整体上市主要有两种方式:第一种是母公司通过购买上市公司非公开发行的股票,将自己的优质资产变相上市。第二种是母公司通过兼并重组已上市公司,将自己的全部资产转化为上市资产,实现企业资产全部证券化。

（二）引入战略投资者

引入战略投资者可通过对特定的对象发行股票的方式实现。战略投资者分为两类：一类是产业投资，另一类是财务投资。产业投资人通过购买上市公司发行的股票间接进入该领域，同时，引入一方可以更多地获得战略投资者的技术和资源优势、市场机会和份额、管理技术和创新方法等显性和隐性效益，持续提高公司竞争力。财务投资人通常不会参与企业的经营管理，只做股权收益类投资，给予公司资金支持，并期待在一定时期之后按照股权比例获得公司所分配的利润。

（三）并购重组

并购和重组是企业的两种商业行为，因为两者具有很强的关联性而通常同时出现。以重组为目标的企业并购，会改变企业的经营模式、资产结构或资本结构等。企业并购通常是指企业间的兼并和收购。并购包含两个或两个以上独立的企业或公司进行合并重组，即一个企业以一定的代价或成本取得另一个或几个独立企业的经营控制权及其全部或部分资产所有权的行为。① 通过兼并形式重组的目标企业将丧失原有主体，不再存续。通过收购形式重组的目标企业仍然存续，只是其因股权结构的变化而丧失了控制权和经营权。

一类是上市公司的并购重组。上市公司为了扩大自身的经营规模，选择市场上一些具有发展前景却估值偏低的企业，通过向其发行股票的方式进行并购重组。另一类是非上市公司的并购重组。具有优质资产和连续盈利能力但不具备上市条件的公司寻找到被并购资产质量和盈利能力差的上市公司，而将其自身运作上市。

（四）资产证券化

资产证券化是一种融资手段，指企业机构将预计可以产生的稳定的

---

① 黄萌. 资本市场企业并购重组的市场化改革研究[D]. 合肥:合肥工业大学,2012:13.

未来现金流资产，按照一定规则构造一个"资产池"，并按照一定的金融技术将"资产池"转换为可以在资本市场流通的有价证券。① 结合我国实际，按照监管部门不同将资产证券化分为三个类型：信贷资产证券化、资产支持专项计划、资产支持票据。

1. 信贷资产证券化

在中国人民银行、中国银监会发布的《信贷资产证券化试点管理办法》中，信贷资产证券化是指银行业金融机构作为发起机构，将信贷资产信托给受托机构，由受托机构以资产支持证券的形式向投资机构发行受益证券，以该资产所产生的现金支付资产支持证券收益的结构性融资活动。② 信贷资产证券化涉及借款方、证券发行方、证券承销方、证券偿付方，四者互动关联完成整个过程。发起机构通常为银行，通过筛选组合资产并将其包装为可交易资产池。发起机构与信托公司合作资金管理，选择承销机构，制订营销和发售方案，进而获得信贷资产证券融资资金。

2. 资产支持专项计划

资产支持专项计划又称作企业资产证券化，是指以基础资产所产生的现金流为偿付支持，通过结构化等方式进行信用增级，在此基础上发行资产支持证券的业务活动。③ 企业资产证券化涉及原始权益人、债务人、资产服务机构、证券公司、资产支持证券持有人、法律财务顾问及评级机构等。依据原始权益人与债务人之间基础协议、原始权益人与证券公司之间资产买卖协议、证券公司与承销机构代理推广协议等，所有干系人按交易流程和要求，在增信后发行债券，资产支持证券持有人进行认购，进而获得企业资产证券化融资的资金。

---

① 刘轩. 美国资产证券化研究[D]. 成都：西南财经大学，2014：22.
② 程楠. 国企改革实用指南：混改、PPP、资产证券化[M]. 北京：法律出版社，2018：203.
③ 程楠. 国企改革实用指南：混改、PPP、资产证券化[M]. 北京：法律出版社，2018：235.

3. 资产支持票据

资产支持票据是指非金融企业为实现融资目的，采用结构化方式，通过发行载体发行的，由基础资产所产生的现金流作为收益支持的，按约定以还本付息方式支付收益的证券化融资工具。[①] 资产支持票据业务涉及发起机构、特定目的载体管理机构、投资者、主承销商、资产服务机构、资金监管机构、资金保管机构等各方。[②] 发起机构转让基础资产给发行载体，然后由其发行资产支持票据，投资人认购。其间，资产服务机构管理基础资产，赢得现金流归口资金监管机构，划拨票据本息给资金保管机构，进而支付投资人收益和本金。

（五）员工持股

员工持股计划是指企业为了吸引、留住和激励员工，通过让员工持有企业一定股份而使员工享有剩余索取权的利益分享机制和拥有决策权的参与机制的一种特殊激励计划。[③] 根据持股形式，可分为员工个人持股、企业法人持股、商业信托持股等。如此将进一步调动广大干部职工的积极性和主观能动性，有利于进一步优化国有企业股权结构，有利于完善法人治理结构和改善公司治理，有利于形成相互制衡、利益共享、风险共担机制，发挥各方优势，提升国有企业经营效率。

（六）PPP模式（Public-Private Partnership）

PPP模式是一种公私合作的伙伴关系，它基于股权合作且主要应用在我国基础建设和公共事业领域。采用PPP模式是探索不同于政府或国有企业直接提供投资、建设和运营服务的模式，以期能提高基建和运营效率，保障优质的服务水平。公、私双方共同出资设立一家新公司，

[①] 程楠.国企改革实用指南：混改、PPP、资产证券化[M].北京：法律出版社，2018：279.
[②] 李昱.投资者视角下资产支持票据风险防范[J].北京金融评论，2018（4）.
[③] 国家发展改革委体改司.国企改革面对面——发展混合所有制经济政策解读[M].北京：人民出版社，2015：140.

或者在股权上分割现有国有企业股权给民营企业，在此基础上共同投资和运营设施，基于契约精神履约并获得收益。这一模式有利于拓宽资金来源渠道、促进经营效率和服务质量提升、减少信息不对称和政治阻力、降低中断服务风险等，能更好地服务于我国的公共事业发展。在PPP模式下，国有企业选择私人一方仍需要按照市场化原则，根据行业特征，在适宜合作的领域选择有实力、有信誉的合作方，保证在混合所有制进程中依法合规、公开透明。在新企业中，以有效的法人治理结构兑现契约中双方的责任和义务，形成命运共同体，实现公共服务领域混合所有制改革成效。

| 第四章 |

混合所有制改革的主要经验

第一节 混合所有制改革进展

混合所有制改革是党中央、国务院作出的重大决策部署,是全面深化国有企业改革的重要举措。通过发展混合所有制经济,切实转换经营机制,放大国有资本功能,提高国有资本配置效率。党的十八大以来,积极稳妥推进混合所有制改革,国有资本和其他各类所有制资本取长补短、相互促进、共同发展的良好局面不断深化。[1]

一、出台政策体系,为混改提供公平制度保障

《中共中央 国务院关于深化国有企业改革的指导意见》(中发〔2015〕22号)、《国务院关于国有企业发展混合所有制经济的意见》(国发〔2015〕54号)明确了国有企业发展混合所有制经济的基本原则、主要任务等顶层设计。提出引入非国有资本参与国有企业改革,鼓励国有资本以多种方式入股非国有企业,探索实行混合所有制企业员工持股。在改革的层次上,提出分层推进国有企业混改,引导在子公司层面有序推进混改,探索在集团层面推进混改,鼓励地方从实际出发推进

---

[1] 原诗萌.国民共进:携手深耕新时代[J].国资报告,2019,49(1):52–53.

混改①。

经中央全面深化改革领导小组审议通过,《关于改革和完善国有资产管理体制的若干意见》(国发〔2015〕63号)、《关于加强和改进国有资产监督防止国有资产流失的意见》(国办发〔2015〕79号)、《关于国有企业功能界定与分类的指导意见》(国资发研究〔2015〕170号)、《加快剥离国有企业办社会职能和解决历史遗留问题工作方案》(国发〔2016〕19号)、《关于建立国有企业经营投资责任追究制度的指导意见》(国办发〔2016〕63号)、《关于进一步完善国有企业法人治理结构的指导意见》(国办发〔2017〕36号)、《改革国有资本授权经营体制方案》(国发〔2019〕9号)等关联改革文件均已出台实施。

国有资产监管机构职能转变是搞好混改的重要前提。只有从过去的管人管事管资产转变为管资本,才能适应混改后形成的新的考核办法和机制,创新监管方式和手段。改革国有资本授权体制,在一定范围内充分放权,依法应由企业自主经营决策的事项归位于企业,才能使企业放开手脚充分实现自我变革,对于混改企业,才能实现国有资本充分借鉴民营资本的活力。改革路径上,应遵循中央提出的分类推进原则,不能"一刀切"。

国家发展改革委、国资委等部门制定的《关于鼓励和规范国有企业投资项目引入非国有资本的指导意见》《关于国有控股混合所有制企业开展员工持股试点意见》《企业国有资产交易监督管理办法》《中央企业实施混合所有制改革有关事项的规定》等配套改革举措均已出台,《上市公司国有股权监督管理办法》已履行完审批程序。

二、各类资本积极参与国有企业混合所有制改革

党的十八大以来,伴随国家政策逐步完善和配套设施逐步规范,国家可以鼓励民营企业、外商企业、股权投资基金等各类资金通过投资入

---

① 徐晓松.挑战与变革:国企混改与多层次国家股权控制体系[J].中州学刊,2019(10).

股、收购股权以及参与上市公司重组方式加入国家中央企业混改进程，充分发挥上述资本在体制、机制、技术以及管理经验等方面的优势，促进国有企业混合所有制改革有序进行，取得较大成绩。①

民营资本是参与中央企业混改的主体力量。民营资本等各类社会资本通过证券市场参与国有企业控股上市公司 IPO、增发、资产重组等；通过产权市场收购国有企业部分股权、参与国有企业增资扩股；此外，还可以与国有企业合资新设企业。例如，百度、腾讯、阿里巴巴、京东、苏宁云商等民营互联网巨头以认购中国联通发行股票方式参与混改，投资金额 300 多亿元；民营企业积极参与招商局集团招商公路增资，投资金额 105 亿元；20 多家民营企业参与中国石化销售公司增资，投资金额 1050 亿元，助力销售公司拓展新兴业务、提供全方位综合服务。

外商资本参与国有企业混改。外资通过受让部分股权、参与增资等方式参与国有企业混改。譬如，厚朴投资入股中国茶叶，持股 25%；外资企业太盟投资集团通过产权交易市场，以 41.66 亿元成功摘牌宝钢气体 51% 控股权；全球最大的航空公司美国航空认购南航股份 2.7 亿股 H 股，双方将实施资源共享、客户开发、联合营销等业务合作；新加坡物流企业普洛斯参与东航物流、山东交运等国有企业混合所有制改革，在中国建立物流园区等，为相关行业国有企业提供国际先进的管理和技术，推动外资与国企合作共赢、相互发展。

股权投资基金成为参与国有企业混改的新生力量。各类股权投资基金充分发挥资金雄厚、行业管理经验丰富、体制机制灵活的优势，积极参与中央企业混改，各类混改专项基金不断出现，为混改后企业带来人才、技术、管理经验等相关资源，公募基金嘉实基金、兴全基金分别参与中石化销售公司混改和中国联通混改，前海基金、复星集团中国动力

---

① 周丽莎. 深化国资国企改革 培育世界一流企业[N]. 经济参考报，2019 – 04 – 15.

基金、天府弘威军民融合基金等行业领先的产业基金参与中国联通、华录文化、中石化销售公司、中国电科航空发展混改，中粮集团在中粮资本增资、境外并购中引入弘毅资本、淡马锡、渣打私募投资等知名基金公司共同参与。

三、国有企业以多种方式入股非国有企业

国有企业采用投资并购、联合投资、上市公司资产重组、股权基金投资等方式，在高新技术、生态环境保护和战略性产业等重点领域，与非国有企业进行股权融合、战略合作、资源整合。①

中国电子、中国移动、中国电信、中国节能、国机集团等在信息技术、节能环保、高端装备等领域投资参股民营企业。中广核所属核技术公司、中国节能所属太阳能公司、航天科技所属无人机公司、华润集团所属华润医疗等与民营上市公司实施资产重组，推动优质资产上市的同时与民营企业实现优势互补、资源共享；中国建材所属南方水泥收购上百家民营水泥公司，将央企的经济、技术实力和民营企业市场优势、经营活力有机结合，大幅提高行业集中度和生产效率；中国能建所属葛洲坝集团与拥有核心技术的龙头民营企业在分布式能源、再生资源利用、高端环保等产业合资新设公司，结合发展战略开展并购，加快产业链优化布局，发展为环保行业领军企业。

四、开展混改试点，为企业混改提供引领示范

党的十八届三中全会后，国资委选择中国建材和国药集团作为试点企业开展了中央企业混改试点工作。按照《国务院关于国有企业发展混合所有制经济的意见》（国发〔2015〕54号）要求，国家发展改革

---

① 郝广民,李俊峰,王治清,等.国有企业混合所有制改革若干问题的思考——北京华油房地产公司混改探析[A]//2017年度中国总会计师优秀论文选[M].北京:经济科学出版社,2018.

委和国资委2016年启动重点领域混改试点工作，已重点对石油、电力、天然气、铁路、民航、电信、军工等领域开展混合所有制改革工作。据国家发展改革委披露，2016年推出了第一批混改试点的"6+1"名单，即东航集团、联通集团、哈电集团、南方电网、中国核建、中国船舶工业集团以及浙江省国资企业；2017年3月又启动了第二批10家混改试点工作；2018年，混改试点名单确定了31家企业，其中中央企业子企业10家，地方国有企业21家，三批混改试点共计50家，重点领域混合所有制改革试点正在逐步有序推进；据统计，截至2019年5月，国务院国有企业改革领导小组召开第二次会议，审议通过了国有企业混合所有制改革第四批试点名单，会议上提出了针对第四批混改试点推进工作的具体要求。第四批试点企业共160家，包括中央企业107家、地方企业53家。此次混改的规模也超过了前三批混改试点企业之和。从行业领域看，第四批试点既有传统制造业领域的试点企业，也有互联网、软件及信息技术服务、新能源、新材料和节能环保等战略性新兴产业的试点企业。从试点选取看，第四批试点不局限于电力、石油、天然气、铁路、民航、电信、军工等7个重要领域的国有企业，也包括具有较强示范意义的其他领域国有企业，以及已经实现股权层面混合、拟进一步在完善治理上深化改革的国有控股企业。从企业层级看，中央企业主要集中在二三级企业，二级企业55家，三级企业50家；地方企业以一二级企业居多，其中一级企业14家，二级企业32家。从资产规模看，第四批试点企业的资产总量超过2.5万亿元，其中，中央企业资产规模约1.7万亿元，地方企业资产规模约0.8万亿元。其中，资产规模超过10亿元的企业共有99家，占第四批试点总量的61.8%。[①]

混合所有制改革试点在探索和非公有资本有效合作方式、完善混合所有制企业治理结构和监管、深入推进三项制度改革和充分发挥党组织

---

① 孙明华,王继勇,董雷,等.真混真改[J].国企管理,2019(11).

作用等方面取得了积极进展，形成了一些可复制、可推广的经验。一是解决混合所有制改革关键问题。试点企业探索发展规划、干部管理、薪酬激励、加强党建和监督、员工持股、进场交易等关键问题，专题研究混改中面临的土地处置、税收政策、员工持股、考核分配等重点难点问题。二是完善考核分配相关政策。对于开展混合所有制改革试点的企业，实施工资总额备案制管理，由企业董事会在依法依规的前提下，自主决定年度工资总额预算，根据企业混合所有制改革推进情况，逐步探索实行"一企一策"的工资总额管理方式。① 三是积极构建有效制衡的公司法人治理结构和灵活高效的市场化经营机制，增强企业活力，提升企业经营效益，为促进社会发展取得积极进展和成绩。部分混合所有制企业混改后重组董事会股权结构，激励和吸引非国有股东参与公司治理，在保证国有股东控制权的同时，对于投资人最为关注的管理层人员聘用、关联交易等重大事项，保证了非国有股东的否决权，有效发挥董事会的核心领导地位和保障其领导作用，形成定位清晰、权责对等、运转协调、制衡有效的法人治理结构。②

五、开展员工持股试点和股权激励，探索建立长效激励约束机制

国资委、财政部和证监会于2016年8月联合印发《关于印发〈关于国有控股混合所有制企业开展员工持股试点的意见〉的通知》（国资发改革〔2016〕133号），明确了新时期混合所有制企业员工持股的方向和要求，以建立激励约束长效机制为目标，坚持以岗定股、骨干持股、动态调整，确保激励力度与岗位和业绩紧密挂钩，坚持利益共

---

① 国务院国资委选定中国石油等十家央企创建世界一流示范企业[J].石油人力资源,2019(1).

② 周丽莎.深化国资国企改革 培育世界一流企业[N].经济参考报,2019－04－15.

享、① 风险共担；构建全方位监督机制，重点把关关键环节，防止利益输送。截至2018年6月底，全国共选取了首批员工持股试点企业100多家。其中，国资委选取了国机集团所属中国电器院等10家中央企业子企业作为首批试点，各试点企业效果初步显现。一是企业改革意识明显增强，对管控模式进行调整，推进职业经理人制度和劳动人事分配制度改革。二是吸引留住人才效果初显，员工流失率明显降低，校园招聘质量有效提升。三是员工创业意识得以激发，接受挑战性经营指标意愿明显加强，成本控制意识明显提升，开始体现"股东"意识。四是促进了企业经营绩效提升，新签合同额明显增加，境内外市场开拓取得突破。

积极推动上市公司股权激励、科技型企业股权和分红激励。中央企业控股的69户上市公司规范实施了股权激励。2016年，财政部、科技部、国资委联合印发《国有科技型企业股权和分红激励暂行办法》（财资〔2016〕4号），国资委同步出台配套制度，推动科技型企业股权激励和分红激励，2018年，三部委联合发文扩大股权和分红激励实施范围。2019年，国务院国有企业改革领导小组办公室印发《百户科技型企业深化市场化改革提升自主创新能力专项行动方案》。

第二节 影响混合所有制改革成效的关键因素

混合所有制经济是指财产权属于不同性质所有者的经济形式，是中国特色社会主义基本经济制度的重要实现形式。发展混合所有制经济作为一项重大产权制度改革，是深化国有企业改革的重要举措，但由于国有资产体量庞大，在推进混合所有制改革的过程中，应当明确国有企业混合所有制改革的战略目标，梳理出影响混合所有制改革的关键因素，

---

① 贾尽裴.国企混合所有制改革发展的实践与趋势[J].经济导刊,2019,242(5):67-70.

为当前国有企业混合所有制改革提供理论支撑。

根据实践总结,梳理出影响混合所有制改革成效的七个关键因素。

一、混改目标是否清晰

国有企业在进行混合所有制改革时需要明确混改目标。混改目标是否清晰对于混合所有制改革成功与否十分重要,要认识到国有企业既要适应市场竞争、优化资源配置,同时其作为公共利益维护者,也应当承担实现整体社会福利的社会责任。因此,在混合所有制改革的过程中要充分认识到混合所有制企业的特殊性,正视国有资本和非国有资本的不同特性,探索发挥各类所有制资本优势的有效途径。

同时,要认识到,公司股东之间的相互制衡只是股权多元化的一个优势,更重要的是通过相互赋能、相互促进推动企业发展,让各类所有制资本可以取长补短、相互融合,加强国有资本运作的放大功能,提高国有资本核心竞争力[①]。

二、估值方法是否合理

估值是企业产权交易、投融资的基础,是否具备合理的混改方案和公允的评估价值,对于混合所有制改革成功与否十分关键。具体来说,在进行混合所有制改革时需借助科学的估值方法,通过公开引进投资者,增加参与竞争的企业数量,使投资者在选择程序中可以实现充分的竞争,更客观公允地反映国有股权的公允价值[②]。

在反映国有资产市场公允价值的基础上,更要注重如何维护参与各方权益,实现国有企业的可持续发展。应当通过严格依法合规的程序,平等保护各类产权,坚决抵制为加快混合所有制改革进程而采取不合理

---

① 陈利华. 国企混改过程中的关键问题与应对策略[J]. 企业改革与管理,2018(19):40-41.
② 周海晨,陈俊豪. 深入混改七件事——影响混合所有制改革质量与效果的关键因素探讨[J]. 企业管理,2019(4):13-15.

的估值方法或不合规的产权交易程序,防止国有资产流失。

三、股权结构是否优化

对不同类别的国有企业,国有资本持股比例的标准要求不同,企业需要结合自身情况综合考虑股权结构是否达到最优。应当按照分层分类的原则将不同国企的股权结构调整至合理状态,考虑公司大股东之间、公司大股东与中小股东之间的制衡作用,形成国有股东和社会资本有效制衡的局面,从而便于引入社会资本的优质资源。相反,若未形成有效的股权制衡结构,引入的社会资本可能缺少足够的决策权和表决权,不利于其参与公司治理与运营,从而影响引入社会资本的优质资源和市场活力。

此外,混合所有制改革中若缺乏充分的股权激励机制或股权结构过于分散,均会影响混合所有制改革的成效。因此,在混合所有制改革过程中应当实行员工激励,通过将企业效益与核心员工个人利益捆绑,实现收益共享、风险共担,实现企业激励约束制度的动态调整,提高企业的决策效率和经营管理效率[①]。

四、公司治理是否有效

现代企业治理结构是企业规范运行的基础,合理的管理和监督机制是企业发展的重要支撑。[②] 国有企业需要注意健全公司治理结构以推进董事会建设,解决部分企业董事会形同虚设的问题,建立有效制衡的决策执行监督机制,实现公司治理规范化。

国有企业作为市场经营实体,需要充分发挥经营者的能动性,引入

---

① 陈晓暄,刘晓璐,全威. 国有企业混合所有制改革成效关键影响因素研究——基于3家国有企业混合所有制改革案例分析[J]. 改革与开放,2019(7):15-17.
② 姜凌,许君如. 深化我国国有企业混合所有制改革的基本思路与政策建议[J]. 经济研究参考,2018,2914(66):41-43.

新的经营管理经验，提高企业经营决策的自主性。具体而言，需要确立和落实企业市场主体地位，健全混合所有制企业法人治理结构，推行混合所有制企业职业经理人制度。① 通过推进国有企业自主经营和决策，可以为国有企业带来先进的管理经验和企业文化，有助于提升管理水平，促进国有资本合理流动、优化配置。

五、企业是否适应市场化要求

国有企业是否可以实现转型升级和提高资源利用效率，关键取决于国有企业能否适应市场化要求，具备足够的市场竞争力。在国有企业改革中，国有企业可能需要完成一些政策性任务，而该类政策性任务往往不符合市场配置原则。为引导混改企业适应市场化要求，建议避免向混合所有制改革企业分配政策性任务，尊重市场化的产权交易行为。

国有企业需要按照市场化运行机制进行改革调整，以市场化为导向，保障股东利益，在资本约束条件下重视资金使用效率和投资有效性，才有可能真正吸引到合适的社会资本，从而进一步巩固此轮国有企业改革的成果并实现预期的改革目标。

六、引入股东是否具有产业协同效应

在混合所有制改革中，国有股东和社会资本对于企业的战略规划应当达成共识，在引入战略投资者的过程中，需要科学考察、综合权衡、谨慎选择，引入可以与国有企业形成协同效应的股东。在实现股权多元化的基础上，选择企业文化和价值观一致的企业，综合考虑产业互补或产业链上下游协作，充分发挥投资者在完善企业治理结构、内部监督等方面的重要作用，实现参与各方的战略协同和优势互补。否则，若出现

---

① 郝广民,李俊峰,王治清,等.国有企业混合所有制改革若干问题的思考——北京华油房地产公司混改探析[A]//2017年度中国总会计师优秀论文选[M].北京:经济科学出版社,2018.

股东之间发展目标和价值理念的冲突,将对企业的可持续发展造成巨大威胁。

七、调整和退出机制是否合理

在混合所有制改革过程中,应当具备企业股权和公司治理的调整和退出机制,允许参与各方在混改过程中或混改完成后按照约定方式进行调整和退出。若缺少合理的调整和退出方式,参与各方在利益、控制权等出现争议后容易陷入僵局,最终造成国有资产和社会资本的损失。因此,在推进混合所有制改革时,参与各方应积极谈判协商,充分尊重股东的自主性,在有关合同中明确调整和退出机制。

第二篇 实操分析

| 第五章 |

混合所有制改革的一般程序

第一节 混合所有制改革的基本操作流程

按照《中华人民共和国企业国有资产法》、《中央企业混合所有制改革操作指引》（国资产权〔2019〕653号）的规定，一般情况下，混合所有制改革应遵循以下基本操作流程：可行性研究、制订混合所有制改革方案、履行决策审批程序、开展审计评估、引进非公有资本投资者、推进企业运营机制改革。[1]

一、可行性研究

拟实施混合所有制改革的企业（以下简称"拟混改企业"）应该遵循"完善治理、强化激励、突出主业、提高效率"的总体要求，坚持"因地施策、因业施策、因企施策，宜独则独、宜控则控、宜参则参，不搞拉郎配，不搞全覆盖，不设时间表"的原则，依据相关政策规定对混合所有制改革的必要性和可行性进行充分研究，一企一策，成熟一个推进一个。[2]

对处于充分竞争行业和领域的商业类国有企业，要大力支持并推进

---

[1] 杜雨萌.央企混改迎官方"操作指南"[N].证券日报,2019-11-09.
[2] 中央企业混合所有制改革操作指引[N].中国远洋海运报,2019-11-15.

混合所有制改革，国有资本"宜控则控、宜参则参"；对处于重要行业和关键领域的商业类国有企业，要保持其国有资本控股地位，支持非公有资本参股，探索其混合所有制改革模式；根据不同业务特点，有序推进具备条件的公益类国有企业混合所有制改革；充分发挥国有资本投资、运营公司市场化运作专业平台作用，积极推进所属企业混合所有制改革。处于可行性研究阶段的企业应按照有关文件规定，对实施混合所有制改革的社会稳定风险作出评估。[①]

二、制订混合所有制改革方案

拟混改企业应制订混合所有制改革方案，方案一般包括以下内容：企业基本情况、混合所有制改革必要性和可行性分析、改革基本原则和思路、改革后企业股权结构设置、转变运营机制的主要举措、引进非公有资本的条件和要求、方式、定价办法，员工激励计划、债权债务处置方案、职工安置方案、历史遗留问题解决方案、改革风险评估与防范措施、违反相关规定的追责措施、改革组织保障和进度安排等。[②]

在方案设计过程中，将股权结构向非公有资本释放，尽可能使非公有资本选派董事或者监事；注重保障企业职工对混合所有制改革的知情权和参与权，涉及职工切身利益的要做好评估工作，职工安置方案应经职工大会或者职工代表大会审议通过；科学有效地设计改革路径，用好用足国家相关税收优惠政策，降低改革成本。另外，对于必要环节和阶段，可聘请外部专家、中介机构等参与。[③]

三、履行决策审批程序

混合所有制改革方案制订后，中央企业应按照"三重一大"决策机制，履行企业内部决策程序。关系国家安全、国民经济命脉的重要行

---

①②③ 中央企业混合所有制改革操作指引[N].中国远洋海运报,2019-11-15.

业和关键领域、主要承担重大专项任务子企业的拟混改企业,其混合所有制改革方案由中央企业审核后报国资委批准,其中需报国务院批准的,由国资委按照有关法律、行政法规和国务院文件规定履行相应程序;拟混改企业属于其他功能定位子企业的,其混合所有制改革方案由中央企业批准。①

四、开展审计评估

混合所有制改革方案确定之后,要合理估算纳入改革的资产范围,对资产和业务进行重新调整,按照有关规定选择无偿划转、产权转让、产权置换等方式。企业混合所有制改革前如确有必要开展清产核资工作的,按照有关规定履行程序。拟混改企业的资产范围确定后,由企业或产权持有单位选聘具备相应资质的中介机构开展财务审计、资产评估工作,履行资产评估项目备案程序,以经备案的资产评估结果作为资产交易定价的参考依据。②

五、引进非公有资本投资者

拟混改企业通过产权市场、股票市场等市场化平台,按照公开、公平、公正的原则引进非公有资本投资者。通过产权市场引进非公有资本投资者,主要方式包括增资扩股和转让部分国有股权。通过股票市场引进非公有资本投资者,主要方式包括首发上市(IPO)和上市公司股份转让、发行证券、资产重组等。中央企业通过市场平台引进非公有资本投资者过程中,要注重保障各类社会资本平等参与权利,对拟参与方的条件和要求不得有明确指向性或违反公平竞争原则的内容。③

---

①②③ 中央企业混合所有制改革操作指引[N].中国远洋海运报,2019-11-15.

六、推进企业运营机制改革

混合所有制企业在改革过程中,要进一步完善现代企业制度、健全法人治理结构,进而充分发挥公司章程在公司治理中的基础性作用,各方股东共同制定章程,规范企业股东(大)会、董事会、监事会、经理层和党组织的权责关系,落实董事会职权,深化三项制度改革;用足用好用活各种正向、乐观的激励措施和工具,构建多元化、系统化的激励约束体系,充分调动企业职工积极性;转变混合所有制企业管控模式,探索根据国有资本与非公有资本的不同比例结构协商确定具体管控方式,国有出资方强化以出资额和出资比例为限、以派出股权董事为依托的管控方式,明确监管边界,股东不干预企业日常经营。①

第二节 "混资本"主要内容

混合所有制改革的"混",隶属于国有资本层面的改革范畴,强调产权的股权多元,实现不同所有制主体交叉持股,强调国有资本层面的改革。"混"包括以下六个方面的内容。

一、明确混合所有制改革的战略体系

不同的混合所有制改革诉求具有不同的战略体系。混合所有制改革的最终效果取决于融合的程度和发展的质量。不同所有制企业在价值观念、市场意识、管理理念、运营方式上存在差异,各有利弊,要通过战略协同、组织再造、机制创新等方式,推动战略规划、集团管控、企业文化等方面的深度融合,优势互补,形成合力。②

---

① 中央企业混合所有制改革操作指引[N].中国远洋海运报,2019-11-15.
② 周丽莎,肖雪.能源类国有企业混合所有制改革模式探究[J].国有资产管理,2019(6).

二、引入战略投资者

投资者分为"产业投资者"和"财务投资者"。产业投资者,或称为"战略投资者",具有浓厚的产业背景,更多地关注项目和企业本身,着眼于获取长期收益,甚至可以有 30～50 年的考量。在控股权的问题上,产业投资者要求目标企业出让控制权,或者进入董事会有一定话语权。财务投资者,或称为"金融投资者",具有明显的资本市场导向,更多地关注行业周期和证券周期,着眼于 3～5 年的短期收益。由于缺乏融资企业所需要的经营资源,财务投资者一般不会觊觎融资企业的控股权,但在协议中会有财务回报要求,甚至有着苛刻的对赌条款。[①]

三、合理设置股权比例

合理的股权比例有利于建立权责明确、管理科学的现代企业制度,有效解决产权虚置问题,发挥市场机制的作用,形成共商共赢的局面。按照战略匹配、资本共赢、资源共享、管理协同和文化融合的原则,甄选混合所有制改革合作的对象,依法依规合理设计股权比例,有利于实现国有资本的放大效应,有利于国有资产保值增值。[②]

四、全面严格审计评估

混合所有制企业需要由第三方机构采用收益现值法、重置成本法、现行市价法、清算价格法等主流定价评估方法进行评估,再通过资本市场进行股权交易,通过产权市场进行产权交易,实施市场化定价、评

[①②] 周丽莎,肖雪. 能源类国有企业混合所有制改革模式探究[J]. 国有资产管理,2019(6).

估、交易全过程,① 有利于以"三公原则"防止国有资产流失。

五、职工劳动安置

推行混合所有制改革时,合同期未满(未到期)的职工劳动合同应当依法继续履行,改制前后职工的工作年限应合并计算。② 企业依法与职工解除劳动合同,应当支付经济补偿。混合所有制改革企业要形成市场化劳动用工制度,实现员工能进能出。

六、股权交易

国有企业之间可以非公开协议转让交易。国有控股非上市公司引入非公有资本进入产权市场交易,上市公司进入股权市场交易。③

第三节 "改机制"主要内容

混合所有制改革的"改"属于国有企业层面治理改革的范畴,强调混合所有制改革的国有企业,要加速完善公司治理机制,进行市场化经营机制等方面的改革。"改"包括以下三个方面的内容。

一、法人治理结构

充分发挥中国特色社会主义市场制度和现代企业制度的优势,完善"四会一层"的混合所有制企业法人治理结构。党委会发挥"把方向、管大局、保落实"的作用。董事会是混合所有制企业公司治理的核心,具有最高决策权,代表股东的意志进行科学决策,在公司战略制定、经

---

① 专家解读混改实操路径:全面严格审计评估 合理设置股权比例[EB/OL]. [2019-02-19]. http://www.eeo.com.cn/2019/0219/348030.shtml.
②③ 积极稳妥推进混合所有制改革的基本逻辑[EB/OL]. [2019-04-13]. http://www.eeo.com.cn/2019/0413/353352.shtml.

理人员的选聘和公司治理方面发挥着重要作用,并对股东、债权人、员工和社会公众等利益相关者负责。其出发点和落脚点是通过完善现代企业制度,激发国有企业活力,切实提高企业的核心竞争力。在主业处于充分竞争行业和领域的商业类子企业推进经理层任期制和契约化管理。改革国有企业工资决定机制,完善职工工资总额管理制度体系,合理拉开收入分配差距,充分调动广大职工的积极性。全面实施以合同管理为核心、以岗位管理为基础的市场化用工制度。[①]

二、职业经理人

推行职业经理人制度,实行内部培养和外部引进相结合,畅通现有经营管理者与职业经理人身份转换通道,董事会按市场化方式选聘和管理职业经理人,合理增加市场化选聘比例,加快建立退出机制。对市场化选聘的职业经理人实行市场化薪酬分配机制,合理确定基本年薪、绩效年薪和任期激励收入,可以采取多种方式探索完善中长期激励机制。2019年政府工作报告中,特别强调要建立职业经理人制度。推行经理层任期制和契约化管理,按照"市场化选聘、契约化管理、差异化薪酬、市场化退出"原则,建立职业经理人制度。落实董事会对职业经理人的选聘、考核和薪酬权。[②]

三、中长期激励机制

国有混合所有制企业实施中长期激励的方式主要有:国有控股上市公司股权激励、国有控股混合所有制企业员工持股、科技型企业分红和股权激励。[③]

[①][②][③] 积极稳妥推进混合所有制改革的基本逻辑[EB/OL].[2019-04-13]. http://www.eeo.com.cn/2019/0413/353352.shtml.

| 第六章 |

"混资本"相关环节操作要点

第一节 混合所有制改革的战略动机

战略动机是指企业进行某项行动时的基本驱动力,以开拓市场、控制资源和防范风险为目的。在混改方面,是指国有资本一方,在特定企业混改过程中,期待实现的基本目标和终极诉求。战略动机要回答国有资本的利益和诉求是什么,在此基础上去规划混改方案中的股权安排。

不同的战略动机,会产生不同的股权安排,没有明确战略动机,就会让股权结构走形走样,进而影响混改的成败。在国有企业股权多元化实践中,主要包括三种战略动机:国有资本控制者、国有资本联盟者、国有资本配合者。①

一、国有资本控制者角色

在混改的政策原则中,经常提到"宜控则控,宜参则参"。一家全资国有企业,或者国有控股企业,在混改中继续保持国有资本的控制地位,或者是出于行业地位的原因,或者是出于经营绩效的原因,无论怎

---

① 刘斌. 三种混改战略动机和三种最优混改股权结构[EB/OL]. [2019-04-23]. https://weibo.com/ttarticle/p/show? id=2309404364208404827906.

样，在所有混改的案例中，继续保持国有资本控制力的选择，占绝大多数。在混改后依然希望可以保持国有资本有效控制，同时又希望借助社会资本力量实现内部机制的激活，同时引入外部市场的资源和能力，继续提升企业的经营绩效，这就是混改中占主流地位的"战略动机"。从2014年最早实施混改的中石化销售公司，到中国联通，再到东航物流等知名案例，都是抱着这样的战略动机进行的混改设计。①

二、国有资本联盟者角色

进入"互联网+"的新时代，企业竞争的逻辑也在发生重大变化，网络经济大大降低了交易成本，使得过去必须通过全资或者控股子公司才能办好的事情，现在通过和外部企业协同合作，共同构建网络就能实现。股权比例的重要性正在降低。在目前的生态型企业、平台型企业战略中，构建上下游或者生态系统中的合作伙伴，通常是采用参股模式而不是采用控股和全资的方式进行。目前的社会经济发展，给全体企业提供了形成产业链联盟的新机遇、新空间②。

国有资本联盟者，是指通过混改，国有资本将自己定位于一个联盟、合作的成员，而不再是股权控制的主宰。联盟者对于企业的控制，更多的是通过协议和合作的模式，而不是占绝对大股权比例的模式。

在国企混改中选择成为国有资本联盟者，需要有一个完整的战略扩展计划和清晰的资本蓝图，在此基础上，对于企业需要进行网络型拓展的业务组织，通过混改或者新设的模式，进行股权结构的安排。最优的联盟型股权结构形式是中化化肥的生产系统参股模式或者国药股份的营销网络股权多元化模式。③

---

①②③ 刘斌. 三种混改战略动机和三种最优混改股权结构[EB/OL]. [2019-04-23]. https://weibo.com/ttarticle/p/show? id=2309404364208404827906.

三、国有资本配合者角色

国有资本管理，除了实现资本的保值增值外，还有必要实现和提高国有资本的流动性，将国有资本进行重新配置。因而，在混改中，"宜参则参"，就是对于部分行业、部分地区、部分企业中的国有资产，将大部分股权转让出去，让混改企业进行更加充分的市场竞争，同时，国有资本降低到参股的位置上。这就是成为国有资本配合者的战略动机。[①]

以上三种战略动机，无论是哪种类别，我们在具体工作中，必须考虑国资保值增值、企业活力提升这两方面效果的综合提高。

第二节 战略投资者的选择

党的十八大以来，党中央已经就国企改革作出一系列重大决策部署，不断推进国企改革向纵深发展。国有企业混合所有制改革作为一项重大产权制度改革，牵涉多方利益调整。为实现产权主体的多元化，将国有企业传统的单一所有制改制为混合所有制，需要引进长期持有股权并积极参与公司各项治理的战略投资者。其中，战略投资者的选择是引进战略投资者时十分关键的环节，以下梳理出国有企业混合所有制改革中选择战略投资者的标准、指标评价、选择程序以及应该注意的问题等，以期能够为企业实际业务操作提供一些思路和建议。

一、战略投资者类型的选择标准

战略投资者是指长期稳定持有股权，积极参与被投资方公司治理，

[①] 刘斌. 三种混改战略动机和三种最优混改股权结构[EB/OL]. [2019-04-23]. https://weibo.com/ttarticle/p/show?id=2309404364208404827906.

与被投资企业产业联系紧密的投资者。合适的战略投资者应当有助于优化国有企业法人治理结构，提高企业整体管理水平和核心竞争力，形成战略业务协同和优势互补，实现资源整合和协同效应①。

企业应当根据改制后企业的实际发展需求，确定拟引入战略投资者的类型。根据产业类型，可以将战略投资者划分为以下几种类型：相同产业竞争型、相同产业互补型、产业链上下游协作型、非相关型。②

一是引入相同产业竞争型的战略投资者。通过与相同产业的竞争对手实现横向的战略合作，形成双方的横向战略联盟，实现彼此间各类资源的共享，从而扩大市场份额，共同增强市场竞争力。但引入的相同产业竞争型的战略投资者可能会因为持有股权份额的扩大而增强对企业的决策权和治理权，利用其控制的表决权通过对被投资国有企业不利的决策方案，损害被投资国有企业的利益，造成国有资产的损失。

二是引入相同产业互补型的战略投资者。通过与同产业的竞争对手实现横向的战略合作，可以充分利用战略投资者的行业经验与竞争优势，实现资源共享。同时，通过紧密合作还可以拓宽企业的业务范围，更好地预测及掌握未来经营风险与市场风险，深度挖掘市场潜力，培育新的市场竞争优势，实施多元化经营战略，并可以加强相关领域研究，形成企业核心的研发能力和竞争力。

三是引入产业链上下游协作型的战略投资者。通过引进与本企业处于产业链上下游的战略投资者，便于加强企业上下游资源要素的配置，实现产业链延伸及优势互补，优化产业链布局，培育新的发展潜能，拓展相关产品上下游，扩大中高端供给，从而推动形成新的产业集群。同时，该类战略投资者一般与企业存在广泛的共同利益，在一定程度上可以降低管理层与战略投资者之间发生利益冲突和意见分歧的可能性，有

---

① 李姣姣,杨子墨. 国企混改背景下引入战略投资者还是财务投资者的思考[J]. 商业会计,2018(17):32－33.
② 徐叶清. 国有企业改制的战略投资者选择研究[D]. 武汉:华中科技大学,2006.

助于企业与战略投资者之间的磨合。

四是引入非相关型战略投资者。目前国内外众多大型企业为实现多元化经营战略，倾向于利用自身的资金优势投资非相关的行业领域。该类非相关型战略投资者往往资金实力雄厚，拥有成熟的管理体系，引入这样的战略投资者后，既可以较好地解决企业的融资问题，也可以利用战略投资者的先进管理经验，有效提高被投资国有企业的经营管理水平，推动国有企业高质量发展。

二、战略投资者的指标评价

国有企业应根据自身的行业类型、战略目标及市场定位进行分析，对处于相同产业、产业链上下游的企业进行梳理与摸排，再结合有意向的战略投资者名单，使用完整的指标体系对拟引进的战略投资者进行评估与考核，最终根据企业战略目标确定引进的战略投资者。具体来说，相关评价指标体系大致可以分为两类，即非财务指标和财务指标。

首先，在指标体系中加入非财务类指标，具体有三项：

一是投资主体资格。在战略投资者引入工作中，对于新引入的非国有企业投资主体，需要确保投资主体符合国内法规和监管要求，具备相关专利技术和资质要求，以保证国家安全和国有资本控制力。

二是战略业务协同匹配度。对于新引进的战略投资者，应当综合考虑其战略业务协同匹配度，其需要满足促进供给侧结构性改革和实现战略业务协同的基本要求。引入战略投资者后，其应当增强现有领域竞争能力，扩大产业链中高端供给，培育发展新动能，充分发挥双方战略协作的优势和潜力。

三是战略规划是否明确。通过初步接触、谈判对话及第三方尽职调查报告等形式进一步了解战略投资者的战略规划及治理主张，综合考虑其是否认同本企业的价值观和品牌，是否有明确的战略规划以推动公司长远发展。

其次，在指标体系中加入财务类指标，具体有三项：

一是了解并分析基本财务指标，评估是否可以实现预期投资回报。可以借助一些基本财务指标，从企业的盈利能力、偿债能力、营运能力、成长能力等角度进行分析，具体指标可以包括销售毛利率、净资产收益率和资产负债率等，调查了解其企业信用等级、经营情况和融资能力。①

二是确定并评估其主要经营业务。一方面，借助相关财务指标确定企业的主要经营业务及所处行业，再对有关行业现有情况进行行业研究分析，借助公开信息评价行业所处生命周期、行业竞争情况，评估企业是否具有持续经营能力；另一方面，通过产品的市场占有率、行业平均利润率等指标来判断企业在行业中的地位，以此来判断其是否具有行业竞争优势。②

三是关注战略投资者是否有潜在的、未披露的或有负债。需要特别关注战略投资者可能存在的或有事项，如影响重大的未决诉讼、对外担保等，该类或有事项将给企业可持续经营能力带来重大的不确定性。可以考虑聘请专业的第三方中介咨询机构进行尽职调查，为战略投资者进行一次全面"体检"，梳理可能存在的历史遗留问题，帮助国有企业尽早发现可能存在的风险点，避免给国有资产造成损失。

综上所述，在拟引入战略投资者时，国有企业应增强风险意识，在保证国家安全的前提下，利用科学合理的指标体系开展评估工作，尽力实现合作各方的共赢发展。不仅要关注战略投资者的综合实力，也需要关注其是否认同混改企业的战略规划、企业文化等要素，分析双方的战略业务协同匹配程度，以期形成战略协同的横向或纵向战略联盟，提高企业核心竞争力。

---

① 徐叶清. 国有企业改制的战略投资者选择研究[D]. 武汉：华中科技大学，2006.
② 国有企业改制的战略投资者选择研究[EB/OL].[2012-08-29]. http://www.docin.com/p-470873510.html.

三、战略投资者的选择程序

首先,应当公开披露国有产权转让信息,广泛征集有投资意愿的潜在战略投资者。通过公开引进战略投资者的计划,可以避免暗箱操作的可能性,增加参与竞争的企业数量,使战略投资者的选择过程实现充分的竞争,更客观公允地反映国有股权的公允价值。

其次,应当根据自身的行业类型、战略目标及市场定位进行分析,对处于相同产业、产业链上下游的企业进行梳理与摸排,结合第三方尽职调查报告初步挑选出战略投资者。其中,可以着重运用财务及非财务性指标对候选对象在经营能力和战略发展目标等方面进行考察。

最后,使用完整的指标体系对拟引进的战略投资者进行评估与考核,最终根据企业战略目标确定引进的战略投资者。在初步筛选出候选战略投资者后,具体运用之前构建的评估指标体系,对候选对象的财务和非财务项目进行考核,进而根据量化的考核结果确定最终的战略投资者名单。

需要特别注意的是,国有企业在与外部投资者进行谈判时,应明确不同谈判阶段的目标及重点,把握与外部投资者的谈判节奏,明确不同阶段的注意事项。在初步筛选战略投资者时,重点关注战略投资者的投资战略、预期效果及治理诉求等事项,且应注意该阶段不应披露过多具体信息。在经过初步谈判并拟确定最终战略投资者时,混改企业需要同所有意向战略投资者进行谈判对话,就一些细节问题进行磋商,此时仍需注意信息保密,在提供材料前必须签署保密协议。此外,在引进战略投资者的各环节,均可以聘请专业机构或者行业专家参与相关问题的讨论,综合评估可能存在的交易风险及协议文本漏洞,确保最后决策的科学性和准确性,避免战略匹配不佳、国有资产损失等风险。

四、选择战略投资者应注意的问题

国有企业混合所有制改革的目标是通过投资主体的多元化,优化国有企业法人治理结构,拓宽企业上下游产业链,提高企业管理水平和核心竞争力,推进国有经济的战略布局和结构调整。[①] 要保障混改目标的顺利实现,需要选择最合适的战略投资者。选择战略投资者不仅需要具备合理的选择标准与程序,还需要在整个过程注意以下几个关键的问题。

(一) 明确引入战略投资者的目标

在引进战略投资者时,国有企业应积极主动地学习战略投资者先进的管理经验,明确适应市场竞争、优化资源配置的目标。国有企业通过引入战略投资者,可以在改革后更好地适应外部市场竞争,进而具备可持续发展的能力。因此,国有企业应充分发挥主观能动性,在新一轮改革环境下把握住机会,在与战略投资者的合作中探寻企业自身内生性发展的道路,同时也要避免对战略投资者的过度依赖。[②]

(二) 选择合适的时机引入战略投资者

在引进战略投资者时,需要特别注意选择合适的时机。一般来说,企业在改制过程中或改制后引入战略投资者比较适宜。在改制实施过程中引入战略投资者,有助于形成多元化的产权结构,给改制后企业带来新的发展契机。此外,战略投资者参与改制工作可以密切双方的联系,增进相互的了解,使双方可以尽快磨合,达成默契。但是如果战略投资者引入出现决策失误,将给改制后企业带来更大的负面影响,与此同时,在改制后引入战略投资者也有诸多优势,改制后的企业将有着更加

---

① 张继德,刘素含. 从中国联通混合所有制改革看战略投资者的选择[J]. 会计研究,2018(7):28-34.
② 徐叶清. 国有企业改制的战略投资者选择研究[D]. 武汉:华中科技大学,2006.

清晰的产权结构,可以重新优化配置资源,为战略投资者创造良好的投资和治理环境。但也存在一些弊端,如战略投资者未与企业一同经历改制的过程,双方缺少足够的磨合时间,可能会出现较多的意见分歧,进而影响企业长远的健康发展。①

总之,在改制过程中与改制后引入战略投资者各有利弊,如何选择合适的时机引入战略投资者,需要企业根据具体情况进行判断。

(三) 结合自身需求选择恰当的引入方式

引入战略投资者主要包括股份互换和现金转让两种方式。其中,股份互换的方式有助于形成横向或纵向战略联盟,增进与战略投资者的紧密合作。现金转让方式便于股权退出,对战略投资者而言更容易实现战略转移。② 至于企业应采取何种方式引入战略投资者,需要结合企业的的行业类型、战略目标及市场定位具体进行分析。

(四) 适应市场化要求进行机制改革

引进战略投资者能够推动国有企业转型升级和提高资源利用效率,但是能否引进战略投资者还取决于国有企业自身的市场竞争能力。战略投资是市场化的产权交易行为,国有企业需要按照市场化运行机制进行改革调整,才可能真正吸引到合适的战略投资者,从而进一步巩固此轮国有企业改革的成果并实现预期的改革目标。③

(五) 发挥战略投资者对国有企业的协同效应

在引入战略投资者的过程中,需要科学考察、综合权衡、谨慎选择,引入可以与国有企业形成协同效应的战略投资者。在实现股权多元化的基础上,充分发挥战略投资者在完善企业治理结构、内部监督等方面的重要作用,实现参与各方的战略协同和优势互补。在维持国有企业

---

①②③ 国有企业改制的战略投资者选择研究[EB/OL]. [2012-08-29]. http://www.docin.com/p-470873510.html.

绝对控股地位的前提下，充分运用战略投资者现有的市场竞争优势和技术成果，进一步推动形成产业优势。①

第三节 混合所有制改革中的股权结构设计

一、股权结构的定义

股权即有限责任公司或者股份有限公司的股东对公司享有的人身和财产权益的一种综合性权利，它是多种股东权利的集合（包括控制权、投票权、分红权、知情权、经营决策权、优先认购权等），法律意义上包括股东身份权、参与重大决策权、选择权、监督管理权、资产收益权、知情权、关联交易审查权、提议/召集/主持股东会临时会议权、决议撤销权、退出权、诉讼权。

从管理意义上讲，股东权利在公司治理中可笼统概括为三类：一是所有权；二是收益权（分红权）；三是决策权。从中可以看出，所有权延伸出来的权利，最为重要的表现是控制权和分红权。相关数据显示，50%~60%的国内企业存活不到3年，是企业开始步入盈利期，各大利益分配不当导致，股权分配是利益体之间的博弈。如果创始人团队没有合理分配股权，企业是存活不久的。可见，股权结构设计关系着企业的生死存亡，其重要性不言而喻。

股权结构是指在实行股份制的公司中包含的不同性质的股份多少以及它们之间的关系。② 股权结构设计，就是公司组织的顶层设计，战略和商业模式解决做什么、怎么做的问题，从公司管理、治理的角度来看，股权结构设计解决的是谁投资、谁来做、谁收益的问题。

股权结构设计，是基于股权，企业对创始人、合伙人、员工、投资

---

① 顾远. 引入战略投资者是国企改革的战略举措与重要路径[J]. 现代商业,2019(13):111–113.
② 王丽菊. 基于客户价值的航空旅客细分研究[D]. 北京：北京邮电大学,2017.

人进行股权分配,达到公司控制权、决策权、分红权的分离,发挥股权杠杆作用,实现公司愿景。

二、股权架构和股权比例的设计

根据《中华人民共和国公司法》规定,股权结构不同,股东的代表范围就不同。股东持有不同比例的股权,即能行使不同的表决权,而不同的表决权代表着对公司不同的控制权。比如,以有限公司为例,股东会提议修改公司章程、增资或减资以及提议公司合并、分立、解散或者变更公司形式,需经代表2/3以上表决权的股东表决通过。又如,公司对外提供担保,则需经1/2以上有表决权的股东同意;持1/10以上表决权的股东可提议召开临时股东大会。67%、51%、34%、10%,这4个比例经常出现在公司股权结构中,这就是股权临界点(5%临界点适用于上市公司信息披露)(见表6-1)。

表6-1 企业股权的临界点

序号	股权临界点	股权权利
1	67%	完全控制权
2	51%	相对控制权
3	34%	一票否决权
4	10%	10%以上表决权可申请临时会议召开权
5	5%	重大股东变动警示线(上市公司)

按照股东掌握的股份比例的不同,可分为绝对控股和相对控股。绝对控股下,公司的绝大部分股权都由控股股东持有,控股权和经营权都掌握在控股股东手中。这种控股模式有利于控股股东控制公司,但是缺乏制衡,容易造成控股股东独断专行。相对控股下,股权比较分散,可以有效避免"一股独大"。但是相对控股制约能力比较弱,难以形成对公司经营者的有效监督,容易造成股东利益受损。绝对控股和相对控股均有其优势和不足,混合所有制改革要结合企业的实际情况对控股模式

进行研究。国有企业混改时的股权架构设计和股权比例安排,关键要看其业务的特性。

(一) 公益类国企

国企引入的外部股东往往持股比例较低,其主要目的是解决"一股独大"可能造成的决策失误及内部人控制问题。

(二) 主业处于重要行业和关键领域的商业类国有企业

原国有大股东对企业在股权比例上仍然具有控制权,引入小股东主要是帮助国有企业完善法人治理结构,引入市场化的管理机制,增强企业活力和市场竞争力。[①]

(三) 主业处于充分竞争行业和领域的商业类国有企业

国家规定,在政策允许范围内,原国有大股东可以将持股比例降至40%甚至更低,可低于第二大股东和第三大股东合计的持股比例,从而使企业的法人治理结构更加合理。此外,对于原国有大股东因不控股而面临失去控制权的问题,可以考虑设计两层股权架构,或者通过设置"黄金股",以及要求新进投资者将投票权授予原国有大股东等特别条款,实现在持有较小股权比例的情况下对混改企业的实际控制。[②]

三、影响混改股权结构设计的主要维度

国有企业混改中股权结构变化能够引起财产权和所有权的变化,也能引起管理权和控制权的变化;另外,也可能影响到混合所有制改革工作的进展情况,影响混改企业后期的长期有序发展。混改股权结构设计需要着重考虑企业战略、组织层级和股权流动性三个维度。

[①②] 马建平.国企混改的十个关键点[J].国资报告,2019,49(1):71–74.

（一）国有企业对不同产业的战略要求影响股权结构设计

国有企业具有特殊性质，不仅要落实自身产业发展需要，更需要落实国家战略的相关要求。国家战略层面，主业处于充分竞争行业和领域的商业类国有企业，混改的战略目标是增强国有经济活力、放大国有资本功能、实现国有资产保值增值，股权结构设计会更多考虑如何提高企业经济效益。而主业处于重要行业和关键领域的商业类国有企业，混改的战略目标是服务国家战略，优化国有资本布局，提升产业竞争力以及国有资本控制力、影响力，股权结构设计会更多考虑如何在保持国有资本控制力的同时引领行业发展。① 国有企业自身层面，国有企业通过股权转让或增资扩股方式进行混合所有制改革，会直接或间接降低国有资本的股权比例。由于混改目的各不相同，企业在设计股权结构时，要充分考虑混改目的和企业发展战略。若企业从事业务为集团主业或重点发展产业，在混改股权结构设计时需要保持国有资本的控股地位，至少要保持国有资本的控制力；若企业从事业务并非集团主业，甚至是退出性产业，则国有资本股权比例设计更为灵活，可以适当降低国有资本的股权比例，甚至以出让控股权为主。因此，国有企业应根据自身面临的情境进行股权结构设计。②

（二）集团公司与子公司风险差异性影响股权结构设计

《国务院关于国有企业发展混合所有制经济的意见》对不同组织层级的企业在混改中的股权结构进行了规范，而对子公司层面没有提出明确要求。因此，在股权结构设计过程中，国企组织层次不同，国家政策要求也不同。该意见中对集团公司提出了明确要求，"在国家有明确规定的特定领域，坚持国有资本控股，形成合理的治理结构和市场化经营机制；在其他领域，鼓励通过整体上市、并购重组、发行可转债等方

---

①② 左进波.混改股权结构设计三大影响因素[J].企业管理,2019(7):83－85.

式，逐步调整国有股权比例，积极引入各类投资者"。对关系国家安全和国民经济命脉的重要行业和关键领域中的商业类国有企业开展混合所有制改造时，可以在符合国家相关政策的基础上，保持国有资本控股地位。①

同时，国有企业组织层级不同，也会导致控制力要求不同。例如，某具有三级架构的国有企业，母公司通常定位为战略管控和资源配置，二级子公司通常定位于经营管理，三级子公司通常定位于生产运营。组织层次越高，对控制力要求就越高，而控制力通常体现为持股比例。因此，开展集团公司层面和子公司层面混改，股权结构设计受到不同因素影响。②

（三）国有上市与非上市公司应基于其股权流动性特点设计股权结构

与非上市公司相比，国有上市公司具有股权相对分散和流动性高的特点。第一，国有企业通过改制上市，建立融资平台，以满足企业长远发展战略需要，但同时会降低国有资本比例，影响到国有资本控制力；第二，上市公司股权的分散性和流动性使得增持公司股份变得更为容易；第三，我国现行法律法规缺乏关于反收购的严格条款。这两个因素导致部分上市国有企业可能遭受恶意收购，面临控制权变更风险。因此，针对股权流动性特点，国有上市公司应该慎重设计混改的股权结构。③

第四节 资产评估与审计

一、审计及资产评估的基本要求和规定

审计及资产评估是混合所有制改革中的重要环节，是国有资产交易环节中不可缺少的一项前期准备工作。本节主要梳理有关审计及资产评

---

①②③ 左进波.混改股权结构设计三大影响因素[J].企业管理,2019(7):83–85.

估的基础法律法规,介绍审计及资产评估的基本要求。

(一)《中华人民共和国企业国有资产法》

根据《中华人民共和国企业国有资产法》(以下简称《企业国有资产法》)的规定:企业改制应当按照规定进行清产核资、财务审计、资产评估,准确界定和核实资产,客观、公正地确定资产的价值。①②

国有独资企业、国有独资公司和国有资本控股公司合并、分立、改制,转让重大财产,以非货币财产对外投资,清算或者有法律、行政法规以及企业章程规定应当进行资产评估的其他情形的,应当按照规定对有关资产进行评估。③

(二)《企业国有资产交易监督管理办法》

根据《企业国有资产交易监督管理办法》(国资委 财政部令第32号)的规定:产权转让事项经批准后,由转让方委托会计师事务所对转让标的企业进行审计。涉及参股权转让不宜单独进行专项审计的,转让方应当取得转让标的企业最近一期年度审计报告。④

对按照有关法律法规要求必须进行资产评估的产权转让事项,转让方应当委托具有相应资质的评估机构对转让标的进行资产评估,产权转让价格应以经核准或备案的评估结果为基础确定。⑤

企业增资在完成决策批准程序后,应当由增资企业委托具有相应资质的中介机构开展审计和资产评估。

---

① 资料来源:2010年注会《经济法》word版教材第七章。
② 资料来源:《中华人民共和国企业国有资产法》第四十二条。
③ 资料来源:《中华人民共和国企业国有资产法》第四十七条。
④ 资料来源:《企业国有资产交易监督管理办法》(国务院国有资产监督管理委员会 财政部令第32号)第十一条。
⑤ 资料来源:《企业国有资产交易监督管理办法》(国务院国有资产监督管理委员会 财政部令第32号)第十二条。

(三)《中央企业投资监督管理办法》

根据《中央企业投资监督管理办法》(国资委令第 34 号)的规定:中央企业应当开展重大投资项目专项审计,审计的重点包括重大投资项目决策、投资方向、资金使用、投资收益、投资风险管理等方面。[①]

中央企业应当根据企业发展战略和规划,按照国资委确认的各企业主业、非主业投资比例及新兴产业投资方向,选择、确定投资项目,做好项目融资、投资、管理、退出全过程的研究论证。对于新投资项目,应当深入进行技术、市场、财务和法律等方面的可行性研究与论证,其中股权投资项目应开展必要的尽职调查,并按要求履行资产评估或估值程序。[②]

(四)《企业国有资产评估管理暂行办法》

根据《企业国有资产评估管理暂行办法》(国资委令第 12 号)的规定:企业有下列行为之一的,应当对相关资产进行评估:

①整体或者部分改制为有限责任公司或者股份有限公司;
②以非货币资产对外投资;
③合并、分立、破产、解散;
④非上市公司国有股东股权比例变动;
⑤产权转让;
⑥资产转让、置换;
⑦整体资产或者部分资产租赁给非国有单位;
⑧以非货币资产偿还债务;
⑨资产涉讼;
⑩收购非国有单位的资产;
⑪接受非国有单位以非货币资产出资;

---

① 资料来源:《中央企业投资监督管理办法》(国有资产监督管理委员会令第34号)第二十二条。
② 资料来源:《中央企业投资监督管理办法》(国有资产监督管理委员会令第34号)第十五条。

⑫接受非国有单位以非货币资产抵债；

⑬法律、行政法规规定的其他需要进行资产评估的事项。

但是，企业有下列行为之一的，可以不对相关国有资产进行评估：

①经各级人民政府或其国有资产监督管理机构批准，对企业整体或者部分资产实施无偿划转；

②国有独资企业与其下属独资企业（事业单位）之间或其下属独资企业（事业单位）之间的合并、资产（产权）置换和无偿划转。

（五）资产评估机构应当具备的条件

企业产权持有单位委托的资产评估机构应当具备下列基本条件：

①遵守国家有关法律、法规、规章以及企业国有资产评估的政策法规；

②严格履行法定职责，近3年内没有违法、违规记录；

③具有与评估对象相适应的资质条件；

④具有与评估对象相适应的专业人员；

⑤与企业负责人无经济利益关系；

⑥未向同一经济行为提供审计业务服务。

企业应根据自身的实际情况，按照法律法规及上级单位的文件要求，选择专业的审计及资产评估机构。

二、国有资产评估方法

国有资产评估方法包括：收益现值法、重置成本法、现行市价法、清算价格法以及国务院国有资产管理行政主管部门规定的其他评估方法。

（一）收益现值法

收益现值法又称收益还原法、收益资本金化法，主要是指根据被评估资产合理的预期获利能力和适当的折现率，计算出资产的现值，并以此评定重估价值。从资产购买者的角度出发，购买一项资产所付的代价不应高于该项资产或具有相似风险因素的同类资产未来收益的现值。收益现值法对企业资产进行评估的实质：将资产未来收益转换成资产现值，而将其现值作为待评估资产的重估价值。①

1. 收益现值法的适用范围

适用收益现值法的资产业务主要有以下几种：

（1）企业及整体资产产权变动的资产评估。整体资产是一种特殊的商品，它的价值不是由该资产中投入的价值来决定，而是由它产出的价值决定的。②

（2）以房地产和自然资源业务为目的的资产评估。这两种资产业务能够带来级差收益，其价格可根据租金来评估，适用收益现值标准。

（3）以无形资产转让和投资为目的的资产评估。这种资产可为所有者带来超额收益或垄断利益。在评估中，以其带来的追加收益来确定资产的价值。

2. 收益现值法的前提条件

收益现值法通常是在继续使用假设前提下运用的，应用收益现值法评估资产必须具备以下条件：

（1）被评估对象必须是经营性资产，而且具有持续获利的能力。

（2）被评估资产是能够而且必须用货币衡量其未来收益的单项资产或整体资产。

（3）产权所有者所承担的未来经营风险也必须能用货币加以衡量。③

只有同时满足上述条件，才能运用收益现值法对资产进行评估。

3. 收益现值法的优缺点

收益现值法是一种着眼于未来的评估方法，它主要考虑资产的未来收

---

① 孙宏斌,王竞雄.黑龙江省森林旅游资源资产评估现状及方法应用研究[J].中国外资,2012(8):199.
② 范振林.矿产资源资产价值核算方法与参数估计[J].现代矿业,2019(6).
③ 李卫华.收益现值法在旅游资产评估中的应用研究[J].旅游论坛,2011(5):33-36.

益和货币的时间价值。收益现值法的主要优点：能够较真实、准确地反映企业本金化的价格；在投资决策时，应用收益现值法得出的资产价值较容易被买卖双方所接受。收益现值法的主要缺点：预期收益额的预测难度较大，受较强的主观判断和未来收益不可预见因素的影响；在评估中适用范围较窄，一般适用于企业整体资产和可预测未来收益的单项资产评估。①

（二）重置成本法

重置成本法也称成本法，主要是指由该项资产在全新情况下的重置成本，减去按重置成本计算的已使用年限的累计折旧额，考虑资产功能变化、成新率等因素，评定重估价值；或者根据资产的使用期限，考虑资产功能变化等因素重新确定成新率，评定重估价值。②

1. 重置成本法的适用范围

（1）可复制、可再生、可重新建造和购买的，具有有形损耗和无形损耗特性的单项资产。例如：房屋建筑物、各种机器设备，以及具有陈旧贬值性的技术专利、版权等无形资产。

（2）可重建、可购置的整体资产。如宾馆、剧院、企业、车间等。但是，与整体资产相关的土地不能采用重置成本法评估。

（3）根据重置成本法的特点，最适用的范围是没有收益、市场上又很难找到交易参照物的评估对象。如学校、医院、教堂、公路、桥梁、涵洞等。这类资产既无法运用收益现值法，又不能运用现行市价法进行评估，唯有应用重置成本法才是可行的。

2. 重置成本法的前提条件

应用重置成本法，一般要满足以下四个前提条件：

（1）购买者对拟行交易的评估对象，不改变原来用途。

---

① 尉然.资产评估本质:价值还是价格[J].财政监督,2012(9).
② 上市公司收购、资产重组、股权转让、定向增发、股改所涉主要法律法规[EB/OL].[2011 - 12 - 07]. http://www.docin.com/p - 302595888.html.

（2）评估对象的实体特征、内部结构及其功能效用必须与假设重置的全新资产具有可比性。

（3）评估对象必须是可以再生的、可以复制的，不能再生、复制的评估对象不能采用重置成本法。

（4）评估对象必须是随着时间的推移，具有陈旧贬值性的资产，否则就不能运用重置成本法进行评估。

3. 重置成本法的优缺点

重置成本法是国际上公认的资产评估四大基本方法之一，具有一定的科学性和可行性，特别是对于不存在无形陈旧贬值或贬值不大的资产，只需要确定重置成本和实体损耗贬值，而确定两个评估参数的资料，依据又比较具体和容易搜集到，因此该方法在资产评估中具有重要意义。它特别适宜评估单项资产，以及既没有收益，市场上又难找到交易参照物的评估对象。

重置成本法也有很多缺点，具体表现为以下几方面：

（1）市场上不易找到交易参照物的和没有收益的单项资产，需要进行价值评估的并不多。因此，重置成本法在应用中有一定局限性。

（2）用重置成本法评估整体资产，需要将整体资产化整为零，变成一个个单项资产，并逐项确定重置成本、实体性陈旧贬值及无形陈旧贬值。因此，很费工费时，有时会发生重复和遗漏。

（3）无形陈旧贬值很抽象，涉及现实和未来、内部和外部许多难以估量的影响因素，而且，还得运用收益现值法估测内因和外因造成的营运性陈旧贬值。

（4）运用重置成本法评估资产，很容易将无形资产漏掉。为防止评估结果不实，还应该再用收益法或市场法验证。

（5）整体资产包括固定资产、流动资产及无形资产等，有的根本不宜运用重置成本法。

（6）运用重置成本法进行资产评估，需要对评估对象的功能性及经济性贬值作出判断。其中的超额营运成本是对买主连续性的经济惩罚，确定其造成的贬值，必须借助收益现值法计算公式，也就是说，有的评估项目只用重置成本法不行，还必须辅之以收益现值法。①

（三）现行市价法

现行市价法也称市场比较法、市场法、比较法。它主要是指参照相同或者类似资产的市场价格，评定重估价值。

1. 现行市价法的适用范围

主要用于地产市场发展较好、有充足的具有替代性的土地交易实例的地区。比较法除可直接用于评估土地的价格或价值外，还可用于其他估价方法中有关参数的求取。②

2. 现行市价法的前提条件

需要一个充分发育的活跃的房地产市场。房地产市场上，房地产交易越频繁，与估价对象相类似房地产的价格越容易获得。

参照物及估价对象可比较的指标、技术参数等是可以收集到的。运用市场比较法估算估价对象的价格或价值，重要的是能够找到与估价对象相同或相似的成交案例。与估价对象完全相同的房地产是不可能找到的，这就要求对类似房地产进行修正调整，其修正调整的指标、参数等资料的获取和准确性，是决定市场比较法运用与否的关键。

3. 现行市价法的特点

（1）具有现实性，有较强的说服力。

（2）以替代关系为途径，所求得的价格称"比准价格"。

（3）以价格求价格，在不正常市场条件下难以与收益价格相协调。

（4）需要估价人员具有较高素质。

---

① 资料来源：互联网文档资源，http://www.docin.com/p-1161808567.html。
② 廖年生.土地金融价值评估分析[J].统计与决策,2012(4):176-178.

(5) 以替代原则为基础，正确选择比较案例和合理修正交易价格是保证评估结果准确性的关键。

(四) 清算价格法

清算价格法是依据企业破产法的有关规定，根据企业清算时其资产可变现的价值，评定资产重估价值的方法。① 清算价格一般通过市场售价比较法来估算。

1. 清算价格法的适用范围

(1) 企业破产。指当债务人不能清偿到期债务时，法院以其全部财产依法清偿其所欠的各种债务，不足部分不再清偿。

(2) 抵押。以所有资产作抵押物进行融资的一种经济行为，合同当事人一方用自己特定的财产向对方保证履行合同义务的担保形式。

(3) 清理。是指企业由于经营不善导致严重亏损，已临近破产的边缘或出于其他原因将无法继续经营下去，为弄清企业财物现状，对全部财产进行清点、整理和查核，为经营决策（破产清算或继续经营）提供依据以及因资产损毁、报废而进行清理、拆除等的经济行为。②

2. 清算价格法的前提条件

(1) 具有法律效力的破产处理文件或抵押合同及其他有效文件。

(2) 资产以整体或拆零方式在市场上可以而且必须快速出售变现。

(3) 所卖收入足以补偿出售资产的附加支出总额。③

三、资产评估结果的备案制和核准制

在国有资产交易前期准备环节中，资产评估结束后，要将资产评估结果上报至有权备案机构，并取得资产评估结果备案表/核准批复。只

---

① 资料来源:2010年注会《经济法》word版教材第七章。
② 王海民.企业资产评估方法刍议[N].企业导报,2011－02－15.
③ 周爱静.无形资产评估标准探析[J].科技致富向导,2012(4):128,156.

有取得资产评估结果备案表/核准批复的情况下才能履行进场交易程序。本部分内容旨在梳理备案制与核准制的划分及手续，为企业的资产评估备案/核准工作提供指引。

（一）备案制或者核准制划分

企业国有资产评估项目实行核准制和备案制。经各级人民政府批准经济行为的事项涉及的资产评估项目，分别由其国有资产监督管理机构负责核准。经国务院国有资产监督管理机构批准经济行为的事项涉及的资产评估项目，由国务院国有资产监督管理机构负责备案；经国务院国有资产监督管理机构所出资企业（以下简称"中央企业"）及其各级子企业批准经济行为的事项涉及的资产评估项目，由中央企业负责备案。国有资产监督管理机构及其所出资企业的资产评估项目备案管理工作的职责分工，由地方国有资产监督管理机构根据各地实际情况自行规定。[①]

（二）资产评估结果核准手续

企业收到资产评估机构出具的评估报告后，应当逐级上报初审，经初审同意后，自评估基准日起8个月内向国有资产监督管理机构提出核准申请；国有资产监督管理机构收到核准申请后，对符合核准要求的，及时组织有关专家审核，在20个工作日内完成对评估报告的核准；对不符合核准要求的，予以退回。[②]

（三）资产评估项目备案手续

企业收到资产评估机构出具的评估报告后，将备案材料逐级报送给国有资产监督管理机构或其所出资企业，自评估基准日起9个月内提出备案申请；国有资产监督管理机构或者所出资企业收到备案材料后，对

[①②] 上市公司收购、资产重组、股权转让、定向增发、股改所涉主要法律法规[EB/OL]. [2011-12-07]. http://www.docin.com/p-302595888.html.

材料齐全的，在 20 个工作日内办理备案手续，必要时可组织有关专家参与备案评审。经国务院国有资产监督管理机构批准经济行为的事项涉及的资产评估项目，包括采用协议方式转让企业国有产权事项涉及的资产评估项目和股份有限公司国有股权设置事项涉及的资产评估项目，由国务院国有资产监督管理机构负责备案。经国务院国有资产监督管理机构批准进行主辅分离辅业改制项目中，按限额专项委托中央企业办理相关资产评估项目备案。其中，属于国家授权投资机构的中央企业负责办理资产总额账面值 5000 万元（不含）以下资产评估项目的备案，5000 万元以上的资产评估项目由国务院国有资产监督管理机构办理备案；其他中央企业负责办理资产总额账面值 2000 万元（不含）以下资产评估项目的备案，2000 万元以上的资产评估项目由国务院国有资产监督管理机构办理备案。①

（四）地方国有企业的备案制或核准制划分

地方国有企业的资产评估结果备案/核准的管理工作，因各地实际情况不同，很难有统一的划分标准。限于文章篇幅，本部分只介绍北京市和天津市的相关规定。

1. 北京市的相关规定

北京市有关资产评估结果备案/核准的基础法规依据是《关于印发〈北京市企业国有资产评估管理暂行办法〉的通知》（京国资发〔2008〕5 号）。②

根据该通知规定，由北京市国有资产监督管理机构负责核准的评估项目有两类：一类是北京市人民政府批准实施的经济事项所涉及的评估

---

① 资料来源：《关于加强企业国有资产评估管理工作有关问题的通知》（国资委产权〔2006〕274 号）第一条。

② 资料来源：《关于印发〈北京市企业国有资产评估管理暂行办法〉的通知》（京国资发〔2008〕5 号）以及《北京市人民政府国有资产监督管理委员会关于深化企业国有资产评估管理改革工作有关事项的通知》。

项目；另一类是经济行为涉及的评估范围资产总额账面值或资产总额评估值大于或等于1亿元人民币的评估项目。除核准项目外，其他资产评估项目实行备案制，由北京市国有资产监督管理机构负责备案的评估项目也有两类：一类是北京市国有资产监督管理机构批准协议转让所涉及的评估项目；另一类是经济行为涉及的评估范围资产总额账面值或资产总额评估值大于或等于5000万元人民币且小于1亿元人民币的评估项目。除北京市国有资产监督管理机构负责备案的评估项目外，其他评估项目由所出资企业负责备案。

但是自2019年5月1日起，根据《北京市人民政府国有资产监督管理委员会关于深化企业国有资产评估管理改革工作有关事项的通知》，按照先部分授权后全面实行的原则，分批调整北京市市属企业评估结果备案/核准管理权限，调整内容为：经市政府、市国资委批准的经济行为涉及的资产评估项目由市国资委负责核准；除核准以外的资产评估项目由市管企业负责备案。市国资委核准项目涉及的经济行为包括但不限于以下事项：

①转让所出资企业、所属重要企业产权事项；

②因增资导致所出资企业股东及持股比例发生变化以及所属重要企业增资事项；

③集团外部非公开协议方式转让产权、非公开协议方式增资事项；

④国有股东所持上市公司股份向本企业集团外的非公开协议转让事项；

⑤国有股东与非控股上市公司资产重组或国有股东与所控股上市公司进行资产重组，属于中国证监会规定的重大资产重组范围的事项；

⑥国有股东所持上市公司股份间接转让事项；

⑦国有股东间接受让上市公司股份事项；

⑧上市公司国有股权变动涉及受让方为境外投资者的事项；

⑨京内土地房屋资产处置，即土地再利用以及土地房屋转让，包括

含有土地房屋资产的股权转让失去控股权、合资合作或土地作价入股失去控股权等事项;

⑩其他法规、规章或规范性文件规定需经市政府和市国资委批准的经济行为。

2. 天津市的相关规定

天津市有关资产评估结果备案/核准的基础法规依据是《市国资委关于印发〈天津市国资委监管企业国有资产评估管理办法〉的通知》(津国资〔2018〕5号)。①

该通知规定,国有资产评估项目实行核准制和备案制。由天津市国资委核准的评估项目只有一类:经天津市人民政府批准经济行为的事项涉及的所出资企业资产评估项目由天津市国资委负责核准。除核准以外的资产评估项目,实行备案制,资产评估项目备案实行分级管理。需天津市国资委审核批准的产权变动事项涉及的境内资产评估项目,由天津市国资委负责备案;其他资产评估项目由所出资企业负责备案。

第五节 职工安置

一、混合所有制改革中职工安置的原则与依据

党的十九大报告指出,就业是最大的民生。2018年7月31日,中共中央政治局工作会议要求,要做好稳就业、稳金融、稳外贸、稳外资、稳投资、稳预期工作,"稳就业"是"六稳"工作之首。2019年的政府工作报告首次将就业优先政策置于宏观政策层面,旨在强化各方面重视就业、支持就业的导向。②

---

① 资料来源:《市国资委关于印发〈天津市国资委监管企业国有资产评估管理办法〉的通知》(津国资〔2018〕5号)。
② 王红茹. 首次将"就业优先政策置于宏观政策层面",这意味着什么?[J]. 中国经济周刊,2019(5):84-86.

在混合所有制改革过程中，一定要高度重视企业职工安置问题。做好企业职工安置不单单是经济问题、管理问题，更是社会问题、政治问题。

（一）安置原则

（1）坚持分类指导、严格政策规定的原则。针对职工不同情况，对照政策规定实行不同安置办法和政策。

（2）坚持积极稳妥的原则。根据人员安置工作推进要求，通盘考虑、内外结合、广开渠道，对人员进行有序安置。[①]

（3）坚持依法依规安置的原则。安置程序要依法依规，分类推进，分步实施，规范操作，保障员工合法权益。

（4）坚持职工自愿选择的原则。职工根据自身实际，在政策范围内，自愿选择安置渠道和去向。

（5）坚持确保稳定的原则。做好职工的思想政治工作，消除不稳定因素，确保职工安置方案顺利实施。

（二）安置依据

（1）《中华人民共和国劳动法》。

（2）《中华人民共和国劳动合同法》（2007年6月29日第十届全国人民代表大会常务委员会第二十八次会议通过，根据2012年12月28日第十一届全国人民代表大会常务委员会第三十次会议《关于修改〈中华人民共和国劳动合同法〉的决定》修订）。

（3）《工伤保险条例》（2003年4月27日国务院令第375号，根据2010年12月20日《国务院关于修改〈工伤保险条例〉的决定》修订）。

（4）建设部、财政部、中国人民银行《关于住房公积金管理若干

---

① 崔园园.试论煤炭企业人力资源管理困境与对策分析[J].现代经济信息,2019(4).

具体问题的指导意见》(建金管〔2005〕5号)。

(5) 组织部、人社部、财政部《关于调整离休干部特需经费标准的通知》(人社部发〔2016〕116号)。

(6)《企业职工患病或非因工负伤医疗期规定》(劳部发〔1994〕479号)。

(7) 中华人民共和国劳动和社会保障部令第21号《最低工资规定》。

(8)《国务院关于工人退休、退职的暂行办法》(劳部发〔1978〕104号)。

(9) 人发〔2002〕82号、中办发〔2003〕29号等涉及军转干部有关政策文件。

(10) 各省市自行制定的劳动合同条例、人口与计划生育条例、工资条例、离休干部政策、工资支付规定、生活困难补助标准等有关政策文件。

二、混合所有制改革中职工安置的内容、途径和步骤

一般来说,职工安置主要包括人员分流安置、劳动关系调整、工龄计算、社会保险关系接续等内容。从具体操作层面上,一般有解除劳动合同给予经济补偿、进入混改后的企业继续履行劳动合同、部分职工分流安置等三种途径。从时间节点上来看,职工安置可以分为混改前安置和混改过程中安置。

(一) 安置途径

1. 解除劳动合同给予经济补偿

《中华人民共和国劳动合同法》(以下简称《劳动合同法》)第四十七条:"经济补偿按劳动者在本单位工作的年限,每满一年支付一个月工资的标准向劳动者支付。六个月以上不满一年的,按一年计算;不

满六个月的，向劳动者支付半个月工资的经济补偿。劳动者月工资高于用人单位所在直辖市、设区的市级人民政府公布的本地区上年度职工月平均工资三倍的，向其支付经济补偿的标准按职工月平均工资三倍的数额支付，向其支付经济补偿的年限最高不超过十二年。本条所称月工资是指劳动者在劳动合同解除或者终止前十二个月的平均工资。"以及第九十七条："本法施行之日存续的劳动合同在本法施行后解除或者终止，依照本法第四十六条规定应当支付经济补偿的，经济补偿年限自本法施行之日起计算；本法施行前按照当时有关规定，用人单位应当向劳动者支付经济补偿的，按照当时有关规定执行。"[1]

2. 进入混改后的企业继续履行劳动合同

在职工自愿的前提下，对继续履行劳动合同，留在原企业的职工，应与其他股东协商后形成一致意见，混改后的企业原则上应当全部接收。

对自愿进入混改后企业的职工，混改后企业依照《劳动合同法》等有关法律规定，本着平等自愿、协商一致的原则，与职工协商签订新的劳动合同。新签订的劳动合同期限不少于原劳动合同未履行的期限，未履行期限短于3年的签订不少于3年期限的劳动合同。新企业工商注册登记后30日内，办结重新签订劳动合同的相关手续。

3. 部分职工分流安置

按照现行政策规定，职工分流安置的主要路径有以下几条：

（1）对符合退休、退职条件的职工及时办理退休、退职。对符合政策条件的人员，履行相关程序，办理退休、退职手续，及时进行减员。特殊工种提前退休。符合国家特殊工种提前退休条件的，按规定办理退休手续。职工因病退休、退职。符合条件的职工，参加因病或非因工负伤退休、退职劳动能力鉴定，按规定办理病退、退职手续。

---

[1] 李迅. 企业经济性裁员如何做到合规[J]. 山东国资,2019(4).

（2）对符合条件的职工实行内部退养。对距离法定退休年龄5年以内的员工，经自愿选择、企业同意并签订协议后，依法变更劳动合同，可实行内部退养。由企业发放生活费，并缴纳基本养老保险费和基本医疗保险费，个人缴费部分由职工继续缴纳，达到退休年龄时正式办理退休手续。

（3）工伤（职业病）人员安置。1~4级工伤员工、5~6级工伤员工（退出工作岗位），保留劳动关系，按照《工伤保险条例》等有关政策规定办理。[①]

（4）原股东企业内部调剂安置。大企业集团内部其他出资企业，根据生产工作需要，对拟混改企业的职工通过实施竞争上岗、优化组合进行安置。

（5）劳务输出。依据《劳动合同法》等有关规定，企业主导，与用工需求单位对接，组织劳务派出并签订协议。工资待遇与用工单位协商确定，社会保险由单位和个人按规定缴纳。

（6）转岗培训。对富余人员、不胜任工作岗位等人员需进行转岗培训，执行最低工资标准。培训期间，单位为其提供工作岗位时，符合岗位要求人员多次不申请参加竞聘或被选聘后不上岗的，无故不参加培训、严重违反规章制度的，单位依法与其解除劳动合同。

4. 劳动和社会保险关系的移交

根据《劳动合同法》的规定，企业职工在公司所在地社会保险经办机构参加养老保险社会统筹、失业保险社会统筹、工伤保险社会统筹、医疗保险社会统筹、计划生育保险社会统筹等。

（1）社会保险关系的处理。与混改后企业签订劳动合同的职工，其社会保险关系由混改后企业接收和管理，混改后的企业继续为职工按时足额缴纳各项社会保险费；未与混改后企业签订劳动合同的职工，自

---

① 崔园园. 试论煤炭企业人力资源管理困境与对策分析[J]. 现代经济信息, 2019(4).

行办理有关社会保险关系的接续手续，混改后企业做好配合协助。

（2）其他关系的管理。与混改后企业签订劳动合同的职工，其职工档案、住房公积金等有关关系由混改后企业接收和管理；未与改制后企业签订劳动合同的职工，其职工档案、住房公积金等有关关系在企业改制时移交给地方或新就业单位管理。

（二）安置时间节点

1. 混改前安置

传统存量国有企业人员较多，有的国有企业甚至存在"冗员"现象，混改拟引进的战略投资者可能会要求在混改前对职工进行分流安置，使职工队伍更加精干，使混改后的企业轻装上阵。混改前安置一般由原国有股东负责组织实施，一般采用解除劳动合同给予经济补偿、部分职工分流安置的形式。

2. 混改过程中安置

如果在混改过程中同步进行职工安置的，其原国有股东应当与战略投资者就职工安置费用、劳动关系接续等问题明确责任，根据《劳动合同法》、《关于进一步规范国有企业改制工作实施意见的通知》（国办发〔2005〕60号）等有关法律法规及各省市有关文件精神制订职工安置方案。

职工安置方案的主要内容包括：企业的人员状况及分流安置意见；职工劳动合同的变更、解除及重新签订办法；解除劳动合同职工的经济补偿金支付办法；社会保险关系接续；拖欠职工的工资等债务和企业欠缴的社会保险费处理办法等。[①]

---

① 林则达.国有企业改制中的职工安置[J].上海国资,2012(1):78-79.

(三) 实施步骤

1. 制订方案，履行程序

《国务院关于国有企业发展混合所有制经济的意见》要求：要充分保障企业职工对国有企业混合所有制改革的知情权和参与权，涉及职工切身利益的要做好评估工作，职工安置方案要经过职工代表大会或者职工大会审议通过。

按照相关政策，各混改企业结合各自实际特点，制订职工安置方案及实施方案，并依法合规履行程序，提交职工代表大会（如无职代会，可召开全体职工大会）审议，切实维护员工合法权益。

2. 做好政策及安置方案的宣传解释工作

安置职工时，混改企业应将混改方案与职工安置方案及时向职工宣传、解释，主动提供政策咨询，答疑解惑。

3. 对照方案，自愿选择

按照职工安置方案，由员工根据个人意愿，填写个人申请，选择安置路径。

4. 签订协议，办理手续

对内部退养，协商解除劳动合同，保留劳动关系自主创业、退岗创业等渠道分流安置的人员，签订相应协议，办理相关手续。对进入混改后企业的，做好劳动合同及社会保险关系的接续。

三、混合所有制改革中职工安置的难点和问题

（一）职工身份转换补偿金问题

鉴于历史原因，"国有企业职工身份市场化方面并不是完全由法律规定就可以了"，职工存在"铁饭碗"的现象。当进行混改引入战略投资者后，如果混改后的企业国有资本退至非控股地位，新进入的投资者往往

基于自身利益考量，要求职工身份市场化，这就是现实的"职工身份转换"。一般来说，职工身份转换包括与企业签订一定时限的劳动合同、养老医疗等，纳入社保体系、补贴福利等，由各企业自身发展情况决定。

部分地方可能存在国有职工身份转换补偿金的"土政策"，即"改制为非国有企业（国有资本全部退出或国有参股）的，给原企业国有身份职工支付经济补偿金，并解除原劳动合同，职工不再具有国有企业职工身份"。[①] 此种情况下，如果混改后国有资本退至参股地位，需支付职工身份转换补偿金，且职工人数较多，部分混改企业的经济补偿金的金额往往较大，混改面临着改不动、改不起的情况。

混合所有制改革只涉及股权变更，在职工自愿的前提下，混改后的企业原则上应全部接收安置原企业职工，并没有解除劳动合同，不应该支付经济补偿金。在大的趋势下，应该按照《劳动合同法》执行。

（二）补贴问题

同样，出于历史原因，国有企业职工存在各种补贴收入，甚至有些离退休人员还要从企业领取补贴。因涉及人员众多，如贸然取消，容易引发信访稳定风险。在混改后，如仍然发放有关补贴，则侵占战略投资者的股东利益。在实际操作中，往往会采取计提，从企业净资产中扣除的方法。

第六节　混合所有制改革中的国有资产交易

一、国有资产交易的主体

国有企业进行混合所有制改革路径多样，主要路径为：产权转让、增资扩股、产权转让+增资扩股、企业合并，当然，也可以采取非上市

---

① 李胜毅.我市国有资产退出竞争性领域的前景分析[J].求知,2004(4):38-39.

资产通过注入上市公司，被动引入原有股东的方式，或者采取非上市公司通过IPO引入投资者的方式，或者采取非上市公司资产重组+配套融资引入战略投资者的方式。路径多样，企业可根据自身实际情况选择混合所有制改革的路径。但无论采取哪种方式，混合所有制改革中必然涉及国有资产的交易，因此，首先要明确国有资产交易的主体内容。

2016年6月24日，《企业国有资产交易监督管理办法》（国资委 财政部令第32号，以下简称"32号令"）发布并实施。32号令的出台对于国有资产交易意义重大，既统一了适用范围、适用主体，又强化了国有资产交易行为的审批权限、定价原则、交易流程等规则。

相较于已废止的《企业国有产权转让管理暂行办法》（国资委 财政部令第3号，以下简称"3号令"），32号令首次明确界定了纳入监管范围的"三类交易行为"（企业产权转让、企业增资、企业资产转让）和"三类交易主体"，尤其引人注目的是提出了"国有实际控制企业"的概念，此前关于国有企业的认定标准散见于发改委、财政部及国资委等各个部委发布的文件中，但多语义冲突，模糊不详。

（一）法律依据

32号令公布之前，"国有企业""企业国有产权""企业国有资产""国家出资企业""国有控股企业""国有控股公司"等名词散见于各类法律法规或部委规章之中，尤其是国资委、财政部、统计局在其发布的相关文件中各自为政，概念界定往往相似而不相同，很多企业，尤其是一些股权结构比较多元化的混合所有制企业在无法对自身类型定性的前提下，对其应当适用的监管规范自然也无所适从，这在实践操作中造成了很大程度的困扰。

对此，32号令第四条规定：

本办法所称国有及国有控股企业、国有实际控制企业包括：①政府部门、机构、事业单位出资设立的国有独资企业（公司），以及上述单位、企业直接或间接合计持股为100%的国有全资企业；②本条第①款所列单位、企业单独或共同出资,合计拥有产(股)权比例超过50%,且其中之一为最大股东的企业;③本条第①、第②款所列企业对外出资,拥有股权比例超过50%的各级子企业;④政府部门、机构、事业单位、单一国有及国有控股企业直接或间接持股比例未超过50%,但为第一大股东,并且通过股东协议、公司章程、董事会决议或者其他协议安排能够对其实际支配的企业。[①]

(二) 主体分类

关于国有企业的分类,我国现行法律中并没有明确规定,除32号令中的规定,其他散见于国家统计局《关于对国有公司企业认定意见的函》(国统函〔2003〕44号)、财政部《关于国有企业认定问题有关意见的函》(财企函〔2003〕9号)中对国有企业、国有控股企业、国有参股企业的划分。[②] 综合行政法规的相关规定,对国有企业的分类梳理如下。

1. 广义和狭义的国有企业

广义的国有企业是指具有国家资本金的企业,可分为三个层次:纯国有企业(包括国有独资企业、国有独资公司、国有联营企业)、国有控股企业(包括国有绝对控股企业、国有相对控股企业)、国有参股企业。狭义的国有企业仅指纯国有企业,企业的资本金全部为国家所有。[③]

2. 国有企业

狭义的国有企业,是指企业全部资产归国家所有,国家依照所有权和经营权分离的原则授予企业经营管理权,国有独资企业依法取得法人

---

① 《企业国有资产交易监督管理办法》正式施行[EB/OL].[2016-07-01]. http://www.chinanews.com/m/cj/2016/07-01/7924696.shtml.
② 姚晓红.股权分散型国有控股企业风险管理[J].纳税,2019(30):236.
③ 李宇英.经济全球化"竞争中立"议题与中国制度选择[D].上海:上海社会科学院,2018.

资格,实行自主经营、自负盈亏、独立核算,以国家授予其经营管理的财产承担民事责任。其形式可以是国有独资企业、国有独资公司和国有联营企业。① 根据《公司法》的规定,公司法实施前已设立的国有企业,符合公司法规定设立有限责任公司条件的,单一投资主体的,可以依照《公司法》改组为国有独资的有限责任公司。

3. 国有控股企业

国有控股企业分为绝对控股企业和相对控股企业。国有绝对控股企业是指在企业的全部资本中,国家资本(股本)所占比例大于50%(含50%)的企业。国有相对控股企业(含协议控股)是指在企业的全部资本中,国家资本(股本)所占的比例虽未大于50%,但相对大于企业中的其他经济成分所占比例的企业(相对控股);或者虽不大于其他经济成分,但根据协议规定,由国家拥有实际控制权的企业(协议控制)。②

4. 国有参股企业

具有部分国家资本金,但国家不控股的企业。③

5. 国有实际控制企业

根据32号令的规定,政府部门、机构、事业单位、单一国有及国有控股企业直接或间接持股比例未超过50%,但为第一大股东,并且通过股东协议、公司章程、董事会决议或者其他协议安排能够对其实际支配的企业。④

---

① 张向东.试论中国传媒业的几种体制形态——兼论特殊管理股制度以及管理层持股[J].新闻记者,2014(12):78-84.
②③ 李宇英.经济全球化"竞争中立"议题与中国制度选择[D].上海:上海社会科学院,2018.
④ 《企业国有资产交易监督管理办法》正式施行[EB/OL].[2016-07-01].http://www.chinanews.com/m/cj/2016/07-01/7924696.shtml.

(三) 国有实际控制企业界定

1. 识别国有实际控制企业的重要意义

32号令规定：国有实际控制企业转让其对企业各种形式的出资所形成权益的行为、国有实际控制企业增加资本的行为、国有实际控制企业的重大资产转让行为均需按照规定履行审批、审计评估、进场交易等程序，相对于普通的资产交易程序更为规范有序，如未履行则违反了国有资产监管方面的规定，易引发潜在的争议和纠纷。① 因此，对企业来说，辨别自身是否属于"国有实际控制企业"尤为重要。

2. 国有实际控制企业的规定

依据32号令的规定，国有实际控制企业应当符合以下四大判断标准：①投资主体（控制主体）包括政府部门、机构、事业单位、单一国有及国有控股企业；②直接或间接持股比例未超过50%；③为第一大股东，即企业全体股东中，前述主体所占股权比例最大；④通过股东协议、公司章程、董事会决议或者其他协议安排能够对其实际支配的企业。②

应注意的是，根据32号令上下文措辞，此处并没有使用"单独或者合计"的表述，相反使用的是"单一"，因此这里的投资主体应当指的是单一的一个，即某一个投资主体直接或间接持股比例不超过50%且为第一大股东。并且，上述四项标准是并列关系，即必须同时符合，才能被认定为国有实际控制企业。

3. "实际支配"的界定

上述判断标准中，第①、第②、第③条较为明确，但第④条"通过股东协议、公司章程、董事会决议或者其他协议安排能够对其实际支

---

① 关于印发广西壮族自治区企业国有资产交易监督管理办法的通知[EB/OL]. [2018 - 02 - 13]. https://wenku.baidu.com/view/467154b3fbb069dc5022aaea998fcc22bcd14339.html.
② 《企业国有资产交易监督管理办法》正式施行[EB/OL]. [2016 - 07 - 01]. http://www.chinanews.com/m/cj/2016/07 - 01/7924696.shtml.

配的企业"表述则欠缺可量化的具体标准，未明确上述投资主体通过相关协议安排能够在哪些方面对企业形成实际支配，是财务预算决算还是经营管理层人员提名方面。

在实务中，可参考《企业会计准则第 36 号——关联方披露》及上市公司相关规定，从以下几个方面来认定实际支配的量化标准。

符合上述第①、第②、第③条的投资主体，如通过股东协议、公司章程、董事会决议或者其他协议安排能够对企业产生以下任意一条的效果，则应当认定为对企业具有实际支配权。

（1）有权决定股东会或者股东大会的表决结果，例如，其所持表决权能够不经其他股东表决同意而直接通过相关议案，且该表决是合法有效的。

（2）有权决定董事会的表决结果，例如，代表其利益的董事能够不经其他董事表决同意而直接通过相关议案，且该表决是合法有效的。

（3）对董事和高级管理人员的提名及任免情况，例如其提名或委派的董事、高级管理人员明显占据多数。

（4）有权决定企业的财务政策，例如其对企业财务并表，或者能够决定企业财务的预算或者决算。

（5）有权决定企业的经营政策，例如其与企业处于产业链的上下游，如果不依赖于该投资主体，则企业主要业务无法持续经营等。

二、国有资产交易的主要形式

（一）产权转让

通过原股东转让其对企业各种形式出资所形成权益的路径实施混改，本质上属于"存量混改"，即标的企业的注册资本或股本不发生改变，通过原股东对外转让其所持企业权益方式引入非公有资本，从而实现标的企业的股权多元化。

产权转让优势在于遵循"价高者得"的原则,产权转让款归原国有股东,使得原国有股东可以收回部分投资;劣势在于不能对投资方设定资格条件,根据32号令第十四条的规定,产权转让原则上不得对受让方设定资格条件,如需设置,不得有明确指向性或违反公平竞争原则,并且资格条件相关内容应当在信息披露前报同级国资监管机构备案,国资监管机构在5个工作日内未反馈意见的视为同意。[①]

产权转让分为公开转让和非公开协议转让。可以采取非公开协议转让方式的产权转让主要有两种情况:第一,涉及主业处于关系国家安全、国民经济命脉的重要行业和关键领域企业的重组整合,对受让方有特殊要求,企业产权需要在国有及国有控股企业之间转让的,经国资监管机构批准,可以采取非公开协议转让方式;第二,同一国家出资企业及其各级控股企业或实际控制企业之间因实施内部重组整合进行产权转让的,经该国家出资企业审议决策,可以采取非公开协议转让方式。[②]

采取非公开协议转让方式转让企业产权,转让价格不得低于经核准或备案的评估结果,[③]但有两种情况除外,转让价格可以资产评估报告或最近一期审计报告确认的净资产值为基础确定,且不得低于经评估或审计的净资产值,主要是:第一,同一国家出资企业内部实施重组整合,转让方和受让方为该国家出资企业及其直接或间接全资拥有的子企业;第二,同一国有控股企业或国有实际控制企业内部实施重组整合,转让方和受让方为该国有控股企业或国有实际控制企业及其直接、间接全资拥有的子企业。[④]

国资监管机构批准、国家出资企业审议决策采取非公开协议方式的

---

① 《企业国有资产交易监督管理办法》正式施行[EB/OL]. [2016-07-01]. http://www.chinanews.com/m/cj/2016/07-01/7924696.shtml.
② 资料来源:《企业国有资产交易监督管理办法》(国资委 财政部令第32号)第三十一条。
③ 《企业国有资产交易监督管理办法》正式施行[EB/OL]. [2016-07-01]. http://www.chinanews.com/m/cj/2016/07-01/7924696.shtml.
④ 资料来源:《企业国有资产交易监督管理办法》(国资委 财政部令第32号)第三十二条。

企业产权转让行为时，应当审核下列文件：产权转让的有关决议文件；产权转让方案；采取非公开协议方式转让产权的必要性以及受让方情况；转让标的企业审计报告、资产评估报告及其核准或备案文件；产权转让协议；转让方、受让方和转让标的企业的国家出资企业产权登记表（证）；产权转让行为的法律意见书；其他必要的文件。[①]

（二）增资扩股

相对于产权转让而言，增资扩股具有多重优势，既能通过设定投资者资格条件并开展综合评议或竞争性谈判的方式遴选最切合自身发展需求的投资者，也能解决混改企业的资金需求问题，有效解决部分国有企业存在的资产负债率偏高问题。

增资扩股也分为公开增资和非公开协议增资。非公开协议增资的情形有三种：第一，国家出资企业直接或指定其控股、实际控制的其他子企业参与增资；第二，企业债权转为股权；第三，企业原股东增资。[②]

国资监管机构批准、国家出资企业审议决策采取非公开协议方式的企业增资行为时，审核下列文件：增资的有关决议文件；增资方案；采取非公开协议方式增资的必要性以及投资方情况；增资企业审计报告、资产评估报告及其核准或备案文件；增资协议；增资企业的国家出资企业产权登记表（证）；增资行为的法律意见书；其他必要的文件。[③]

（三）产权转让＋增资扩股

国有企业混合所有制改革也可采用产权转让＋增资扩股方式进行，即为实现股权多元化，既采用原股东转让部分股权的方式引入投资者，也采用增资扩股方式引入投资者，既盘活存量，又采用增量方式进行混合所有制改革。

---

① 资料来源：《企业国有资产交易监督管理办法》（国资委 财政部令第32号）第三十三条。
② 资料来源：《企业国有资产交易监督管理办法》（国资委 财政部令第32号）第四十六条。
③ 资料来源：《企业国有资产交易监督管理办法》（国资委 财政部令第32号）第四十七条。

但是，在实际操作中，原则上产权转让和增资扩股不得同时进行，需分先后履行产权转让和增资扩股的相关进场交易程序。

（四）产权转让与增资扩股的比较与选择

产权转让和增资扩股两种常规路径比较如下：

1. 交易标的的设置不同

（1）产权转让。

产权转让的交易标的可以设置为产权加债权。其中，转让方是股东，转让标的为企业的股权。

（2）增资扩股。

采用增资模式，交易标的为融资股权比例对应的融资金额，可以要求投资方进入融资方后追加一定金额的投资或借款，但一般无法要求新进投资方代融资方偿还原股东的债务。融资方即是标的企业。

2. 价款流向不同

（1）产权转让。

交易价款为产权转让价款，转让方可以收回转让产权对应比例的投资，若以产权加债权同时转让的模式，还可以收回与产权转让同比例的债权，资金进入转让方账户。

（2）增资扩股。

交易价款为增资款，投资方将增资款直接汇入融资方账户，超出拟融资金额部分计入资本公积。无法实现转让方回收股权投资的目标。

3. 交易价款和保证金设置不同

（1）产权转让。

假设某公司注册资本为5000万元，100%股权对应的资产评估值为1亿元，如转让股权为49%的话，则挂牌金额至少设定为4900万元。

保证金设置要求为不超过挂牌金额的30%。按照4900万元挂牌金额计算，保证金最高可设置为1470万元。保证金的门槛高有利于筛选出相对优质诚信的投资方。

（2）增资扩股。

假设某公司100%股权对应的资产评估价值为1亿元，如增资后该公司原股东占51%，拟融资49%股权对应融资金额应为不低于9607.84万元。

保证金设置一般不超过拟融资金额的30%，则保证金最高设置为2882.352万元。

保证金门槛低不利于引入优质的战略合作方，而且投资方进入后是否能够如期按照承诺提供资金支持存在风险。

4. 资格条件的设置不同

（1）产权转让。

国有产权转让原则上不得针对受让方设置资格条件，确需设置的，不得有明确指向性或违反公平竞争原则。转让方设置受让方资格条件的，应当在信息预披露前完成同级国资监管机构备案手续。[1]

（2）增资扩股。

增资扩股项目，融资方可合理设置投资方资格条件。投资方资格条件可包括主体资格、经营情况、财务状况、管理能力等内容。

5. 竞价方式不同

（1）产权转让。

如产生两家或两家以上的意向受让方，竞价可以采取拍卖、招投标、网络竞价或动态报价以及其他竞价方式，[2] 现阶段一般采用网络竞价（多次报价）的交易方式，这种竞价方式下，价高者得，有利于市场价格发现功能。

---

[1]《企业国有资产交易监督管理办法》正式施行[EB/OL].[2016-07-01]. http://www.chinanews.com/m/cj/2016/07-01/7924696.shtml.

[2]"国资交易监管新规"九大要点解读[EB/OL].[2016-07-10]. http://www.360doc.com/content/16/0710/19/32512648_574536680.shtml.

（2）增资扩股。

如产生两家或两家以上的意向投资方，则可以采用竞价、竞争性谈判、综合评议三种遴选方式择优选择最终的投资方。增资遴选方式一般采用竞争性谈判，由融资方根据项目具体情况组成谈判小组，分别与各合格意向投资方进行谈判，即一般不以价格为唯一决定因素，根据综合谈判结果和报价，择优选定投资方。

6. 信息披露时间不同

（1）产权转让。

在公司的实际控制权不发生转移的情况下，产权转让的信息披露时间应不少于20个工作日，可根据实际需要延长。因产权转让导致公司实际控制权发生转移情况下，需在转让行为获批后10个工作日内进行信息预披露，时间应不少于20个工作日。①

（2）增资扩股。

操作过程中，增资信息披露时间应不少于40个工作日，相对于产权转让的披露时间较长。

7. 交易条件的设置不同

（1）产权交易。

产权交易中，公司股东可以根据标的公司的情况设定一定的交易条件，如：

①交易保证金条款；

②交易保证金的扣除条款；

③职工安置条款；

④债权债务承继条款；

⑤特殊合同承继条款；

---

① 张健. 国有产权交易及风险控制[EB/OL]. [2019-01-09]. https://max.book118.com/html/2019/0109/8067122117002000.shtm.

⑥产权交易合同签署条款；

⑦产权交易价款的支付条款；

⑧其他转让方认为需要受让方承继的特殊事项。

（2）增资扩股。

主要交易条件设置参考如下：

①保证金条款；

②增资协议的签署条款；

③增资价款的支付条款；

④增资后的投资要求条款；

⑤增资企业未来资金的解决条款；

⑥职工安置条款；

⑦意向投资方的尽职调查条款；

⑧意向投资方的资质条款；

⑨其他转让方认为应当设定的条件。

三、国有资产交易的流程

（一）产权转让的流程

1. 决策程序及报批程序

（1）转让方内部决策程序。

转让方有权决策机构应就转让产权事宜召开会议并作出同意转让标的企业产权的书面决议文件。

（2）标的企业内部决策程序。

标的企业股东应按照企业章程和企业内部管理制度作出同意转让所持标的企业产权的书面决议文件。

（3）产权转让批准单位批复。

转让方应逐级上报至有权批准国资监管机构取得同意转让的批复。

因产权转让致使国家失去对所出资企业的控制权的,应由国资监管机构报本级人民政府批准。[①]

2. 进场前的准备程序

(1) 审计和评估程序。

转让方应选聘并委托专业的审计机构和评估机构对转让标的企业整体资产和负债进行审计和资产评估工作,产权转让价格应以经核准或备案的评估结果为基础确定。[②] 参股股权不能单独评估和审计的,应提供标的企业最近一期年度审计报告。

(2) 资产评估结果备案/核准程序。

转让方应将资产评估结果逐级上报并取得有权备案/核准机构出具的资产评估结果备案表/核准批复。

(3) 律师事务所出具法律意见书。

转让方应当委托律师事务所就国有产权转让行为的合法合规性出具法律意见书。

3. 进场交易程序

(1) 委托经纪机构。

国有产权转让业务一般实行交易服务会员代理制。转让方应当在产权交易机构公告的交易服务会员名单中自主选择交易服务会员,并签订委托代理合同,建立委托代理关系。

(2) 申请挂牌。

转让方可以根据企业实际情况和工作进度安排,采取信息预披露和正式披露相结合的方式,通过产权交易机构网站分阶段对外披露产权转让信息,公开征集受让方。其中,正式披露信息时间不得少于20个工

[①] "国资交易监管新规"九大要点解读[EB/OL]. [2016 - 07 - 10]. http://www.360doc.com/content/16/0710/19/32512648_574536680.shtml.

[②] 《企业国有资产交易监督管理办法》正式施行[EB/OL]. [2016 - 07 - 01]. http://www.chinanews.com/m/cj/2016/07 - 01/7924696.shtml.

作日。因产权转让导致转让标的企业的实际控制权发生转移的,转让方应当在转让行为获批后 10 个工作日内,通过产权交易机构进行信息预披露,时间不得少于 20 个工作日。转让方披露信息包括但不限于以下内容:转让标的基本情况;转让标的企业的股东结构;产权转让行为的决策及批准情况;转让标的企业最近一个年度审计报告和最近一期财务报表中的主要财务指标数据,包括但不限于资产总额、负债总额、所有者权益、营业收入、净利润等(转让参股权的,披露最近一个年度审计报告中的相应数据);受让方资格条件(适用于对受让方有特殊要求的情形);交易条件、转让底价;企业管理层是否参与受让,有限责任公司原股东是否放弃优先受让权;竞价方式,受让方选择的相关评判标准;其他需要披露的事项。[①]

(3) 确定受让方。

产权转让信息披露期内,意向受让方应委托经纪机构向产权交易机构提交受让文件,由产权交易机构登记。受让方为境外投资者的,应当符合外商投资产业指导目录和负面清单管理要求,以及外商投资安全审查有关规定。信息披露期满后,按照披露的竞价方式组织竞价。竞价可以采取拍卖、招投标、网络竞价以及其他竞价方式,且不得违反国家法律法规的规定。[②]

(4) 签订《产权交易合同》。

受让方确定后,转让方与受让方应当签订产权交易合同,交易双方不得以交易期间企业经营性损益等理由对已达成的交易条件和交易价格进行调整。[③]

(5) 结算交易资金。

交易价款应当以人民币计价,通过产权交易机构以货币进行结算。因特殊情况不能通过产权交易机构结算的,转让方应当向产权交易机构

---

①②③ 《企业国有资产交易监督管理办法》正式施行[EB/OL].[2016-07-01]. http://www.chinanews.com/m/cj/2016/07-01/7924696.shtml.

提供转让行为批准单位的书面意见以及受让方付款凭证。交易价款原则上应当自合同生效之日起5个工作日内一次付清。金额较大、一次付清确有困难的，可以采取分期付款方式。采用分期付款方式的，首期付款不得低于总价款的30%，并在合同生效之日起5个工作日内支付；其余款项应当提供转让方认可的合法有效担保，并按同期银行贷款利率支付延期付款期间的利息，付款期限不得超过1年。①

（6）出具交易凭证。

产权交易合同生效后，产权交易机构应当将交易结果通过交易机构网站对外公告，公告内容包括交易标的名称、转让标的评估结果、转让底价、交易价格，公告期不少于5个工作日。产权交易合同生效，并且受让方按照合同约定支付交易价款后，产权交易机构应当及时为交易双方出具交易凭证。②

4. 交割过户程序

（1）工商变更登记程序。

标的企业持交易凭证等文件办理工商变更登记手续。

（2）领取交易价款。

转让方持变更后的营业执照等文件向产权交易机构申请划转交易价款。至此，产权转让的交易程序完成。

（二）增资扩股的流程

增资扩股即标的企业通过产权交易机构公开挂牌增资，在确定原股东保留股权比例的前提下，引入新的战略投资者。流程大致如下：

1. 决策程序及报批程序

（1）标的企业内部决策。

标的企业作为项目的融资方，原股东应当就标的公司增资扩股事宜

---

①② 《企业国有资产交易监督管理办法》正式施行[EB/OL].[2016-07-01]. http://www.chinanews.com/m/cj/2016/07-01/7924696.shtml .

作出同意进行增资扩股的书面决议文件。

（2）主管单位批准增资。

须按照国有资产管理规定履行审批手续，应由原股东逐级上报至有权批准国资监管机构批准，取得同意标的公司增资的批复。

国家出资企业决定其子企业的增资行为。具体安排为：对主业处于关系国家安全、国民经济命脉的重要行业和关键领域，主要承担重大专项任务的子企业的增资行为，须由国家出资企业报同级国资监管机构批准。增资企业为多家国有股东共同持股的企业，由其中持股比例最大的国有股东负责履行相关批准程序；各国有股东持股比例相同的，由相关股东协商后确定其中一家股东负责履行相关批准程序。[①]

2. 进场前准备程序

（1）开展审计和资产评估。

标的企业在完成决策批准程序后，应当委托具有相应资质的中介机构开展审计和资产评估。[②]

（2）资产评估结果备案/核准手续。

资产评估结果应由原股东逐级上报至具有资产评估备案权限的机构履行资产评估结果备案/核准手续，取得有权备案机构出具的资产评估结果备案表/核准批复。

3. 进场挂牌交易程序

（1）公开征集投资方。

企业增资通过产权交易机构网站对外披露信息公开征集投资方，时间不得少于40个工作日。信息披露内容包括但不限于：企业的基本情况；企业目前的股权结构；企业增资行为的决策及批准情况；近三年企业审计报告中的主要财务指标；企业拟募集资金金额和增资后的企业股权结构；募集资金用途；投资方的资格条件，以及投资金额和持股比例

[①②] 2017 注会经济法核心点[EB/OL].[2018-03-10].http://www.docin.com/p-2089927286.html.

要求等；投资方的遴选方式；增资终止的条件；其他需要披露的事项。①

（2）最终投资方的确定。

产权交易机构负责意向投资方的登记工作，协助企业开展投资方资格审查。通过资格审查的意向投资方数量较多时，可以采用竞价、竞争性谈判、综合评议等方式进行多轮次遴选。产权交易机构负责统一接收意向投资方的投标和报价文件，协助企业开展投资方遴选有关工作。企业董事会或股东会以资产评估结果为基础，结合意向投资方的条件和报价等因素，审议选定最终投资方。②

（3）签订《增资协议》。

最终投资方确定后，融资方与投资方应当签订《增资协议》。

（4）出具《增资凭证》。

《增资协议》签订并生效后，产权交易机构应当出具交易凭证，通过产权交易机构网站对外公告结果，公告内容包括投资方名称、投资金额、持股比例等，公告期不少于5个工作日。③

（5）缴付出资。

投资方根据《增资协议》的约定向融资方缴付出资，产权交易机构可提供相应的资金结算服务。

4. 交割过户程序

标的企业与新的战略投资者制定新的章程，按照章程的规定完善公司法人治理结构，之后，凭《增资凭证》及其他市场监管机关要求的文件办理股东变更的工商变更登记手续，取得变更登记后的营业执照，确定投资方的股东地位。

四、国有资产交易平台介绍

国有资产的交易平台多种多样，限于篇幅，以下仅从三类产权交易

---

①②③《企业国有资产交易监督管理办法》正式施行[EB/OL].[2016-07-01]. http://www.chinanews.com/m/cj/2016/07-01/7924696.shtml.

机构——产权交易所、文化产权交易所、金融资产产权交易所介绍其中的部分产权交易平台。

(一) 产权交易所

1. 北京产权交易所有限公司①

(1) 基本介绍。

北京产权交易所有限公司（以下简称"北交所"）成立于2004年2月，是经北京市人民政府批准设立的综合性产权交易机构，在不断的发展中被逐步定位为"政府管理经济的市场化工具""落实源头防腐的阳光平台"和"首都要素市场的重要建设者和运营者"。自成立以来，北交所始终坚持"规范"和"创新"并举，充分发挥市场在资源配置中的决定性作用，企业国有资产进场交易实现"全覆盖"，助力国有企业推进混合所有制改革、"三去一降一补"、"瘦身健体"、提质增效、战略性新兴产业发展等改革任务的同时，实现了国有资产保值增值。②

与此同时，北交所着眼首都要素市场体系建设，通过投资设立专业交易平台和支撑服务机构，搭建了集团化运营架构，业务范围拓展到技术、环境权益、林权、矿业权、铁矿石、石油石化产品、正版软件和信息化项目等领域，实现了要素交易品种的"全展开"，有效提升了各类要素资源的配置水平，在助力政府部门管理经济、推进生态文明建设、北京建设全国科技创新中心、京津冀协同发展等方面发挥了重要作用，体现了金融服务实体经济的本质要求。北交所的总体交易规模从成立之初的200多亿元连连跨越，2013年首次突破万亿元，2015—2017年连续三年超过5万亿元，已经成为全国要素交易市场的中心市场和领先机构。

---

① 资料来源：北京产权交易所官网，http://www.cbex.com.cn。
② 吴汝川,朱戈,刘超,等.建设交易所投行服务平台 助力国企混改与科技创新——北交所"北交汇投"投行服务体系建设与运营服务实践[A]//中国企业改革与发展研究会.中国企业改革发展优秀成果2018(第二届)上卷[M].北京：中国经济出版社,2018.

党的十九大描绘的伟大蓝图，为北交所提供了广阔的发展空间。未来，北交所将以习近平新时代中国特色社会主义思想为指引，围绕国家和区域发展战略、北京城市功能定位，争取为首都和全国经济社会发展再创佳绩、再立新功。

（2）北交所的资质。

北交所主要有以下授权资质：

①国务院国资委选定的中央企业国有资产交易（产权转让、增资扩股、资产转让）机构；

②北京市国资委选定的北京市管企业国有资产交易（产权转让、增资扩股、资产转让）机构；

③中共中央直属机关事务管理局、国家机关事务管理局选定的中央和国家机关行政事业单位资产处置平台；

④北京市财政局指定的市级行政事业单位资产处置服务机构；

⑤北京市高法、市国资委指定的涉诉企业国有资产处置场所；

⑥北京奥组委指定的奥运资产处置平台；

⑦北京市地税局委托的国有产权交易印花税代征服务点；

⑧北京市政府指定的北京市公共资源交易（产权、矿产资源）分平台。

北交所主要有以下专业平台授权资质：

①科技部选定的"国家技术转移示范机构"；

②国家知识产权局选定的"国家专利技术（展示）交易中心"；

③工信部和国家国防科技工业局选定的国家军民融合科技服务机构；

④财政部选定的金融企业国有产权交易机构；

⑤中国银行间市场交易商协会指定交易平台；

⑥国家发展改革委备案的国家自愿减排交易机构；

⑦北京市政府指定的碳交易试点交易平台；

⑧北京市政府指定的高排放老旧柴油货运车淘汰办理平台；

⑨北京市政府指定的新能源车补贴发放平台；

⑩北京市国土资源局指定的矿业权交易公共服务平台；

⑪北京市政府指定的北京市公共资源交易（软件和信息化服务）分平台；

⑫北京市安监局指定的北京市危险化学品集中管理平台。

2. 天津产权交易中心①

天津产权交易中心成立于1994年，是经天津市人民政府批准组建的天津市唯一一家产权交易服务机构，是国资委选定的央企产权、央企资产转让机构，是我国大型国家级产权交易资本市场，国企深改混改的综合性服务平台，各类资本、资产、要素资源市场化配置的专业化投融资服务平台。

多年来，天津产权交易中心在天津市委市政府、天津市国资两委的关心、支持和指导下，全力打造交易市场延伸、业务品种丰富、核心功能突出、运营规范高效的产权交易资本市场体系。投资运营区域性股权、农村产权、排放权、金融资产、技术产权等九大专业交易市场，业务涵盖企业股权、企业资产交易，企业增资扩股融资、中小微企业挂牌融资、租赁权融资、小客车竞价服务等数十项类别。② 成功运作狗不理溢价7倍、空客A320"售后回租"融资30亿元、渤海证券簿记建档融资52亿元等项目，帮助市建材集团、市药研院、市建工集团完成混改，为国资国企深化改革作出了重要贡献。近年来，各类交易额、融资额超10万亿元，国有资产交易1.5万宗，成交额2200亿元，帮助国有资产实现增值400多亿元，取得了良好的经济效益和社会效益。

围绕新一轮国企深改混改赋予产权交易资本市场的新使命，天津产

---

① 资料来源：天津产权交易中心官网，http://item.tprtc.com/。
② 孔晓艳. 充分发挥产权交易资本市场作用 全力做好国企混改服务[J]. 产权导刊,2018,173(9):28-30.

权交易中心认真贯彻落实国企改革"两会一文"和"一二三"总体工作部署和要求,以企业需求为导向,强化担当,主动作为,采取系列新举措,积极营造良好的投资营商环境,帮助混改企业引入"真家伙""硬家伙",全力推进天津产权市场迈入新的发展阶段。

新的服务理念。天津产权交易中心持续强化行商服务理念,调整设置前中后台部门,"一对一"主动上门服务,深入对接企业混改需求;"一企一策"专业化服务,帮助企业设计混改方案、交易方案、融资服务方案、投资人择优方案;24小时高效服务,确保混改项目当天挂牌不过夜;大幅降低交易费用,打造天津市制度性交易成本"洼地"。

新的交易方式。天津产权交易中心率先将债券市场"簿记建档"定价方式引入产权市场混改增资业务。[①] 将"簿记建档"、权重报价、7天24小时动态报价方式引入股权转让、"转增同步"的混改项目,满足国企混改不以价高者得引入多家战略投资人的需求。

新的交易系统。天津产权交易中心全面实施信息化建设中长期规划,重塑交易流程,实现了业务交易、OA办公全流程线上化、自动化,业务常规审核标准化。

新的交易制度。天津产权交易中心全面系统地修订完善交易制度、规则,专门制定了择优确定投资方、动态报价、舆情管理等制度,确保高效、规范地服务混改企业引资引战。

新的服务成效。近年来,天津产权交易中心规模持续快速增长。2017年天津产权交易中心完成各类国有项目1815宗,交易量在2016年同比提高43%的基础上提高近5倍。[②] 2018年完成交易2522宗,同比增长38.9%;国有项目签约交易额逾370亿元,鉴证交易额逾290亿元,同比增长近1倍。

---

① 服务实体经济 助力转型升级[J].产权导刊,2018,168(4):22.
② 孔晓艳.充分发挥产权交易资本市场作用 全力做好国企混改服务[J].产权导刊,2018,173(9):28-30.

全面从严加强党的建设。认真贯彻落实国有企业党建工作会议精神，落实落细全面从严治党主体责任，加强基层党组织建设，充分发挥党组织"两个核心"作用，持之以恒正风肃纪，推动党建工作向纵深发展，为天津产权交易中心加快实现全面高质量发展提供了重要保障。

新时代，旗帜高扬；新征程，担当作为。天津产权交易中心将深入学习贯彻习近平新时代中国特色社会主义思想，增强"四个意识"，坚定"四个自信"，做到"两个维护"，坚持新发展理念，打开脑袋上的"津门"，全力全速做好"自转"，加快自身转企改制，整合优化专业交易市场，全面提升投资运营管控效率，打造产权交易资本市场；全力全速做好"公转"，服务好国企深改混改大局，为供给侧结构性改革、实体经济高质量发展作出新的更大的贡献。[①]

3. 上海联合产权交易所[②]

（1）基本介绍。

上海联合产权交易所是经上海市人民政府批准设立的综合性产权交易服务机构，是国务院国有资产监督管理委员会选定的从事中央企业国有产权转让以及上海国有企业产权转让指定的挂牌交易机构，是集物权、债权、股权、知识产权等交易服务为一体的专业化市场平台，[③] 是实现资源市场化高效配置，连接各类资本进退的专业化、综合性要素流通平台和重要的资本市场平台，主要体现在以下方面：

①国务院国资委指定的从事中央企业产权转让的交易机构；

②财政部指定的中央金融企业产权交易中心平台；

③工信部指定的中小企业融资服务市场平台；

④中宣部指定的全国重点文化产权交易平台；

[①] 孔晓艳. 充分发挥产权交易资本市场作用 全力做好国企混改服务[J]. 产权导刊,2018,173(9):28-30.

[②] 资料来源：上海联合产权交易所官网,https://www.suaee.com。

[③] 陆晞,杨玉红. 国际碳排放权交易机制对长三角区域建立碳排放权交易市场的启示[J]. 中国发展,2011,11(4):9-12.

⑤国家发展改革委指定的环境能源交易平台,并成为财政部 CDM 基金唯一入股的环境能源产权交易机构;

⑥国家机关事务管理局指定的中央国家机关行政事业单位资产处置平台;

⑦科技部指定的"863"项目技术交易和技术转移服务平台;

⑧高级人民法院指定的涉诉资产交易平台;

⑨中国浦东干部学院指定的全国唯一的产权交易现场教学基地;

⑩与商务部共建国际投资促进与产权交易平台;

⑪中国—中东欧国家投资促进联系机制(16+1)项目发布平台。

(2) 国际合作。

与联合国开发计划署、南南合作特设局、中国国际经济技术交流中心共同创设南南全球技术产权交易机构。

(3) 专业平台。

①国资国企产权交易服务平台,为国企股权、物权、债权、知识产权流转提供服务,盘活国有存量资产,引入社会资本,创新增资业务,推进国资国企深化改革,推动混合所有制发展。

②科创项目(成果)交易服务平台(知识产权交易服务平台),为科技信息集散、科技成果交易、科创需求对接、科技金融服务,为各类研发、创新主体和科创需求主体等提供交易及综合配套服务,为专利、著作权、商标权等提供确权、评估、项目融资、交易、鉴证等服务。

③金融资产交易服务平台,为国有和非国有金融机构产权、金融债权、PPP 类资产以及融资租赁资产提供交易服务;为银行及相关金融机构的业务合作提供平台和增值服务。

④私募股权融资服务平台,引入基金、投行等专业机构,为各交易主体提供全方位的金融服务;整合各类金融工具与交易标的,创新股权融资交易产品。

⑤国际并购交易服务平台,围绕"一带一路"、中国(上海)自贸

区建设等国家战略，整合并购资源，促进国际信息交换，为国内外资本对接提供通道。

⑥实物资产交易服务平台，为不动产、交通运输设备、各类生产设备等各类实物资产以及租赁权、广告经营权、资产收益权、大宗商品等各类资产提供交易流转服务。

⑦文化体育产权交易服务平台，为文化企业产权、文化品牌、文化产业项目及赛事举办权、转播权、运动员转会权等提供交易流转服务。

⑧公共资源交易服务平台，为工程建设项目招投标、土地使用权和矿业权出让、政府采购等公共资源提供市场化配置服务；为行政事业单位资产、司法及行政罚没资产、涉诉资产、特许经营权等各类公共资产提供进场处置服务。

⑨农村产权交易服务平台，为各类农村产权（农户承包土地经营权、林权、农村集体经营性资产、农业生产设备、小型水利设施使用权、农业类知识产权等）提供信息发布、产权交易、法律咨询、资产评估、抵押融资等综合服务。

⑩碳交易服务平台，开展碳排放权交易，自愿碳减排交易，合同能源管理项目交易，投融资、环境低碳技术交易，清洁发展机制（CDM）项目交易，排污权交易等，并提供相关信息和技术服务。

⑪中国—中东欧国家投资促进联系机制（16+1）项目发布平台，为中国企业提供面向中东欧国家的项目合作机会，推动信息联通。

4. 重庆联合产权交易所集团

重庆联合产权交易所集团是重庆市政府批准设立的市属国有重点企业集团，业务涵盖各种权益交易（股权、实物资产、知识产权、环境资源、特许经营权及其他权益）和配套金融服务，是一个综合性的要素资源交易市场，拥有中央企业、中央金融企业产权交易、中央国家机关事业单位资产处置、国家专利技术展示交易、中小企业产权交易和碳排放权交易等6个国家级交易资质和4个省级交易资质，累计形成了8

大类20多个交易品种,特别是央企、诉讼资产交易和第三方支付结算业务走在行业前列。在国内率先实现了公告、报名、竞价、结算全程互联网化,在各区县设立了31家分支机构,是全国唯一的省级区域全统一、全覆盖的交易市场。[①]

(二) 文化产权交易所

1. 上海文化产权交易所[②]

上海文化产权交易所是由中宣部、商务部、文化部、财政部、国家新闻出版广电总局和上海市政府认定批准的综合性文化产权交易服务机构,是以文化版权、股权、物权、债权等各类文化产权为交易对象的专业化市场平台,是立足长三角、服务全国、面向世界的权益性资本市场。上海文化产权交易机构通过境内外的分支机构,为各类出资主体提供灵活、便捷的投融资服务,是上海及国家文化体制改革的重要市场平台。

2009年4月23日,上海文化产权交易所正式获上海市人民政府批准设立,是全国首家文化产权交易所,是以文化版权、债权、股权、知识产权等各类文化产权为交易对象的综合性文化产权交易服务机构,于2009年6月15日在外高桥保税区正式揭牌。上海文化产权交易所遵循"公开、公平、公正"原则,依法开展政策咨询、信息发布、项目推介、投资引导、并购策划、项目融资、产权交易组织等活动,运用产权交易方式和规范化的市场运作,推动各类所有制文化企业进行资产重组、跨国融资并购等,通过产权交易、信息披露、投融资服务等方式为各类文化产权主体提供定价、资本进出通道,探索创建文化金融体系的新途径。上海文化产权交易所业务领域主要范围如下:新闻出版发行、广播电视电影服务、文化艺术和网络文化服务及休闲娱乐服务、文化艺

[①] 资料来源:重庆联合产权交易所集团官网,http://www.cquae.com。
[②] 资料来源:上海文化产权交易所官网,http://www.shcaee.com。

术经纪和市场服务及文化用品产品服务、各类版权服务、文物及艺术品收藏、数字软件与设计及公关咨询策划、创意产业与品牌时尚、体育卫生旅游等相关文化行业服务、政府文化专用权益、文化系统政府采购等领域中与文化有关的产权交易;文化类企业的股权交易;为文化产业投资、咨询、并购重组等提供服务;国家有关部门和市政府授权或委托的其他有关产权交易。①

2. 深圳文化产权交易所有限公司②

深圳文化产权交易所有限公司(以下简称"深圳文交所")于2009年发起,2010年4月正式注册成立。

2009年,时任中央政治局常委李长春同志亲自倡导,在上海和深圳两个资本市场比较成熟的地方,在中宣部等中央部委支持下建设国家级文化产权交易所。③

在中央领导亲自关心下,中宣部、商务部、文化部、财政部、广播电影电视总局、新闻出版总署以及中国证监会制定了一系列关于支持深圳和上海两个国家级文化产权交易所建设发展的政策措施和指导性意见。

在中央的统一部署下,深圳市委市政府于2009年11月4日召开会议,决定组建深圳文化产权交易机构(《市政府常务会议纪要》深圳市人民政府办公厅二〇〇九年十一月十九日),2010年4月,深圳文交所正式注册并开始运营。

经过多年的探索和发展,深圳文交所已形成了较为规范的运营和管理体制。深圳文交所由深圳市委宣传部(业务主管部门)领导,接受深圳市金融办的行业管理,由深圳广播电影电视集团、深圳报业集团、深圳文博会公司合资成立,由深圳广播电影电视集团主办和运营,是全

---

① 资料来源:上海文化产权交易所官网,https://www.shcaee.com。
② 资料来源:深圳文化产权交易所官网,http://www.szcaee.cn。
③ 郑洁. 从深圳文交所看文化金融是否迎来"立春"[N]. 中国文化报,2018-02-10.

资国有的国家级文化产权交易和投融资综合服务平台。

深圳文交所的定位和概念是：以国家赋予的文化+金融先行先试的政策为导向，以国家关于创新驱动和构建多层次资本市场的战略为出发点；以服务于文化产业实体经济为立足点；以支持中小微企业进入资本市场为专注点；涵盖文化产权中的物权、非物权、人才产权全要素；覆盖文化企业资产处置、资本融通、股权交易、产品流通全产业链；囊括登记托管、招标发布、募集发行、挂牌交易、公开拍卖全交易手段；整合柜台交易、线下撮合、层级路演和线上交易全平台服务；建成立足深圳、面向全国、影响国际的国家级文化产权交易和投融资综合服务平台。①

按照市委市政府和市委宣传部关于深圳文交所转型发展的要求，深圳文交所于2016年4月正式上线"文化产业板"。以"文化产业板"为核心业务，深圳文交所围绕构建文化产业专属的资本市场的目标，展开了一系列探索和实践。截至2018年，"文化产业板"已挂牌企业近200家，近20家企业已达成融资意向，100余家挂牌企业已获得资本孵化和各类服务对接，服务实现率达60%以上。② 经过探索和实践，深圳文交所以"文化产业板"为核心，基本形成了当前的业务模型和框架。这就是包括物权、非物权、人才产权全产权要素，登记托管、招标发布、层级路演、挂牌拍卖全业务流程，线上线下全交易平台的文化产业资本市场模型。

（三）金融资产交易所

1. 北京金融资产交易所有限公司③

北京金融资产交易所有限公司（以下简称"北金所"）是在"一行三会"、财政部指导下，经北京市人民政府批准成立的专业化金融资产

---

①② 郑洁. 从深圳文交所看文化金融是否迎来"立春"[N]. 中国文化报, 2018-02-10.
③ 资料来源：北京金融资产交易所官网, https://www.cfae.cn。

交易机构,① 于2010年5月30日正式揭牌运营。北金所是中国人民银行批准的债券发行、交易平台,是中国人民银行批准的中国银行间市场交易商协会指定交易平台,是财政部指定的金融类国有资产交易平台,是积极稳妥降低企业杠杆率工作部际联席会议办公室授权的"市场化债转股信息报送平台"技术支持及运营维护机构。在交易商协会的领导下,北金所为市场提供债券发行与交易、债权融资计划、委托债权投资计划及企业股权、债权和抵债资产交易等服务,为各类金融资产提供从备案、挂牌、信息披露、信息记载、交易到结算的一站直通式服务。②

北金所采用有限责任公司的组织形式,由中国银行间市场交易商协会、北京产权交易机构有限公司、信达投资有限公司、中国光大投资管理有限责任公司、北京华融综合投资公司、华能资本服务有限公司、中债资信评估有限公司共同出资组建。

2. 重庆金融资产交易所③

2010年12月,重庆市人民政府以"渝府〔2010〕119号"文件批准设立重庆金融资产交易所有限责任公司(以下简称"重金所")。2012年11月,重金所成为首批通过清理整顿各类产权交易所部级联席会议备案的交易所之一。2016年3月,重金所完成股权变更,正式成为平安集团的一员。

主要经营范围:提供信贷类资产登记、交易及相关服务;提供各类应收账款、债权债务产品转让相关服务;提供金融相关托管、结算等服务;开展组合金融工具应用、综合金融创新业务;组织交易商协会会员开展自律监管;承担市政府或市政府有关部门依法委托或授权的其他事项。重金所是重庆市专门从事信贷资产登记、交易,企业应收账款流转

---

① 20181220—联讯—联讯宏观专题研究:大数据盘点银行理财[EB/OL].[2019-01-02]. https://max.book118.com/html/2018/1229/5043134103001343.shtm.
② 李留宇,杜秋.探索绿色金融,支持清洁产业发展[J].国际融资,2018(8).
③ 资料来源:重庆金融资产交易所官网,http://www.cqfae.com。

等业务的综合性金融平台。① 以"政府推进、市场运行、制度先行、严控风险"的思路运作，锁定服务中小微企业融资这一主题，通过金融产品和金融组织方式创新，探索利用小贷收益权、应收账款收益权、直接债务融资工具等模式，直接服务中小微企业或服务中小微企业专营信贷机构，成为与银行间市场、机构间市场兼容的直接债务融资市场和专业市场，以及多层次的货币市场。

重金所已成功与中国工商银行、中国建设银行、中国农业银行、招商银行、中信银行、华夏银行、西南证券、广发证券、华西证券、中合担保、瀚华担保、三峡担保、重庆兴农融资担保等建立了长期合作关系；吸引内蒙古、广西、上海、湖南、陕西、贵州、四川等地企业来渝融资，初步建立与云南、安徽、江苏、山东等地合作关系；已经初步形成立足重庆、服务全国的资产交易平台，成为各地融资的有效通道。

经过多年的发展，重金所已形成了一支富有创造力的团队。通过着力推进金融产品创新和交易制度创新，引入多项风控措施，在广泛吸取国内外产权交易机构交易系统建设经验的基础上，建立起安全、稳定、高效运行的在线电子交易系统，在技术上已经覆盖全国，建成了千亿级的全国性交易平台。

3. 天津金融资产交易所②

为了使市场机制在金融资产优化配置过程中发挥关键作用，有效防范金融资产交易风险，服从服务于国家宏观调控和产业结构调整，促进以金融市场为中心的金融机构组织体系建设，根据财政部相关批复精神，天津市人民政府批准设立了我国第一家金融资产交易机构——天津金融资产交易所（以下简称"天金所"）。天金所于 2010 年 5 月 21 日

---

① 交易性金融资产—非金融资产投资情况[EB/OL]．[2018 - 09 - 19]．https://wenku.baidu.com/view/3838a2a5b8f3f90f76c66137ee06eff9aef849f9.html.

② 资料来源：天津金融资产交易所官网，http://www.tjfae.com。

在天津滨海新区注册成立，6月11日正式揭牌运营。天金所定位于全国性、专业化、独立公开的金融资产和金融产品交易所。自成立以来，天金所按照国际化、规范化、专业化和标准化要求，以"直接融资，信用天下"为使命，探索建立了行业标准、业务规范等。①

历经几年发展，天金所已基本实现了"六统一、六覆盖"：统一交易规则，规范服务全国；统一交易系统，专网覆盖全国；统一信息披露，项目覆盖全国；统一会员服务，投资者覆盖全国；统一服务标准，机构覆盖全国；统一结算模式，结算覆盖全国。同时，天金所基本实现了"四个转变"：将分散的市场转变为集中的市场；将区域性的市场转变为全国性市场；将非公开市场转变为公开市场；将线下市场转化为线上网络电子市场。②

天金所创造了"以客户为动力，以产品为龙头，以基础建设为核心"三位一体的发展经营模式，形成了市场化询价和定价机制，促进金融资产、资源通过市场机制实现在全国范围内的优化配置。

天金所以"共创、共建、共享、创新、创业、创造"为企业文化，坚持以金融创新引领产权交易机构发展，以技术创新支撑产权交易机构发展；以服务市场需求为导向，以解决客户痛点为目的，不断创新业务模式；持续建设金融资产交易生态体系。同时，天金所始终以风险可控为底线，以"安全生产一万天"为目标，健全风控制度、强化风控意识、倡导风控文化，实施全员风控、全流程风控，向风控要效益，以风控论英雄。

目前，天金所开发了权益类、产品类及信贷资产流转类、创新类、直销类、登记结算类五大产品线。③ 同时，天金所已经启动和建设五大

---

① 李珧. 地方金融资产交易场所不良资产处置模式探讨[J]. 西部学刊,2019(5):76-78.
② 丁化美. 金融创新应着重提高资产流动性[N]. 记者:聂伟柱,石仁坪. 第一财经日报,2012-02-17.
③ App销售理财产品　天金所成企业直接融资平台？[EB/OL]. [2019-04-03]. http://finance.ce.cn/bank12/scroll/201904/03/t20190403_31790632.shtml.

生态联盟:

(1) 不良资产结构化交易联盟。

该联盟致力于为不良金融资产提供市场化定价机制,把个性化不良金融资产转化为标准化的、流动性强的金融定价产品,实现不良资产快速处置、差异化处理,以及在更大市场范围内优化配置,进而从根本上化解金融风险。

(2) 企业破产重整联盟。

该联盟致力于助力供给侧结构性改革,实现市场化和法治化市场出清。主要为申请破产的企业提供破产费用垫付;协调破产重整企业与专业服务团队;解决破产重整业务中的信息闭塞和不对称问题;为市场上大量愿意参与重整的资金匹配合适的项目或企业。[①]

(3) 信用生态联盟。

该联盟旨在深度挖掘和发挥信用在担保、增信等方面的作用,按照信用的规则进行交易,实现信用融资、信用交易、信用产品、信用交换等功能,进而净化金融环境、转化信用价值,打造诚信交易环境,助力解决中小企业融资难题。

(4) 招商天下联盟。

为提高招商效率,降低招商成本,天金所牵头打造大型招商引资专业运营服务平台——招商天下联盟,希望通过创新模式实现政府与企业的精准对接,打造招商引资专业运营服务平台,为招商引资提供全流程、一揽子、管家式的服务,破解招商掣肘。

(5) PPP战略生态联盟。

天金所与财政部政府和社会资本合作(PPP)中心合作成立了我国首家"政府和社会资本合作(PPP)资产交易和管理平台",通过平台的力量,打破信息壁垒,畅通PPP全流程所涉及的信息流、资金流等,

---

① 袁诚. 天金所打造服务实体金融生态圈[N]. 新金融观察,2018-01-29.

为 PPP 项目融资落地提供便利，探索规范 PPP 项目退出的标准和方式，助力国家 PPP 改革目标的实现。①

---

① 丁化美. PPP 二级市场建设工作扎实推进[N]. 中国财经报,2019-04-25.

第七章
"改机制"相关环节操作要点

混合所有制改革的"改"属于国有企业层面治理改革的范畴,强调混合所有制改革的国有企业,要加速完善公司治理机制,进行市场化经营机制等方面的改革。

第一节 企业治理机制体系

一、法人治理结构

(一)完善法人治理结构的政策要求

完善法人治理结构是提高混合所有制企业运行效率的重要制度建设。完善企业法人治理结构,重在推进所有者、经营者、监督者通过公司权力机关(股东会)、决策与执行机关(董事会与经理)、监督机关(监事会)而形成权责明确、相互制约、协调运转和科学决策的联系,并依据法律法规和公司章程的规定建立制度化、有效运行的机制。从中国特色社会主义的内涵来讲,公司法人治理还需要与党的领导结合起来,发挥企业党组织的政治核心和思想组织领导作用。

《国务院关于国有企业发展混合所有制经济的意见》(国发〔2015〕54号)明确指出,混合所有制企业要建立规范的现代企业制度,明晰产权,同股同权,依法保护各类股东产权。规范股东(大)会、董事会、经理层、监事会和党组织的权责关系，按章行权，对资本监管，靠市场选人，以规则运行，形成定位清晰、权责对等、运转协调、制衡高效的法人治理结构。

习近平总书记在2016年全国国有企业党的建设工作会议上强调："坚持党对国有企业的领导是重大政治原则，必须一以贯之；建立现代企业制度是国有企业改革的方向，也必须一以贯之。"两个"一以贯之"，是习近平总书记对新形势下加强国企党建工作的重要论断和明确要求，为国有企业在全面深化改革中坚持党的领导、加强党的建设、坚定不移做强做优做大指明了方向。

《国务院办公厅关于进一步完善国有企业法人治理结构的指导意见》（国办发〔2017〕36号）对国有企业法人治理结构提出了明确的指导意见。"依据《中华人民共和国公司法》《中华人民共和国企业国有资产法》等法律法规，以公司章程为行为准则，规范权责定位和行权方式。"

从现实来看，完备合理的法人治理结构是公司规范有效运行的基础，是创设现代企业的关键环节。伴随新一轮混合所有制改革的深入，全面推进依法治企、健全国有企业的法人治理结构，完善现代企业制度，不仅是对混合所有制企业中既有的国有成分进行有效约束和保护，也是权责平等地对待非国有股东，充分发挥企业活力的基础性保障。

（二）混合所有制改革企业法人治理结构的设计

1. 公司章程

充分保证股东权利。依照《公司法》，各股东制定混合所有制企业的章程要充分吸取各股东的意愿及诉求。对于拥有独特管理经验、专利技术、市场优势，且对企业长远健康发展有较强战略支撑作用的战略投资者，全体股东协商一致，可依法在公司章程中就其股东权利做特殊约定。

2. 股东会

在公司章程中明确股东会特别决议事项、决议程序和决议通过的比例。鼓励实行中小股东特别表决权、累积投票制、分类表决制、关联事项回避表决制，鼓励探索国家优先股、国家特殊管理股制度，提高战略投资者参与公司决策的积极性。

3. 董事会

战略投资者依照投资比例或协议约定，按分配席位推选董事。经股东协商，可就董事会成员数量、构成比例和选举程序进行特别约定，可赋予持股比例较低的中小股东董事提名权，也可约定中小股东董事提名表决权合并计算。严格执行董事回避制度，探索实行独立董事制度。

4. 监事会

战略投资者依照投资比例或协议约定，按分配席位推选监事。经股东协商，可以约定，在中小股东提名董事未当选的情况下，充分考虑其所提名监事。如战略投资者在董事会、监事会中没有席位的，监事会可与其建立日常沟通协调机制，定期交换意见、听取建议。

5. 党建与混合所有制企业治理结构的融合

《公司法》第十九条明确规定："在公司中，根据中国共产党章程的规定，设立中国共产党的组织，开展党的活动。公司应当为党组织的活动提供必要条件。"党章第二十九条规定："企业、农村、机关、学校、科研院所、街道社区、社会组织、人民解放军连队和其他基层单位，凡是有正式党员三人以上的，都应当成立党的基层组织。"

国有控股股东在推进出资企业开展混合所有制改革时，要明确要求把加强党建工作总体要求同时写进混改方案、纳入公司章程，从混改的开端保证混合所有制企业改革和党建工作同步谋划、同步推进。

与非公股东、战略投资方进行细致沟通，使其真正理解党组织在现代企业治理结构中的职责和作用，讲透党组织建设对于增强团队战斗力和竞争力的独特优势，讲清党建的政治优势是转化为企业发展优势的政治保障。

党建工作写入混改后公司章程，明确党组织法定地位。按照"双向进入、交叉任职"原则保证党委委员在董事会、经理层中的交叉任职。制定实施《党委会议事规则》等制度文件，明确党委研究重大决策、参与重大决策的主要内容和程序，明晰各治理主体的职责边界。在国有绝对控股公司，凡属公司董事会、经理层决策的重大事项，党委会作为前置程序研究讨论。在国有相对控股公司，董事会对重大事项做决策前要充分听取党委会意见，发挥党委"把方向、管大局、保落实"的作用。

应根据不同类型混合所有制企业特点，明确党组织的设置方式、职责定位和管理模式，探索党组织发挥作用的有效途径。在国有资本绝对控股、相对控股或者具有实际控制力的混合所有制企业，党组织发挥政治核心、领导核心作用；战略投资者派出进入董事会、经理层的人员，是党员的，进入所在混合所有制企业的党组织。符合条件的可进入党委会。

（三）当前混合所有制改革中法人治理结构设计存在的问题

1. 股权架构设置不合理

股权架构是公司法人治理结构的基础。从实践来看，很多公司混合所有制改革之后治理结构出现问题，都与不科学、不规范的股权结构有关。比如股权过分集中，一股独大导致混而不合，小股东的话语权无法保证；股权过于分散或分布平均，则直接影响公司的决策效率，容易出现"议而不决"的现象。特别是有的国有股东出于惯性思维谋求"小股大权"，有意无意地破坏公司决策规则，直接或间接影响了混合所有制改革的成效。

2. 董事会决策机制不完备

公司董事会是采取会议形式集体决策的机构，必须有规范化的会议制度，按照法定程序运作。从实践来看，混合所有制改革后，有的公司董事会无法科学行使职权，直接影响了董事会决议的效力。比如，某国有企业混合所有制改革后公司董事会由五名董事（一方股东委派三名董事、一方股东委派两名董事）组成。此时不论由哪一方股东委派三名董事，对于《公司法》规定的"过半数董事"及"三分之二董事"通过的事项，都有可能出现"议而不过""过而不行"的情况，甚至形成会议僵局，危害公司利益。

3. 独立董事和职工董事作用发挥不明显

独立董事和职工董事是现代公司治理结构中重要的监督参与力量。但现实中，独立董事不独立、职工董事不履责的情况客观存在。独立董事的实际地位不高，激励和保护机制不健全，职工董事职数偏低、人微言轻，起不到应有作用。目前这种情况在混合所有制改革后的公司里仍未明显改善。

（四）关于混合所有制改革企业法人治理结构设计的建议

首先，设计混合所有制企业法人治理结构应该遵循以下原则：一是股东平等，合作共赢。妥善处理混合所有制企业股东之间的利益关系，充分尊重各类股东的平等权利，构建相互尊重、互利共赢的利益共同体。二是公平协商，维护契约。混合所有制企业国有控股股东应积极回应战略投资者股东合理诉求，本着平等、互利的原则，协商制定投资协议，明确各方权利、责任和义务，有关事项应在公司章程中作出明确规定，依法维护各方股东合法权益。三是有效制衡，平等保护。平等保护股东的收益权、知情权、表决权、监督权等各项权利，确保公司治理协调运转和股东权益不受侵害。

其次，在混合所有制改革过程中，改革后公司的法人治理结构设计可以从以下几个方面进行探索完善。

1. 探索适用"黄金股制度"

"黄金股制度"是欧洲国家国企私有化进程中的一种特殊股制度设计，其内生逻辑突破"一股一权"的原则，在政府持有极小份额股份的同时，赋予政府对于国企运营重大事项的特殊决策权，防止在国有股份稀释过程中，非国有资本股东利用"资本多数决"原则使国企陷入利润导向的泥潭。① 从制度设计层面看，"黄金股制度"与国有企业混合所有制改革的目标方向具有一定契合性。实践中，可结合我国《公司法》《企业国有资产法》等具体法律规定，在涉及公共领域、公众利益的国有企业混合所有制改革中，探索实践"黄金股"的制度架构、实现方式、操作形式等，保证国有企业混合所有制改革的方向性和目标性。

2. 科学设置董事会权责

除了在董事会中引入职工董事、外部董事，赋予其充分权责，制衡股东董事外，还要对混合所有制企业董事会决策程序、表决程序等进行科学设置。如区分重大事项和一般事项。将对企业发展有重大影响的事项设计为重大事项，重大事项需要双"三分之二"，即出席人数占董事会人数三分之二、表决人数占全体董事的三分之二方能通过；一般事项需要全体董事过半数通过方可实施。此种方式配合职工董事、外部董事制度，可以有效防止股东董事滥用自身权力妨碍企业正常生产经营。

3. 探索混合所有制企业党建的有效形式

国有企业混合所有制改革后，如何充分发挥党组织的领导核心和政治核心作用，仍然是企业的重要课题和主旨任务。在制度设计上，要让企业党建与法人治理有效融合，探索党管干部原则和董事会选聘经营管理人员有机结合、双向进入、交叉任职的途径和方法。在监督执行上，董事、监事、经理层中的党员，要按组织生活制度定期向党组织报告个人履职和廉洁自律情况。② 通过党的建设和企业改革发展同步谋划、党的组织及工作机构同步设置、党组织负责人及党务工作人员同步配备、党建工作同步开展，探索形成更加符合社会主义市场经济要求和国有资

---

① 季洁."黄金股"制度再审视——以中国国企"黄金股"实践案例为切入点[J].国有资产管理,2019(5):68－72.

② 国务院办公厅关于进一步完善国有企业法人治理结构的指导意见[EB/OL].[2017－04－24].http://www.gov.cn/zhengce/content/2017－05/03/content_5190599.htm.

产管理体制、现代企业制度的科学经营管理机制。①

二、董事会建设

（一）中央企业董事会建设发展的情况和政策

加快建立规范董事会，落实董事会职权，改进董事会和董事评价办法，拓宽外部董事来源渠道，加强外部董事队伍建设，是国有企业改革的重要内容。依法将董事会、经理层的逐项职权落到实处，是实现政企分开、依法治企，使企业成为真正独立市场主体的关键，是当前健全公司法人治理结构需要强调的重要方面。经过近年来的不断探索、实践，中央企业建设规范董事会试点工作取得了积极成效。建设规范董事会的制度从无到有，目前基本上已经形成一套制度体系，做到董事会规范运作有章可循、有法可依。

2017年5月，国务院办公厅出台了《关于进一步完善国有企业法人治理结构的指导意见》（国办发〔2017〕36号）。2017年底前，国有企业公司制改革基本完成。到2020年，党组织在国有企业法人治理结构中的法定地位更加牢固，充分发挥公司章程在企业治理中的基础作用，国有独资、全资公司全面建立外部董事占多数的董事会，国有控股企业实行外部董事派出制度，完成外派监事会改革；充分发挥企业家作用，造就一大批政治坚定、善于经营、充满活力的董事长和职业经理人，培育一支德才兼备、业务精通、勇于担当的董事、监事队伍；党风廉政建设主体责任和监督责任全面落实，企业民主监督和管理明显改善；遵循市场经济规律和企业发展规律，使国有企业成为依法自主经营、自负盈亏、自担风险、自我约束、自我发展的市场主体。②

---

① 宜昌市人民政府办公室关于进一步完善市属国有企业法人治理结构的实施意见[EB/OL].[2018-08-23]. https://wenku.baidu.com/view/6c48088ffbd6195f312b3169a45177232e60e403.html.
② 关于进一步完善国有企业法人治理结构的指导意见[EB/OL].[2017-05-05]. http://www.gov.cn/xinwen/2017-05/03/content_5190660.htm.

健全以公司章程为核心的企业制度体系，充分发挥公司章程在企业治理中的基础作用，依照法律法规和公司章程，严格规范履行出资人职责的机构（以下简称"出资人机构"）、股东会（包括股东大会，下同）、董事会、经理层、监事会、党组织和职工代表大会的权责，强化权利责任对等，保障有效履职，完善符合市场经济规律和我国国情的国有企业法人治理结构，进一步提升国有企业运行效率。[①]

（二）董事会的权责定位

董事会是公司的决策机构，要对股东会负责，执行股东会决定，依照法定程序和公司章程授权决定公司重大事项，接受股东会、监事会监督，认真履行决策把关、内部管理、防范风险、深化改革等职责。国有独资公司要依法落实和维护董事会行使重大决策、选人用人、薪酬分配等权利，增强董事会的独立性和权威性，落实董事会年度工作报告制度；董事会应与党组织充分沟通，有序开展国有独资公司董事会选聘经理层试点，加强对经理层的管理和监督。[②]

（三）中央企业董事会建设的主要内容

1. 优化董事会组成结构

国有独资、全资公司的董事长、总经理原则上分设，应均为内部执行董事，定期向董事会报告工作。国有独资公司的董事长作为企业法定代表人，对企业改革发展负首要责任，要及时向董事会和国有股东报告重大经营问题和经营风险。国有独资公司的董事对出资人机构负责，接受出资人机构指导，其中外部董事人选由出资人机构有关部门提名，并按照法定程序任命。国有全资公司、国有控股企业的董事由相关股东依据股权份额推荐派出，由股东会选举或更换，国有股东派出的董事要积

[①][②] 关于进一步完善国有企业法人治理结构的指导意见[EB/OL].[2017–05–05]. http://www.gov.cn/xinwen/2017–05/03/content_5190660.htm.

极维护国有资本权益；国有全资公司的外部董事人选由控股股东商其他股东推荐，由股东会选举或更换；国有控股企业应有一定比例的外部董事，由股东会选举或更换。[①]

2. 规范董事会议事规则

董事会要严格实行集体审议、独立表决、个人负责的决策制度，平等充分发表意见，一人一票表决，建立规范透明的重大事项信息公开和对外披露制度，保障董事会会议记录和提案资料的完整性，建立董事会决议跟踪落实以及后评估制度，做好与其他治理主体的联系沟通。董事会应当设立提名委员会、薪酬与考核委员会、审计委员会等专门委员会，为董事会决策提供咨询，其中薪酬与考核委员会、审计委员会应由外部董事组成。改进董事会和董事评价办法，完善年度和任期考核制度，逐步形成符合企业特点的考核评价体系及激励机制。建立董事履职台账、推行外部董事独立报告制度、实行董事会述职质询、开展董事会重大决策专项评估，在董事会及董事评价工作中，通过列席董事会议等方式了解董事会运行情况和董事履职表现。[②]

3. 加强董事队伍建设

开展董事任前和任期培训，做好董事派出和任期管理工作。建立完善外部董事选聘和管理制度，严格资格认定和考试考察程序，拓宽外部董事来源渠道，扩大专职外部董事队伍，选聘一批现职国有企业负责人转任专职外部董事，定期报告外部董事履职情况。国有独资公司要健全外部董事召集人制度，召集人由外部董事定期推选产生。外部董事要与出资人机构加强沟通。[③]

---

① 关于进一步完善国有企业法人治理结构的指导意见[EB/OL].[2017-05-05]. http://www.gov.cn/xinwen/2017-05/03/content_5190660.htm.

②③ 国务院办公厅关于进一步完善国有企业法人治理结构的指导意见[EB/OL].[2017-04-24]. http://www.gov.cn/zhengce/content/2017-05/03/content_5190599.htm.

三、企业监管机制

(一) 理顺出资人职责，转变监管方式

股东会是公司的权力机构。股东会主要依据法律法规和公司章程，通过委派或更换董事、监事（不含职工代表），审核批准董事会、监事会年度工作报告，批准公司财务预决算、利润分配方案等方式，对董事会、监事会以及董事、监事的履职情况进行评价和监督。出资人机构根据本级人民政府授权对国家出资企业依法享有股东权利。①

国有独资公司不设股东会，由出资人机构依法行使股东会职权。以管资本为主改革国有资本授权经营体制，对直接出资的国有独资公司，出资人机构重点管好国有资本布局、规范资本运作、强化资本约束、提高资本回报、维护资本安全。对国有全资公司、国有控股企业，出资人机构主要依据股权份额，通过参加股东会议、审核需由股东决定的事项、与其他股东协商作出决议等方式履行职责，除法律法规或公司章程另有规定外，不得干预企业自主经营活动。

出资人机构依据法律法规和公司章程规定行使股东权利、履行股东义务，有关监管内容应依法纳入公司章程。按照以管资本为主的要求，出资人机构要转变工作职能、改进工作方式，加强公司章程管理，清理有关规章、规范性文件，研究提出出资人机构审批事项清单，建立对董事会重大决策的合规性审查机制，制定监事会建设、责任追究等具体措施，适时制定国有资本优先股和国家特殊管理股管理办法。②

(二) 维护经营自主权，激发经理层活力

经理层是公司的执行机构，依法由董事会聘任或解聘，接受董事会

---

① 关于进一步完善国有企业法人治理结构的指导意见[EB/OL]. [2017-05-05]. http://www.gov.cn/xinwen/2017-05/03/content_5190660.htm.

② 国务院办公厅关于进一步完善国有企业法人治理结构的指导意见[EB/OL]. [2017-04-24]. http://www.gov.cn/zhengce/content/2017-05/03/content_5190599.htm.

管理和监事会监督。总经理对董事会负责，依法行使管理生产经营、组织实施董事会决议等职权，向董事会报告工作，董事会闭会期间向董事长报告工作。建立规范的经理层授权管理制度，对经理层成员实行与选任方式相匹配、与企业功能性质相适应、与经营业绩相挂钩的差异化薪酬分配制度，国有独资公司经理层逐步实行任期制和契约化管理。根据企业产权结构、市场化程度等不同情况，有序推进职业经理人制度建设，逐步扩大职业经理人队伍，有序实行市场化薪酬，探索完善中长期激励机制，研究出台相关指导意见。国有独资公司要积极探索推行职业经理人制度，实行内部培养和外部引进相结合，畅通企业经理层成员与职业经理人的身份转换通道。开展出资人机构委派国有独资公司总会计师试点。①

（三）发挥监督作用，完善问责机制

监事会是公司的监督机构，依照有关法律法规和公司章程设立，对董事会、经理层成员的职务行为进行监督。要提高专职监事比例，增强监事会的独立性和权威性。对国有资产监管机构所出资企业依法实行外派监事会制度。外派监事会由政府派出，负责检查企业财务，监督企业重大决策和关键环节以及董事会、经理层履职情况，不参与、不干预企业经营管理活动。健全以职工代表大会为基本形式的企业民主管理制度，支持和保证职工代表大会依法行使职权，加强职工民主管理与监督，维护职工合法权益。国有独资、全资公司的董事会、监事会中需有职工董事和职工监事。建立国有企业重大事项信息公开和对外披露制度。②

强化责任意识，明确权责边界，建立与治理主体履职相适应的责任追究制度。董事、监事、经理层成员应当遵守法律法规和公司章程，对公司负有忠实义务和勤勉义务；要将其信用记录纳入全国信用信息共享

---

①② 国务院办公厅关于进一步完善国有企业法人治理结构的指导意见[EB/OL]．[2017 - 04 - 24]．http://www.gov.cn/zhengce/content/2017 - 05/03/content_5190599.htm.

平台，有违约失信的，按规定在"信用中国"网站公开。董事应当出席董事会会议，对董事会决议承担责任；董事会决议违反法律法规或公司章程、股东会决议，致使公司遭受严重损失的，应依法追究有关董事责任。经理层成员违反法律法规或公司章程，致使公司遭受损失的，应依法追究有关经理层成员责任。执行董事和经理层成员未及时向董事会或国有股东报告重大经营问题和经营风险的，应依法追究相关人员责任。企业党组织成员履职过程中有重大失误和失职、渎职行为的，应按照党组织有关规定严格追究责任。按照"三个区分开来"的要求，建立必要的改革容错纠错机制，激励企业领导人员干事创业。①

（四）坚持党的领导，发挥政治优势

坚持党的领导、加强党的建设是国有企业的独特优势。要明确党组织在国有企业法人治理结构中的法定地位，将党建工作总体要求纳入国有企业章程，明确党组织在企业决策、执行、监督各环节的权责和工作方式，使党组织成为企业法人治理结构的有机组成部分。要充分发挥党组织的领导核心和政治核心作用，领导企业思想政治工作，支持董事会、监事会、经理层依法履行职责，保证党和国家方针政策的贯彻执行。②

充分发挥纪检监察、巡视、审计等监督作用，国有企业董事、监事、经理层中的党员每年要定期向党组（党委）报告个人履职和廉洁自律情况。上级党组织对国有企业纪检组组长（纪委书记）实行委派制度和定期轮岗制度，纪检组组长（纪委书记）要坚持原则、强化监督。纪检组组长（纪委书记）可列席董事会和董事会专门委员会的会议。③

积极探索党管干部原则与董事会选聘经营管理人员有机结合的途径和方法。坚持和完善"双向进入、交叉任职"的领导体制，符合条件的国有企业党组（党委）领导班子成员可以通过法定程序进入董事会、

---

①②③ 国务院办公厅关于进一步完善国有企业法人治理结构的指导意见[EB/OL]. [2017-04-24]. http://www.gov.cn/zhengce/content/2017-05/03/content_5190599.htm.

监事会、经理层，董事会、监事会、经理层成员中符合条件的党员可以依照有关规定和程序进入党组（党委）；党组（党委）书记、董事长一般由一人担任，推进中央企业党组（党委）专职副书记进入董事会。在董事会选聘经理层成员工作中，上级党组织及其组织部门、国有资产监管机构党委应当发挥确定标准、规范程序、参与考察、推荐人选等作用。积极探索董事会通过差额方式选聘经理层成员。①

第二节　企业管理机制设计

一、集团管控

（一）明确集团管理体制与管控模式的改革方向

随着我国国有企业体制改革的不断深入，发展混合所有制经济已经成为深化国企改革的重要举措。因此，有必要通过市场化、专业化的方式进一步建立和完善集团母子公司的管控体系。

混改集团企业可以通过建立"重点集中、分级管理、要素管控、合理授权、有效监督"的集团化管理体制，对符合条件的子公司科学合理授权，切实强化子公司专业化、市场化经营能力，作为专业化经营中心、利润中心，在集团统一战略指导下，以独立市场竞争主体身份自主经营、自担风险、自负盈亏。建立"协同化、一体化、差异化、要素化"的战略型管控模式，实现权责对等、管控有序、协同高效、运转顺畅的集团化管控目标。

（二）明确集团产业与管理架构的构建思路

混改集团企业可以按照"市场机制、规范运作、集约发展、专业

---

① 国务院办公厅关于进一步完善国有企业法人治理结构的指导意见[EB/OL]．[2017 - 04 - 24]．http://www.gov.cn/zhengce/content/2017 - 05/03/content_5190599.htm．

管理、有机协同"原则,对权属企业按资产类型和业务属性进行整合重组并实施分类管理,优化构建"集团总部—产业板块运营平台—战略业务单元"的三级管控架构,建立"强总部、大产业、重协同"的管理模式,价值管理上移,产业经营下移。

集团总部以管资本为主,侧重于资本运营,突出战略导向和价值导向,以战略型管控为主,财务管控与运营管控为辅,定位于战略管理、资源配置、风险管控、价值管理、资本运营五大中心,强化战略管控、财务管控、投资管控、风险管控、价值管理、资源配置、资本运作、综合协调、业务协同、考核评价、内控监督、党建与企业文化以及重要人事任免、重大事项决策等功能。

板块运营平台公司以管资产为主,定位于资产运营中心和产业运营中心。根据分级管理要求,对符合条件的板块运营平台公司科学合理分权,切实提升其产业经营运作活力与效率。

战略业务单元定位于业务运营中心和利润中心,专注于具体业务、产品和服务的运营,是集团战略落地实施的最终载体,内部实施扁平化、集约化管理,中后台职能原则上上收至板块运营平台,切实提高市场反应能力。

(三)明确集团法人治理结构的改革方向

混改集团企业要按照我国现代国有企业制度建设要求,健全规范企业法人治理结构,充分发挥党组织的领导核心和政治核心作用、董事会的决策作用、监事会的监督作用和经营层的经营管理作用。把党的领导融入公司治理中,有效处理好各治理主体之间的关系,明确权责边界,形成各司其职、各负其责、协调运转、有效制衡的公司治理机制。

1. 全面加强党组织建设

混改企业要有效发挥企业党组织领导核心和政治核心作用,把方向、管大局、保落实。把党对企业的领导融入公司治理相关环节,把企业党组织内嵌到公司治理结构之中。① 明确党组织在决策、执行、监督各环节的权责和工作方式。坚持和完善"双向进入、交叉任职"的领导体制，按照《中共中央 国务院关于深化国有企业改革的指导意见》的要求，落实党组织领导班子成员任职和领导体制，建设政治素质好、党性觉悟高、懂业务、敢担当、善经营、有活力的领导班子。坚持党管干部原则，有效发挥党组织对企业选人用人的领导和把关作用，保证人选政治合格、作风过硬、廉洁不出问题。

2. 重点加强董事会建设

混改企业要按照《公司法》及国企改革要求，科学设置外部董事、执行董事和职工董事，优化董事会人员结构，切实提高董事会的决策能力。董事来源要体现专业化、市场化、国际化和多元互补原则，知识结构、专业背景及从业经历要和公司业务与管理要求相适应。贯彻"三重一大"和民主决策要求，有效落实董事会一人一票表决制度，健全董事会和董事履职评价办法，强化对董事的考核评价，对重大决策失误负有直接责任的董事及时调整或解聘并依法追究责任。内部兼职董事和外部董事实施津贴制。设立战略与投资管理委员会、提名与薪酬管理委员会、审计与风险管理委员会等董事会专业委员会，其应作为董事会决策支持机构提出专业意见，提高决策质量有效防控风险。

3. 切实强化监事会建设

混改企业要根据国资监督要求全面配合国资监管机构强化监事会建设，集团层面非职工监事由国资委直接派出，子公司非职工监事由集团委派，职工监事依法产生。有效监督公司董事和高级管理人员的经营行为和职业操守，围绕企业财务、重大决策、经营过程中的关键事项和关键环节实施监督。监事会依法定期召开监事会会议，列席董事会、总经理办公会等内部会议，通过日常监督、定期检查及不定期检查相结合的工作方式对企业

---

① 郝鹏. 筑牢迈向世界一流企业的"根"和"魂"[J]. 当代电力文化, 2018(11).

进行全方位立体式监督，对监督工作中发现的重大事项、重要情况、重大风险及时向派出机构"一事一报"。混改企业全力配合监事会做好监督工作，建立重要财务数据、经营信息、管理动态等信息畅通机制。

4. 完善经营层管理形式

混改企业要分步骤、分层次稳步推行职业经理人制度，实行内部培养和外部引进相结合，逐步增加市场化选聘比例。畅通集团层面现有经营层人员与职业经理人身份转换通道，在符合市场化职业经理人有关标准的前提下，根据组织意见和个人意愿按程序确定职业经理人身份；经上级部门批准后，董事会在坚持党管干部原则下根据上级部门确定的比例采用市场化方式选聘集团层面职业经理人，各级子公司经营层在集团指导下推行职业经理人制度。各级经营层全面实行任期制和契约化管理，明确责任、权利、义务，有效建立考核评价和淘汰退出机制。适当增加国际化职业经理人。

（四）明确子公司监事会的建设要求

混改集团企业要对一级子公司规范建立监事会，设置专职监事会主席并由集团统一提名、委派，提高专职监事比例，完善履职报告制度，有效增强监事会的独立性和权威性，强化对子公司董事会、经营层的监督力度，有效落实监事会检查公司财务、纠正董事及高级管理人员损害公司利益行为等职权。全面加强对子公司的管理和监督，强化对权力集中、资金密集、资源富集、资产聚集部门和岗位的监督，子公司内部实行分事行权、分岗设权、分级授权、定期轮岗，强化内部流程控制，防止权力滥用。

二、企业运营机制建立

不论在何种组织形式的企业中，董事会都是公司治理的核心，代表着全体董事行使决策和监督的权力。在混合所有制企业中，利益主体的构成更加复杂，更需要平衡不同主体之间的利益冲突，而合理的董事会机制可以有效平衡这种冲突。因此，混合所有制改革中的企业机制设计就是要构建以董事会为核心的治理机制，包括董事会的结构构成机制、制衡与监督机制、决策机制和激励约束机制。[①]

（一）董事会的结构构成机制

董事会的结构构成机制是指董事会内部的组成和各组成部分相互之间的关系，是董事会有效运营的基础和前提。混合所有制企业的董事会肩负两方面的职责：一方面是立足于公司内部，对企业的发展战略作出规划；另一方面是对于企业内部的监管职能。因此，混合所有制企业的董事会需要企业内部核心经理人、管理者组成的内部董事和外部专业人士组成的外部董事的共同参与。混合所有制企业首先要根据股权特点和行业情况合理确定董事会的规模，依据《公司法》规定，我国上市公司董事会人数为5~19人。其次是代表各董事会利益的董事构成关系，在设置上应考虑到各方利益的平衡。同时，考虑到混合所有制企业利益冲突比较严重，应该设置独立董事，使其在公司的战略制定和经营管理等方面给予更好的决策支持和监督。[②]

（二）有效的激励约束机制

激励约束机制的设计是通过各种激励手段，调动经营者和利益相关者的积极性，实现公司价值最大化。有效的激励约束机制包括管理层和员工两个方面。在管理层的激励约束方面，要实行职业经理人制度。首先是要合理地选择管理层。混合所有制企业的董事会要以市场化的方式选聘经理人，面向企业内外和社会以公开公平竞争的原则选聘职业经理人，寻找企业需要的职业经理人。其次是要科学地管理经理人。一方面，对职业经理人实行任期制，打破现在国有企业管理层的退休制退出

[①②] 张春晓. 混合所有制改革中的股权结构、交易价格和企业机制研究——以中国联通为例[D]. 北京：北京邮电大学，2018.

机制。另一方面，要对职业经理人实施市场化管理，参考市场上的其他企业，确定管理层的绩效目标和奖惩措施。在混合所有制企业内部，要加强内部监督，利用董事会和监事会强化对经理人的监督，防范管理层的道德风险造成的国有资产流失和非国有资本利益受损。最后是要对管理层进行激励，根据职业经理人的能力确定合理的薪酬，用股票和期权等方式对经理人进行长期激励。对于员工的激励约束方面，最重要的是要调动员工的积极性和参与感。一是要建立市场化的薪酬机制，根据员工的能力和价值确定薪酬标准，使其与市场相适应。二是通过股权激励，实现员工和公司利益的一致，激励员工为了共同利益而努力。[1]

（三）科学的决策机制

混合所有制企业的决策机制包括决策前的信息透明、决策中的科学高效、决策后的有效跟踪。在决策前，保持决策成员之间的信息共享和信息透明。科学决策的基础和前提是掌握充分的信息，一般来说，企业的经营管理者会掌握更多的信息，董事会掌握的信息相对较少，因此运用合理的机制促进经营管理者和董事会之间的信息共享就非常重要。在决策中，需要董事会和经营管理者的共同参与。在决策的提议和具体实施方面，可以由经营管理者重点负责，在决策的最终确认和监督方面需要发挥董事会的作用。混合所有制企业应该创造一个公平开放的决策机制，鼓励董事会和管理层积极主动地参与决策，使企业的决策更加科学，治理更加有效。在决策后，要注意风险防范，重点跟踪决策的效果。在方案的实施过程中，应密切关注环境的变化，根据实际情况及时追踪决策实施过程中不合理的地方，对方案进行相应的调整，确保决策发挥作用。[2]

---

[1][2] 张春晓.混合所有制改革中的股权结构、交易价格和企业机制研究——以中国联通为例[D].北京：北京邮电大学,2018.

(四) 制衡与监督机制

董事会的制衡与监督机制体现在对公司内部权力的制衡与监督。首先是董事会内部的制衡，要考虑董事间的权力制衡，这是公司内部有效监督的基础。其次是对公司股东和管理层的监督制衡。在董事会内部的制衡方面，为了保护国有股权的利益，防范国有资产流失，必须使代表国有资本的董事占据主要地位。同时，要兼顾混合所有制企业中的非国有董事的利益。因此，要引入独立董事，加强独立董事对于国有董事和非国有董事的监督制衡作用。形成国有董事、非国有董事和独立董事相互制衡、有效监督的董事会机制。对于公司股东的监督制衡，主要是防范一些股东可能作出的侵害其他股东利益的行为。在国有绝对控股的混合所有制企业，控股股东可能会为了获取控制权收益侵害中小股东的利益。在国有相对控股的混合所有制企业中，非国有股东可能会联合起来侵害国有资产。因此，对于混合所有制企业中股东的监督非常有必要。①

对于管理层的监督主要是防范管理层对于股东的利益侵害，代表股东的董事会和管理层存在利益冲突，而且他们之间存在信息不对称，很容易为了自己的利益损害股东的利益。因此，要加强对管理层的监督。混合所有制企业的监督要采用多种监督相结合的方式，包括董事会的独立董事、监督管理委员会和审计委员会等，在企业内部还要发挥监事会的作用。

第三节　中长期激励机制

国有混合所有制企业实施中长期激励的方式包括国有控股上市公司股权激励、国有控股混合所有制企业员工持股以及科技型企业分红和股权激励。

---

① 张春晓. 混合所有制改革中的股权结构、交易价格和企业机制研究——以中国联通为例[D]. 北京：北京邮电大学，2018.

一、国有控股上市公司

国有控股上市公司的主要激励工具包括股票期权、股票增值权以及限制性股票。

（一）股票期权

股票期权计划是公司内部制定的面向高级管理人员等不可转让的期权，给予经理人在某一限期内以一个事先约定的固定价格来购买本公司股票的权利，如果经理人在期限之中达到了事先规定的某些条件（业绩目标），则可以按照事先规定的条件行使购买股票的权利。如果企业所处的行业竞争性较强、人力资本依附性较强、处于创业期或者快速成长期，建议使用股票期权计划激励经理人。

（二）股票增值权

股票增值权和股票期权类似，其区别在于股票期权在行权时需要先购买约定数量的股票，再卖出后才获利，而股票增值权在行权时不用买卖股票，而是由公司直接将行权股票实际价格与授予的行权价之间的差价支付给激励对象，支付的方式可以是现金、股票或"现金+股票"的组合。股票增值权的优势在于，此种模式并未涉及所有权和控制权的变更，而是一种保值增值的优选方案，因此比较适合国有企业，但要求企业的现金流比较充裕。

（三）限制性股票

限制性股票是指公司为了实现一定目标，将一定数量的股票以较低折扣价格授予激励对象，只有当完成预定目标后，激励对象才可行权并从中获利。限制性股票计划的特点是更加看重业绩，上市公司授予激励对象限制性股票，在激励计划中规定激励对象获授股票的业绩条件、禁售期限，比较适合商业模式转型的企业或者快速成长期的企业。

二、国有控股混合所有制企业

国有控股混合所有制企业主要激励工具为以增资扩股、出资新设方式开展的员工持股。激励对象侧重于在关键岗位工作并对公司经营业绩和持续发展有直接或较大影响的科研人员、经营管理人员和业务骨干。按照 2016 年 8 月国资委、财政部、证监会联合发布的《关于国有控股混合所有制企业开展员工持股试点的意见》（国资发改革〔2016〕133 号，以下简称"133 号文"）规定的条件，国资委在中央企业三级公司以下选择 10 家企业开展试点工作。试点企业基本具备如下条件：一是充分竞争的商业类企业；二是股权结构合理，要由国有股东、非公资本和员工股东构成；三是治理结构和管理基础较好；四是企业要有较强的独立性，利润、营业收入 90% 以上来自集团外部。①

三、国有科技型企业

国有科技型企业股权和分红激励可以分为两种：一是股权激励；二是分红激励。激励对象侧重于企业核心科研人员、重要技术人员和经营管理骨干等。

（一）股权激励

股权激励是指国有科技型企业以本企业股权为标的，采取股权出售、股权奖励、股权期权等方式，对企业重要技术人员和经营管理人员实施激励的行为。股权出售，应按不低于资产评估结果的价格，以协议方式将企业股权有偿出售给激励对象。股权奖励的激励额应当依据经核准或者备案的资产评估结果折合股权，并确定向每个激励对象奖励的股权。企业股权出售或者股权奖励原则上应一次实施到位。以

---

① 张春晓. 混合所有制改革中股权结构、交易价格和企业机制研究——以中国联通为例[D]. 北京：北京邮电大学，2018.

股权期权方式实施激励的,应当在激励方案中明确规定激励对象的行权价格,企业应当与激励对象约定股权期权授予和行权的业绩考核目标等条件。[①]

(二) 分红激励

分红激励是指国有科技型企业以科技成果转化收益为标的,采取项目收益分红方式;或者以企业经营收益为标的,采取岗位分红方式,对企业重要技术人员和经营管理人员实施激励的行为。企业实施分红激励所需支出计入工资总额,但不受当年本单位工资总额限制、不纳入工资总额基数,实施单列管理。[②]

[①②] 周丽莎.国有企业实施中长期激励方式研究[N].经济参考报,2018-09-03.

第三篇 案例解读①②③④⑤

---

① 国务院国资委改革办. 改革实践——国资国企改革试点案例集[M]. 北京:机械工业出版社,2019.
② 本书编写组. 国企改革若干问题研究[M]. 北京:中国经济出版社,2017.
③ 国务院国资委改革办. 国企改革探索与实践——地方国有企业100例(上、下)[M]. 北京:中国经济出版社,2018.
④ 国务院国资委改革办. 国企改革探索与实践——中央企业子企业150例(上、下)[M]. 北京:中国经济出版社,2018.
⑤ 国务院国资委改革办. 国企改革探索与实践——中央企业集团15例[M]. 北京:中国经济出版社,2018.

| 第八章 |

东航集团东航物流混改案例

一、混改背景

东方航空物流有限公司（以下简称"东航物流"）是中国东方航空集团公司（以下简称"东航集团"）下属三级全资子公司。东航物流主要经营航空货运物流、航空地面操作代理、货站仓储等传统航空物流业务，混改前注册资本11.5亿元，截至2016年末，资产总额52.16亿元，全年营业收入58.83亿元，利润总额5.67亿元，在册员工共6428名。

首先，从顶层设计的角度看，李克强总理在2017年的政府工作报告中提出要加快推进国企国资改革，深化混合所有制改革，在电力、石油、天然气、铁路、民航、电信、军工等领域迈出实质性步伐。其中，"民航"是国资委的总体部署内容之一。2016年9月，国家也明确了首批混合所有制改革"6+1"试点名单，东航物流凭借转型成果成为民航领域首家进行混改的试点企业。[①]

其次，从航空货运行业本身进行观察，东航物流显然属于适合混改的市场化特征十分显著的产业，而这一市场化的行业面临的竟是"十年九亏"的举步维艰的境地。东航物流货运业务收入占东航股份整体

---

① 周凯. 东航集团成国家首批混改试点首家民航企业[N]. 中国青年报, 2017-06-20.

营业收入比重较低,并且呈下降趋势。近年来,随着全球货运市场景气程度降低,航空公司单一的全货机物流运输盈利困难,传统全货运航空公司陆续退出市场,行业内部本身业务衰退,2010—2015年的6年时间里,中国民航货运量增长了12%,但运价却下降了27%。这是因为传统航空货运公司仅仅提供运力,处于价值链微笑曲线的最低点,简言之,就是"只拥有飞机,不拥有客户"。混改的目的之一,也正是将这一情形转变为"先拥有飞机,再拥有客户",缓解被动局势。①

最后,从行业外部竞争的巨大压力来看,传统航空货运"机场到机场"的服务模式也已经不符合人们"门对门"物流服务的需求。民营快递公司快速崛起,对航空物流领域虎视眈眈,跨境电商的发展和消费升级,使得市场对物流运输的要求逐渐呈现高端化特征,要求快时效,且保证货物的完整安全,反观民营快递公司综合物流的商业模式,运输效率高,盈利能力强,圆通、顺丰、申通等民营快递公司已开始建立自己的航空物流,加剧了货机物流的市场竞争。②

二、混改模式

(一)"混"的内容

1. 明确混改战略体系

东航物流混改是一次牵涉重大国有资产保值增值、重大结构调整、重大人员职业发展的改革事项。它的目标是努力把东航物流打造成各类资本优势互补、股权结构均衡有序,具有健全的法人治理机构、完善的现代企业制度、市场化的体制机制,成功转型成为符合物流行业产业生

---

① 东航转让旗下物流子公司[EB/OL].[2016-12-01]. http://finance.eastday.com/m/20161201/u1ai10114319.html.
② 徐怀玉,向秦.国企混改加速中的理论与实践"双突破"[M].上海:西姆股权激励研究院,2018:179-180.

态圈的高端物流服务集成商,打造比肩 FedEx、UPS 和 DHL 的世界一流航空物流国家队,并为国企改革探索路径,积累可复制、可推广的改革经验。按照国家"完善治理、强化激励、突出主业、提高效率"的混改总方针,东航物流混改确定了"三步走"的总体方案。

第一步:股权转让,将东航物流从东航股份的体系内剥离出来,成为独立的拟上市主体公司,专注于经营航空物流产业,为混合所有制改革做铺垫。[①] 东航物流原为上市公司东航股份所属子企业,集团从拓宽东航物流混改后资本运作空间考虑,对其产权归属进行了调整。东航集团成立东航产业投资公司,通过非公开协议转让方式受让东航股份持有的东航物流 100% 股权,即通过国有母公司回购上市公司少量资产,从而将东航物流从东航股份体系内脱离出来。

第二步:增资扩股,放弃东航集团绝对控股地位,通过引入 45% 非国有资本和 10% 核心员工持股完成股权多元化改革。[②] 2017 年 7 月 6 日,东航物流完成工商变更,并正式挂牌,以新体制新模式投入运营。

第三步:混改的远期目标是积极创造条件,登陆资本市场,择机实现企业改组上市,进一步推进公司股权多元化、混合化。

2. 引入战略投资者

东航物流混改,引起了市场巨大的兴趣,经过与 100 多家企业的接触,2017 年 6 月 19 日,东航集团与联想控股股份有限公司(以下简称"联想控股")、普洛斯投资(上海)有限公司(以下简称"普洛斯")、德邦物流股份有限公司(以下简称"德邦")、绿地金融投资控股集团有限公司(以下简称"绿地")[③] 等社会资本以及持股员工代表签署了公司章程、股东协议和增资协议等三项混改重要文件。

[①] 李静. 东方航空物流混改方案公布[N]. 文汇报,2017-06-20.
[②] 货运盈利魔咒难破 东航物流打响混改攻坚战[EB/OL]. [2019-02-25]. http://www.cb.com.cn/index/show/zj/cv/cv13440471267.
[③] 周凯. 东航集团成国家首批混改试点首家民航企业[N]. 中国青年报,2017-06-20.

引入股东后，东航物流完成了混改三步走中的第二步，其资产负债率将从2016年12月底的87.86%降低到75%左右，达到全球一流航空物流企业的平均负债率水平。①

东航物流此次引入的四个投资方在各自领域拥有出众的实力，能够与东航物流形成资源互补优势和协调发展优势，② 其中联想控股、普洛斯与德邦属于战略投资方，绿地则属于财务投资方。

作为东航物流的第二大股东，联想控股创建了"战略投资+财务投资"双轮驱动业务模式，战略投资业务重点聚焦金融服务、创新消费与服务、农业与食品三大领域的投资机会，此次投资东航物流，是联想控股在创新消费与服务领域新的战略布局，而多年实业和投资实践中积累的企业管理、国企改制经验和商业资源，也将为东航物流提供更多价值。③

作为全球现代物流设施提供商的普洛斯和拥有国内最具规模的地面网络的德邦无疑与东航物流现有业务匹配度最高。东航与德邦的合作是地网与天网的融合，战略上高度协同，业务亦可优势互补，可以发挥东航的航空时效优势。④ 东航打算集聚优势成为航空物流地面服务综合提供商，这无疑将更多用到普洛斯的专业经验和帮助，而普洛斯则看中了东航的机场资源，并希望与东航能就航空物流园加深合作。

作为世界500强企业的绿地，主打战略性金融投资平台，不仅资本雄厚，而且已经完成四大板块布局，即金融机构投资、基金投资和管理业务、类金融业务、资本运作。⑤ 绿地虽然是东航物流的财务投资人，

---

① 李静.东方航空物流混改方案公布[N].文汇报,2017-06-20.
② 张光建.东航物流打造民航混改"第一样本"[N].国际商报,2017-06-22.
③ 联想控股战略入股东航物流参与央企混改试点[EB/OL].[2017-06-23].https://www.sohu.com/a/151417538_365279.
④ 高江虹,魏孙媛.首个央企混改样本完成 东航物流探索混合新机制[EB/OL].[2017-06-20]. http://www.21jingji.com/2017/6-20/1MMDEzODFlMTQxMjE1MA.html.
⑤ 李珊珊.混改背景下东航物流股权多元化与公司治理效应研究[D].乌鲁木齐:新疆财经大学,2019.

也可能与东航物流实现业务上的对接,绿地在全国拥有多个城市的空港物流产业园,且在产业园建立了全球商品直销中心,而东航物流在航空物流园区运营管理方面的上下游资源及经验,可能和绿地的空港物流产业园产生协同发展效应,尤其是在空港产业、跨境消费、生鲜直达、飞机租赁等方面。

国企混改需以提高经济效益和创新商业模式为导向。东航物流本次混改也正体现了这一要点,根据上述战略投资者情况,东航物流的挑选标准正是投资人在行业中是否处于领先地位、与东航是否资源互补、能否产生协同效应,等等。

3. 合理设置股权比例

东航集团充分发挥市场在资源配置中的决定性作用,通过产权交易市场公开为东航物流引入社会资本投资方和核心员工持股方,最终形成的股权结构是:东航集团所代表的国有资本持股比例为45%;社会资本持股比例为45%,根据协议内容,联想控股、普洛斯、德邦、绿地将分别持有东航物流25%、10%、5%、5%的股份;核心员工持股方持股比例为10%(见图8-1)。2017年4月18日,东航物流增资项目在上海联合产权交易所公开挂牌。

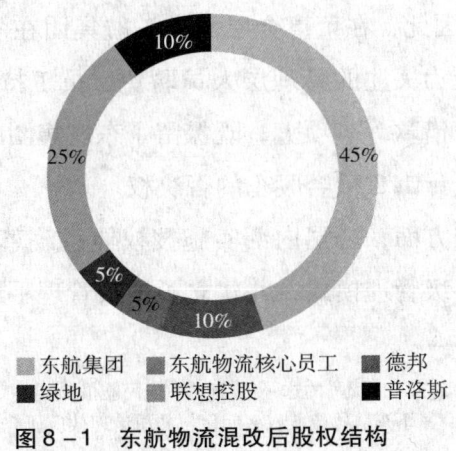

图8-1 东航物流混改后股权结构

(二)"改"的措施

1. 健全法人治理结构

在党的建设方面,为贯彻落实全国国有企业党的建设工作会议和习近平总书记系列重要讲话精神,坚持党的领导,加强党的建设,东航物流混改首先明确党委的领导核心和政治核心作用,将党建工作总体要求纳入公司章程,落实党组织在公司法人治理结构中的法定地位,把党委的决策作为企业重要决策的前置性程序。坚持"四同步、四对接",符合条件的党委成员通过法定程序进入董事会、监事会、经理层,确保党的领导、党的建设在改革过程中得到体现和加强。[1]

在规范董事会建设方面,按照现代企业制度要求,东航物流充分发挥产权架构在公司治理中的枢纽作用,严格落实国资法、公司法的规定,建立了股东会、董事会、监事会议事规则和总经理工作制度,对于各个层面的权力边界与议事方式进行了明确界定。一是在股东会层面既保持了东航集团作为第一大股东对于企业重大事项决策的一票否决权,同时也保留了股权比例合计1/3以上社会股东的否决权,从而实现有效制衡;二是为了实现东航集团并表要求,东航物流董事会共由9人组成,东航集团占5席,联想控股占2席,普洛斯占1席,核心员工持股平台占1席。[2] 因此,在董事会层面,东航集团在多数事项上拥有控制权,在投资人最为关注的管理层人员聘免、员工持股计划的重大变化、关联交易和对外借款等事项上,既保留了东航集团的主要建议权,也保留了董事比例合计1/3社会股东的否决权。

在公司管控方面,公司内部实施授权体系改革,建立了汇报制度,打破了原有的层级管理模式,并建立了授权管理手册,明确了生产经营

---

[1] 柏蓓. 民航混改"第一样本"的这一年[N]. 中国民航报, 2018-07-18.
[2] 李珊珊. 混改背景下东航物流股权多元化与公司治理效应研究[D]. 乌鲁木齐:新疆财经大学, 2019.

活动相关89个方面的授权规则,解决了"能上能下"的问题;建立基于全面预算的管控模式,对二级单位在用工上给予充分授权,由二级单位基于预算自主决定人员的进出,解决了人员"能进能出"的问题。

2. 完善市场化经营机制和健全激励约束机制

在"三项制度"改革方面,东航物流在混改后建立了完全市场化的薪酬管理体系、激励机制和约束机制。按照市场化原则,所有员工"脱马甲",转换国有企业员工身份,687名不愿意"脱马甲"员工的安置工作同步完成。①

在职业经理人制度建设方面,中高层管理人员按照"一人一薪、易岗易薪"的目标,对选聘的职业经理人和全体员工实行完全市场化薪酬分配与考核机制,真正打破大锅饭,完成了近2000名"合同制"正式员工的市场化薪酬体系套接及转签工作,实现能者上、平者让、庸者下,以价值创造为纲,为能力付薪,为业绩付薪,并在薪酬幅宽、薪酬结构、绩效考核、福利政策等方面做了相应的配套改革。②

在核心员工持股方面,东航物流建立完善了中长期激励机制,将核心员工与企业长远发展紧紧捆绑,确保东航物流可持续健康发展。

(1) 员工持股范围。

东航物流所实施的员工持股计划针对的是中高级管理人员和核心业务骨干,共125名员工分享股份,占目前东航物流8000多员工数量的1.57%,属于典型的核心层持股的设计。③

(2) 员工持股比例。

员工持股来源是企业的增资扩股,入股价格与战略投资者、财务投资者一致,约为2.87元/注册资本。员工需要自行筹资认购东航物流新

---

① 货运盈利魔咒难破 东航物流打响混改攻坚战[EB/OL].[2019-02-25]. http://www.cb.com.cn/index/show/zj/cv/cv13440471267.
②③ 东航物流混改方案落地[EB/OL].[2018-11-15]. http://www.eeo.com.cn/2018/1115/341187.shtml.

增注册资本14288万元,占注册资本的10%。其中,首批人员持股比例不超过8%,其中高管团队持有不到5%的股份,余下3%的持有者是核心骨干、技术骨干等,另外,还将预留2%给未来进入东航物流的核心高管或专才作为股权激励,① 相对于一般企业可达到20%乃至30%的员工持股比例而言,仍然相对偏低。但我们需要注意的是,以往国企的员工激励机制一般都在5%或者6%左右,10%的员工持股已经是一种突破,体现了让市场化的机制更好地解决人才流动问题的决心。

(3)员工持股平台。

东航物流通过天津睿远企业管理合伙企业(有限合伙)(以下简称"天津睿远")搭建起员工持股平台,员工因此能间接持有公司股份。我国现行有效的《中华人民共和国合伙企业法》考虑到有限合伙企业中的有限合伙人不参加合伙事务的执行,同时对合伙企业的债务仅以其出资额为限承担有限责任,因此对有限合伙企业的人数作出限制,规定有限合伙企业原则上由2个以上50个以下的合伙人设立。当员工人数超过50人时,东航物流采用的变通方案就是同时设立了四个二级持股平台作为天津睿远的合伙人,打破了有限合伙人数的限制,以达到多人间接持股的目的,这也是很多公司在选择用有限合伙企业的方式搭建员工持股平台时常用的变通方案(见图8-2)。

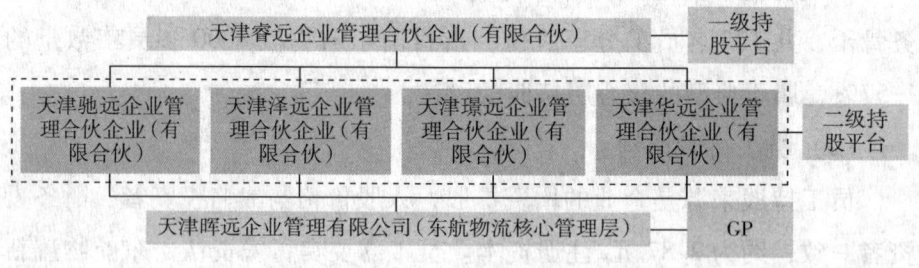

图8-2 东航物流员工持股平台结构

---

① 高江虹,魏孙媛.首个央企混改样本完成 东航物流探索混合新机制[EB/OL].[2017-06-20]. https://finance.qq.com/a/20170620/006404.htm.

(4) 员工持股的锁定期。

根据此次员工持股的规定，参与人员认购的股份自完成实缴出资之日起锁定 36 个月，如东航物流实现首次公开上市，则持股人员需承诺其所持标的股份（即合伙份额）自上市之日起继续锁定 36 个月，锁定期间不得转让或出售。①

三、混改成效与经验启示

（一）混改成效

通过混改，东航物流依靠自身的航空货运网络和地面航空货站优势，融合非国有战略投资者的大数据应用、第三方物流、物流仓储和落地配送网络等多个航空物流产业链的上下游资源，根据市场需求侧要求，快速推进供给侧结构性改革，转型发展成为具有物流产业生态圈竞争力、创新商业模式、布局全国、着眼全球的现代航空物流服务集成商，主要成效体现在以下五个方面：

一是放大国有资本功能。通过本次混改，有效带动了 22.55 亿元的非国有资本投入，切实增强了国有资本的带动力和影响力，推动了国有航空物流龙头企业的良性发展。同时，促进了非国有资本与国有资本的优势互补，使得各种经济主体共享改革红利。

二是降低财务杠杆。混改前东航物流资产负债率为 87.86%，混改后，截至 2017 年 12 月底，东航物流资产负债率为 65%，已优于世界一流航空物流企业资产负债率 75% 的平均水平（FedEx 为 70.07%，UPS 为 98.93%，DHL 为 70.17%），企业财务杠杆有效降低，有利于东航物流轻装上阵。

三是协同战略资源。混改完成后，东航物流与联想控股、普洛斯、

---

① 李珊珊.混改背景下东航物流股权多元化与公司治理效应研究[D].乌鲁木齐:新疆财经大学,2019.

德邦实现了战略资源的有效链接。①与联想控股投资的跨境物流、生鲜冷链、物流金融等企业实现全方位对接,通过"资本+业务"的双重纽带,实现双方的合作共赢;① ②与普洛斯联合成立了航空物流地产项目组,围绕机场构建航空物流仓储网,进一步提升航空物流一体化服务的竞争能力;③与德邦就"空运零担"与"跨境电商物流"成立项目组,按照"成本共担、利益共享"的方式打造新型战略合作关系;④与各方股东联合发掘各类航空物流高度相关的投资机会,并就跨境电商物流、生鲜冷链物流、空运零担进行了合作,提前布局企业未来发展的生态圈。

四是探索改革路径。东航物流混改是国家混改项目,也是东航集团近年来推动国有企业改革的重点项目,借国家混改试点的东风,本着先行先试原则,探索改革难题的解决路径,既为东航集团进一步深化国企改革奠定基础,也为其他中央企业开展混改工作积累可复制、可推广的改革经验。

五是促进产业发展。东航物流通过混改,有效提高了自身产业整合能力、经营能力和可持续发展能力。未来,将逐步完善和构建领先的航空物流产业生态圈。同时,物流混改有利于在东航集团层面形成航空客运与航空物流"双轮"驱动的产业发展模式,通过适当的产业对冲,平抑单一产业的周期性波动,使得集团产业收益整体平稳有序。②

(二)经验启示

1. 通过股权转让实现"分拆"

混改前要设计合理方案以确定国企混改对象。东航物流面临的问题是如何把自己从上市公司的资产中剥离出来,变成一个可以实现混改并且未来上市的主体。东航集团设计了一个国有母公司收购上市公司持有

---

①② 柏蓓.民航混改"第一样本"的这一年[N].中国民航报,2018-07-18.

东航物流股权的交易,用24亿元的价格把东航物流买了回来,重新成为东航全资企业。这次交易,现在看来只是简单的母公司回购上市公司少量资产行为,但其意义在于为东航物流未来独立上市铺平了道路,客观上给A股上市公司分拆资产再次上市提供了新的案例。

2. 央企国企中国有股放弃绝对控制权

选择适用于国企混改对象的改革路径。国企混改的路径有很多,常见的有资产证券化、增资扩股、股权转让、国企内部员工持股等。这些方式在很多时候都不是孤立存在的,比如东航物流在增资扩股引入战略投资者的同时,开展核心员工持股计划。在国企混改时引入外部民间资本时面临重要的一个红线,即一般都要保持国有股东的绝对控股地位,特别是这种大型央企。东航物流的混改对打破这一红线提供了新的突破探索。东航集团让出绝对控股权,仅持有45%股份。虽然离51%的绝对控股权只差6个百分点,但其实质意义却非常深远。这种股权结构或能避免国资"一股独大",民资进入没有座位、"陪太子读书"的走形式股改现象,也积极响应了《国务院关于国有企业发展混合所有制经济的意见》关于健全混合所有制企业法人治理结构的规定。

3. 建立互相制衡的股权结构

东航物流此次设计了一个国有股东放弃绝对控股地位,引进多家投资者,并且同时实现核心管理层持股的增资扩股方案。东航物流成立了股东会、董事会,制定了监事会议事规则和总经理工作制度,对各层级的权力边界与议事方式进行明确界定。[①] 东航物流通过规范董事会治理,在降低持股比例的同时也保证了控制权,为非国有资本进入提供了更多的空间,值得其他试点单位借鉴。

---

① 经济观察网.东航物流混改方案落地[EB/OL].[2018-11-15]. http://www.eeo.com.cn/2018/1115/341187.shtml.

4. 管理层持股设计创新人才政策

东航物流的混改，建立了中长期员工激励与风险绑定制度，将员工的自身利益与企业的长远发展有机结合起来。①

在东航物流混改方案中，核心管理层共购买新增股权的10%，其中持股员工有125名，持股价格与本次吸引战略投资人的价格一致，也就是说，核心持股管理层本次需要出资4亿元左右，并且锁定期不低于36个月，如若上市还需再锁定36个月。这两个因素决定了选择加入持股计划的员工在出资的那一刻，已经将自己的命运与东航物流未来的发展长久捆绑在了一起。以这种形式产生纽带联系更容易提高管理层以及核心员工的主观能动性，而这种主观能动性的提高可以很好地自我消化一部分以前国企固有的经营和管理缺陷，从而以较低的成本改善企业内部的经营环境和经营效率。

实操层面，东航物流在天津东疆港保税区注册了一家股权投资合伙企业，并下设四个二级持股平台，这样的合伙企业平台设计，一是解决员工持股有可能的变化和调整问题；二是出于合理避税的考虑，是一种通行做法，但在中央企业的混改中，东航物流是首家尝试通过员工持股平台来进行长期股权激励的企业。

---

① 柏蓓.民航混改"第一样本"的这一年[N].中国民航报,2018-07-18.

| 第九章 |

中国联通混改案例

一、混改背景

中国联合网络通信集团有限公司（以下简称"中国联通"或"联通"）于2009年1月6日在原中国网通和原中国联通的基础上合并组建而成。在国内31个省（区、市）和境外多个国家和地区设有分支机构，是中国唯一一家在纽约、香港、上海三地同时上市的电信运营企业，连续多年入选"世界500强企业"。

（一）中国联通诞生史与央企成长的烦恼

1994年之前，中国的邮政、电信业务都由中国邮电垄断，当年成立了中国联通。1998年，邮电分家；1999年，中国移动成立，网通（后被称作小网通）成立；2000年电信移动分离；2001年，中国铁通成立；2002年，南北电信拆分，北方叫中国网通，南方称为中国电信；2008年，六大运营商重组成为中国电信、中国移动和中国联通三大集团。经过无数次重组，尤其是中国网通并掉小网通、老联通后，中国联通其实吸收了三套中层，虽然经过历次裁员，减掉了一部分，但依旧机构臃肿，政令上传下达非常不畅。这不仅仅是联通的问题，中国的不少央企都遇到了这种情形。央企的特殊业态导致其近几年发展到了极限：增量市场已经没有了空间，僵化的体制机制、不够灵活的价格体系、人浮于事的行政架构等问题接踵而来。

(二) 混改政策是外因，扭转颓势是内因

从混改政策来看，2016年9月，发展改革委召开国有企业混合所有制改革专题会议，2016年12月，召开中央经济工作会议，两次会议均强调，将电信行业作为国企改革的重要突破口，按照"完善治理、强化激励、突出主业、提高效率"的要求，在电信等领域迈出实质性步伐，加快形成有效制衡的公司法人治理结构、灵活高效的市场化经营机制。①

从行业形势来看，2016年中国联通相比中国移动、中国电信在运营收入、净利润等指标方面就存在显著差距（见图9-1）。以混改方案披露前2017年上半年数据看，中国联通实现服务收入1241.1亿元，净利润24.2亿元；而中国移动实现营收3889亿元，净利润达627亿元；中国电信同期营收1841.2亿元，净利润125.4亿元。从利润规模看，联通不到中国移动的4%，不到中国电信的20%。

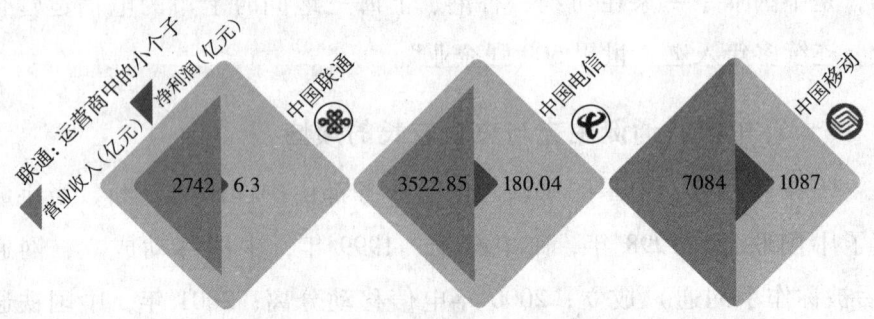

图9-1 2016年中国联通、中国移动、中国电信营业收入及利润

资料来源：《财新周刊》2017年第34期：《联通混改》。

---

① 抓党建 优治理 转机制强激励 重创新[EB/OL].[2019-07-16]. http://www.12371.cn/2019/07/16/ARTI1563258376017818.shtml.

(三) 联通需要混改的具体原因及整改措施

1. 错失 4G 时代

在 2009—2013 年的 3G 时代，联通凭借与网通重组率先获得了 3G 牌照，利用 WCDMA（3G）网络和最新引入苹果手机合作的优势，一度风光无两。这造成了其对 4G 形势的误判，初期在 4G 网络建设上投入不足。随着 TD-LTE（4G）于 2013 年 12 月发牌，中国移动大力推广 4G，给了中国联通移动业务极大的压力。[1] 但直到新任董事长王晓初 2015 年 8 月到任后，才叫停联通 3G 网络规模扩容，转而把资源重点投向 4G 网络建设。这一明确的方向判断，暂时刹住了中国联通移动用户不断流失的局面，但仍然难以追赶中国移动。截至 2017 年 6 月，中国联通 4G 用户累计达 1.388 亿户；而中国移动的这一数据是 5.936 亿户，比中国联通多出 3 倍；中国电信累计用户数也已赶超联通，达 1.52 亿户。

2. 布局 5G 亟须混改补充资金

2019 年试商用、2020 年正式商用的 5G，将是电信市场分野的下一个时代。王晓初在 2017 年 3 月的 2016 年业绩沟通会上表示，中国联通在 5G 时代不能再犯 4G 时代的错，从现在开始就要为 5G 准备足够的资金。在营业收入、净利润均不及竞争对手之际，中国联通无论是建设基础网络还是开拓业务，都亟须补足资金实力。因此，联通计划通过混改募集接近 780 亿元资金，将资金主要用于 4G 及 5G 相关业务和创新业务建设，加快推进公司战略转型。[2]

3. 借助投资者拓展营销渠道

联通的实体渠道发展面临巨大挑战，比如自有渠道客流量下降、难

---

[1] 中国联通混改与企业价值[EB/OL]. [2018-11-26]. https://mp.weixin.qq.com/s/fcLed-DHc03nMpLztBgbygg.
[2] 连欣. 中国联通发布混改总体方案[N]. 人民邮电, 2017-08-17.

以接触异网客户，社会渠道管控难、部分社会渠道收支倒挂。混改计划引入的战略投资者囊括中国互联网的一线巨头，中国联通寄望借此拓展线上渠道，争夺异网客户。①

二、混改模式

（一）"混"的内容

1. 明确混改战略体系

中国联通作为截至目前唯一一家集团整体混改试点单位，其改制目标很明确，就是"完善治理、强化激励、突出主业、提高效率"。它的混改方案涉及股权调整、管理优化、战略合作、股权激励等多方面，核心是以引入战略投资者、降低国有股权比例为契机，全面推动联通的市场化改革以及企业效率和竞争能力的提升。具体表现在以下三个方面：

一是借助战略投资者的资源优势进一步聚焦公司主业、创新商业模式、推动战略转型。本次混改采用非公开发行和老股转让方式引入包括BATJ在内的战略投资者后，借力外部资源及能力，联通将能获得战略投资者在大数据、人工智能、家庭互联网、数字内容、零售体系、支付金融等方面的资源优势，进一步聚焦云计算、大数据、物联网、产业互联网、支付金融、视频业务等关键领域，②推进集团战略转型。

二是形成权责对等、协调运转、有效制衡的混合所有制公司治理机制。进一步优化多元董事会组成结构，明确董事会在公司的核心地位。③同时，探索经理层市场化选聘、管理机制，对符合政策要求的高级管理人员探索施行中长期激励机制及其配套约束机制。

---

① 中国联通混改与企业价值[EB/OL].[2018-11-26]. https://mp.weixin.qq.com/s/fcLed-DHc03nMpLztBgbygg.
② 网易财经.联通780亿混改方案：BAT持股10% 坚持同股同权[EB/OL].[2017-08-16]. http://money.163.com/17/0816/19/CRVVQ4U400025814S.html.
③ 刘晶.混改之后 中国联通是否有脱胎之变？[N].中国电子报,2017-08-25.

三是推动人力资源变革,用创新机制激发活力、凝聚合力,建立员工与企业利益共享、风险共担的激励约束机制。① 推动组织、专业线、团队和员工目标协同、利益一致,并通过限制性股票等员工激励计划吸引和留住高素质员工。②

另外,联通混改募集资金的使用计划如下:

非公开发行预计募集资金总额不超过617.25亿元,扣除相关发行费用后的募集资金净额,③ 将以依法合规且取得联通红筹公司董事会或股东大会同意的方式投入联通运营公司,最终由联通运营公司用于"4G能力提升项目""5G组网技术验证、相关业务使能及网络试商用建设项目"和"创新业务建设项目"。④ 募集资金投资项目的具体情况如表9-1所示。

表9-1 募集资金投资项目的具体情况　　　　　　　　　单位:亿元

序号	项目名称	2017—2019年项目总投资	拟使用募集资金投资金额
1	4G能力提升项目	550.90	398.16
2	5G组网技术验证、相关业务使能及网络试商用建设项目	271.00	195.87
3	创新业务建设项目	32.13	23.22
合计		854.03	617.25

资料来源:《中国联通非公开发行A股股票预案》。

2. 引入战略投资者

2017年8月,中国联合网络通信股份有限公司发布了中国联通关于混合所有制改革有关情况的专项公告,以中国联通A股(600050.sh)为

---

① 连欣.中国联通发布混改总体方案[N].人民邮电,2017-08-17.
② 中国联通混改公告全解读[EB/OL].[2017-08-23].https://mp.weixin.qq.com/s/5q4Bxjydh5k715fMXD6p7Q.
③ 力度最大的国企混改:联通这次能否实现逆袭[EB/OL].[2017-09-01].https://www.shanghai-star.com.cn/12285.html.
④ 网易财经.联通780亿混改方案:BAT持股10% 坚持同股同权[EB/OL].[2017-08-16].http://money.163.com/17/0816/19/CRVVQ4U40025814S.html.

平台，通过"发行新股+转让老股"等形式，向战略股东非公开发行不超过 90.37 亿股股份，募集资金不超过 617.25 亿元，用于优化 4G 网络、建设 5G 网络以及实现创新业务规模突破。①

联通先后引入了四大类处于行业领先地位，且与联通具有协同效应、优势互补的战略投资者：一是大型互联网公司，包括腾讯、百度、京东、阿里巴巴和苏宁云商；二是垂直行业领先公司，包括光启集团、滴滴出行、网宿科技、用友软件、宜通世纪；三是具备雄厚实力的金融企业和产业集团，包括中国人寿、中国中车；四是国内领先的产业基金，包括中国国有企业结构调整基金、前海母基金（见图 9-2）。②

图 9-2　引入战略投资者的行业分布

资料来源：Wind 资讯，https://mmbiz.qpic.cn/mmbiz_jpg/ibdwe YAeFA03jcFskeCt43ECaa7jyMlgoFq3hnTrdJYGJFfvnbIbRzFN7vyjTZvPF1WWc80sN75xfW 19D3O6crA/640? wx_fmt = jpeg&tp = webp&wxfrom = 5&wx_lazy = 1&wx_co = 1.

联通混改引入战略投资者，其中互联网公司主要聚焦零售体系、渠

---

① 新浪博客.混改简单说就是国有资产部分私有化[EB/OL].[2018-02-11]. http://blog.sina.com.cn/s/blog_4a4818500102xjho.html.
② 抓党建 优治理 转机制强激励 重创新[EB/OL].[2019-07-16]. http://www.12371.cn/2019/07/16/ARTI1563258376017818.shtml.

道、内容、家庭互联网、支付金融、云计算、大数据等领域开展进一步合作;对于垂直行业公司,在物联网、系统集成、综合信息服务方面展开合作;对金融企业及产业集团,会在产业互联网、支付金融等方面加强合作,利用产业基金的方式拓展合作机会。这些合作既包括商业模式的合作、新服务的合作,也包括未来在资本层面的合作。

与腾讯的合作,主要是联通尝试以腾讯的QQ、微信作为主要电子渠道销售产品,借此调整实体渠道,降低成本,而腾讯也借助这一合作新增了2000万用户。与百度的合作,主要是在移动互联网、人工智能、大数据、通信基础业务等领域。与阿里巴巴的合作,涉及支付和金融系统与网购系统领域,此合作已经为联通带来了200万~300万用户。①

3. 合理设置股权比例

从混改方案显示的控股情况来看(见表9-2),混改前联通集团持股62.74%,混改后联通集团合计持有公司约36.67%股份,仍为单一最大股东;新引入14家战略投资者合计持有公司35.18%股份,其中,中国人寿10.22%、腾讯信达5.18%、百度鹏寰3.30%、京东三弘2.36%、阿里创投2.04%、苏宁云商1.88%、光启互联1.88%、淮海方舟1.88%、兴全基金0.33%、结构调整基金6.11%;具有国资背景的联通集团、中国人寿、结构调整基金累计控股53%,② 保持绝对控股,公有制国有企业的性质没有变;员工限制性股票激励计划占2.6%股份;公众股东持有25.5%股份。其中,员工限制性股票激励计划突破按职级授予的通行做法,授予中高级管理人员以及管理骨干、技术骨干等高价值创造群体,③ 设置严格的解锁条件,强化激励约束的统一。混改为联通注入多元化的市场活力,同时国有控股确保其坚定执行国家

---

①② 混改简单说就是国有资产部分私有化[EB/OL].[2018-02-11].http://blog.sina.com.cn/s/blog_4a4818500102xjho.html.

③ 抓党建 优治理 转机制强激励 重创新[EB/OL].[2019-07-16]. http://www.12371.cn/2019/07/16/ARTI1563258376017818.shtml.

战略,承担社会公益责任。

表9-2 联通国企混改中战略投资者出资占比①

战略投资者	出资/亿元	占比/%
国有企业结构调整基金	129.75(联通转让)	6.11
腾讯信达	110	5.18
百度鹏寰	70	3.30
京东三弘	50	2.36
阿里创投	43.25	2.04
苏宁云商	40	1.88
光启互联	40	1.88
淮海方舟	40	1.88

(二)"改"的措施

1. 健全法人治理结构

(1) 抓"党建",始终坚持把"两个一以贯之"要求贯穿混改全局。

中国联通党组始终坚持把政治建设摆在首位,增强"四个意识",坚定"四个自信",做到"两个维护",② 始终坚持党的领导不动摇、公有制性质不改变,建设中国特色现代国有企业制度。公司党组牢牢把握混改的政治方向不偏离,专门下发了《关于在推进混合所有制改革中坚持党的领导加强党的建设的指导意见》(中国联通党组〔2017〕61号),以党建统领、贯穿、推动混改全局。坚持把党的领导"融入内嵌"到公司治理,③ 在多元化股权结构中保持国有资本的绝对控股地位,把党建工作总体要求写入公司章程,科学设置董事会结构,确保党的领导;明确党组研究是重大问题决策的前置程序、坚持党管干部原则等,确保把党的领导融入公司治理各环节。④ 按照《中国共产党章程》

---

① 混改简单说就是国有资产部分私有化[EB/OL].[2018-02-11]. http://blog.sina.com.cn/s/blog_4a4818500102xjho.html.

②③④ 抓党建 优治理 转机制强激励 重创新[EB/OL].[2019-07-16]. http://www.12371.cn/2019/07/16/ARTI1563258376017818.shtml.

中明确的国有企业党组织地位和作用，中国联通党组发挥领导核心作用，在A股公司和运营公司设立一体化党委，中国联通党组成员为A股公司和运营公司一体化设立的党委相应职务的兼任人选，确保党的方针政策和中国联通党组重大部署不折不扣地执行。

(2) 改"法人治理结构"，构建现代企业制度。

以强治理为导向，推进新一届董事会组建和职权落实。联通混改后新增了13名董事会成员，其中8人为非独立董事，有3人来自中国联通，包括董事长王晓初、总裁陆益民、集团副总经理李福申，另外5人，则都是联通混改引入的战略投资者，分别是百度董事长兼首席执行官李彦宏、阿里巴巴资深副总裁胡晓明、腾讯高级执行副总裁卢山、京东集团首席战略官廖建文、中国人寿副总裁尹兆君。

联通与互联网公司的业务合作已全面展开，在多个领域深入合作，涉及流量卡、云计算、大数据、物联网、新零售等。联通通过扩大股权的方式引进民营战略投资者，引入市场化属性更强的民营新股东代表担任A股公司副总裁，治理结构由其原有的体制化治理机制向市场化治理结构转变，市场化的决策因素会大幅增加。①

按照上市规则设置独立董事5人，成立了发展战略、审计、薪酬与考核、提名等专门委员会，实现了董事会组成的多元化和专业化。② 董事在发展战略、业务合作、改革发展、经营预算等重大事项上履职尽责，建言献策，发挥了重要作用。③ 系统优化党组织、董事会及其专门委员会以及经理层的治理架构和权责体系，提高了公司治理效率。

(3) 改"管控模式"，实现简政放权。

中国联通混改后全面启动"瘦身健体"。中国联通集团总部完成机构精简，总部部门由27个减少为20个，减少26%；总部人员编制由

---

① 混改简单说就是国有资产部分私有化[EB/OL].[2018-02-11]. http://blog.sina.com.cn/s/blog_4a4818500102xjho.html.
② 徐善长.国有企业混合所有制改革的政策与实践[J].北方经济,2018,373(12):13-14.
③ 王政.混改为中国联通注入新活力[N].人民日报,2018-10-21.

1787人减少为891人，减少50.14%，其中，净减编347人，生产分离549人；处室数量由238个减少为127个，减少46.64%，其中，净减少56个，生产分离55个，未来将根据业务发展需要持续进行调整优化，推进总部简政放权，优化业务流程。

机构精简的总体思路是：瘦机构臃肿之身，改人浮于事之象，健高效管理之体，打造"小管理、大操作、强协同"的组织架构，建立起面向客户与市场、为一线提供服务的倒三角服务支撑体系，为公司持续健康发展提供坚强组织保障。

中国联通机构精简有以下三个要点：

一是明确集团总部、省级分公司、地市分公司、县级分公司/网格四级组织定位。集团总部负责战略管控＋集约运营＋支撑响应；省级分公司负责战术制定＋运营组织＋支撑响应；地市分公司负责市场运营＋支撑响应；县级分公司/网格负责销售服务。

二是提升基础业务领域运营管理效率。管理和生产分离，压缩管理层级、管理部门和人员。生产单位专业化运营、集约化支撑，简政放权，资源下沉，激发团队活力。

三是激发创新业务领域活力。通过子公司、业务单元等不同形式开展创新业务。建立市场化结算和退出机制。[①]

2. 完善市场化经营机制和健全激励约束机制

根据"中国联通限制性股票激励计划首期授予方案"公告，此次联通股权激励覆盖7000多人、规模8.48亿股。每股3.79元，相比复牌前中国联通股价7.47元，超过7000人将半价购买中国联通股权。方案具有以下五个特点：

一是业绩条件苛刻，付出才有收获。公司选定主营业务收入增长率、利润总额增长率和净资产收益率三个指标作为解锁条件：相比于

---

① 连欣.中国联通全面启动"瘦身健体"[N].人民邮电,2017-09-07.

2017年，2018—2020年公司主营业务收入增长率分别不得低于4.4%、11.7%、20.9%（2016年为2.2%），且不低于行业内三大电信运营商平均水平；利润总额增长率分别不低于65.4%、224.8%、378.2%（2016年为-95.8%），且不得低于同行业75分位水平；净资产收益率分别不得低于2.0%、3.9%、5.4%（2016年为0.2%）。

二是五年分期解锁，绑定长期回报。本次激励计划设置了长达24个月的禁售期和36个月的解锁期。在解锁期内，需要按照4∶3∶3的比例匀速解锁。员工若想兑现全部股票，需要在未来60个月内，均为公司服务，并达成公司和个人的业绩要求。上述安排建立了长效激励约束机制，杜绝了获授后员工一次性套现的短期行为，并有助于公司留住高素质人才和核心骨干。

三是合理预留股权，吸引优秀人才。考虑到本次混改后，公司拟进一步发展创新业务，并与新引入战略投资者开展深度合作，本次股权激励计划相应设置了10%份额作为预留股权，拟用于授予本次混改后公司引入的在IP、IT、创新业务等领域具有专长的新员工。上述安排有助于公司吸引外部高素质人才，实现人才结构与业务结构相互匹配、同步转型，助力公司主营业务实现跨越式增长。

四是遵循市场规则，放大激励效果。中国联通本次混改以市场化为核心，紧扣资源配置、活力激发、人才发展三大改革主题，推动人力资源变革，用创新机制激发活力、凝聚合力，建立员工与企业利益共享、风险共担的市场化机制，实现"岗位能上能下、员工能进能出、收入能增能减"。依托市场化机制，进一步放大股权激励效果、激发企业新动能。

五是方案合法合规，符合市场惯例。联通核心员工以五折的价格，也就是每股3.79元买到联通的股票符合证监会2016年7月颁布的《上市公司股权激励管理办法》（证监会第126号令），其中提出"限制性股票最低50%价格"作为激励政策的界定方案。①

三、混改成效与经验启示

（一）混改成效

"落一子而活全局"，混改工作带动了中国联通各项工作的开展，公司转型发展迈出重要步伐，经营业绩实现"V"形反转，推动国有资本做强做优做大，为打造具有全球竞争力的世界一流企业奠定了良好基础。

一是收入利润增速行业领先。2018年1—6月，公司实现主营业务收入1344.23亿元，增幅从2015年的-5.6%上升为8.3%，领先行业增长4.2个百分点。盈利能力大幅提高，公司上市利润为77.4亿元，较上年同期增加44.2亿元，较上年同期增长133.4%（见表9-3）。②

二是发展质量显著提升。上半年，产业互联网收入占主营业务收入的8.7%，同比增长39%，成为带动公司业务增长的新动能。财务实力大幅增强，自由现金流408亿元，资产负债率从2016年底的62.6%降至43.5%，财务费用同比下降92%，增强了未来业务发展的能力，提高了公司抗风险能力。

三是实现国有资产保值增值和员工信心提振。混改前后，每股净资产增加25%，中国联通国有股权益增加7%（未含转让至结构调整基金部分），实现国有资产保值增值。广大干部员工的信心和精气神儿明显增强，混改的红利将会进一步释放。

---

① 连欣. 提气！联通混改股权激励成亮点 且慢！解锁兑现业绩条件颇严苛[N]. 人民邮电, 2017-08-24.
② 抓党建 优治理 转机制强激励 重创新[EB/OL]. [2019-07-16]. http://www.12371.cn/2019/07/16/ARTI1563258376017818.shtml.

表 9-3 联通 A 股公司业绩数据

经营指标	2015 年	2016 年	2017 年	2018 年上半年
主营业务收入/亿元	2329.76	2380.33	2490.15	1344.23
主营业务收入增长率/%	-5.6	2.2	4.6	8.3
利润总额/亿元	138.67	5.81	23.78	77.4
利润总额增长率/%	-12.4	-95.8	309.1	133.4
资产负债率/%	62.0	62.6	46.5	43.5
自由现金流/亿元	-447	74	492	408

资料来源：上市公司公告。

中国联通通过积极与战略投资者开展深度合作，一些重点领域也取得阶段性成效。

在渠道触点方面，开展与腾讯、阿里巴巴、京东、百度等互联网公司线上触点合作，首创电信业与互联网企业融合低成本获取用户的新模式，[①] 实现了营销方式互联网化，有效改善了用户口碑。2I2C 业务发展成效显著，截至 2018 年 6 月，2I2C 用户达到 7700 万户，上半年净增 2700 万户，完成收入 166.8 亿元，同比增长 431%，进一步改善市场成本结构和提升公司盈利能力。

在零售体系方面，与阿里巴巴、京东和苏宁在上海、广东、四川、江苏、天津等地开展新零售门店试点，日均客流量、发展量及商品销量均显著提升。

在视频内容方面，推进联通视频公司合资合营工作，与腾讯、百度、爱奇艺、百视通、爱上传媒等公司进行沟通；与腾讯合作推出腾讯视频会员权益联合营销，启动全方位营销推广；启动"无限畅视"产品推广，与优酷、爱奇艺、PPTV 等开展合作。

在金融支付方面，与阿里巴巴、腾讯、百度、京东、苏宁开展金融支付方面的合作，将中国联通的支付能力以及消费信贷能力嵌入合作方

---

① 抓党建 优治理 转机制强激励 重创新[EB/OL].[2019-07-16]. http://www.12371.cn/2019/07/16/ARTI1563258376017818.shtml.

的应用场景。

在云计算方面,将中国联通品牌和客户优势与腾讯、阿里巴巴技术优势相结合,相互赋能,相互导流,以中国联通"沃云"品牌为客户提供基于云计算全产业链的产品、服务和解决方案,突出"云网一体化"优势,[①] 带动云、网收入快速增长。联合打造的公有云服务平台自2018年2月1日上线以来,累计提供了约50款云计算产品,带来公有云新增收入约6400万元,并以1:5~1:3的杠杆撬动基础业务发展,全面助力中国企业上云。

在大数据及人工智能方面,与阿里巴巴、腾讯、百度、京东、苏宁均就大数据开展了业务合作,将在金融风控、精准营销方面开展深度合作,将与合作伙伴共同对外提供数据报告以及行业应用。在物联网方面,与阿里巴巴、腾讯、百度、京东、苏宁等聚焦物联网安全、人工智能、消费电子以及智慧家居等业务领域,共同开展研究探索。

在基础通信方面,中国联通努力成为互联网战略投资者基础电信业务的"后花园",争取战略投资者的新增市场优选联通,存量市场逐步转换为联通。[②] 目前,联通在各投资者中业务份额如下:百度20%、腾讯27%、阿里巴巴30%,苏宁50%。

在资本合作方面,与阿里巴巴成立合资公司,共同拓展产业互联网市场;将与网宿科技成立合资公司,进行CDN专业化运营;与中国人寿、腾讯推进"大健康"合作项目,探讨成立互联网保险公司等。

(二)经验启示

从联通的混合所有制改革可以看出,混改的目标是"完善治理、强化激励、突出主业、提高效率"。通过整体设计,积极引入战略投资者,将部分公司股权释放给其他国有资本和非国有资本,以市场化为导

[①][②] 抓党建 优治理 转机制强激励 重创新[EB/OL]. [2019-07-16]. http://www.12371.cn/2019/07/16/ARTI1563258376017818.shtml.

向健全企业制度和公司治理机制,聚焦公司主业、创新商业模式,规模发展基础业务和创新业务,全面提高企业效率和竞争能力,实现经济效率的提高和效益的增长。①

理解中国联通混改方案,主要关注以下三点:

第一,中国联通是首批央企混改试点单位中唯一直接将母公司股权释放给其他国有资本和非国有资本的案例。对比围绕国企集团下属某个板块或子公司进行的混改,中国联通的混改有实质性、大跨步的推进,这对下一步的国企混改具有极强的示范意义。

第二,中国联通混改进一步丰富了"国有控股"的含义,即单一国有股东可以不处于绝对控股地位,只要多家国有股东持股累计能实现绝对控股就仍属于国有控股。本次混改,联通集团对中国联通的持股比例从63.7%降低到36.7%,失去了持股50%以上的绝对控股地位,②但加上中国人寿、中国国有企业结构调整基金股份有限公司等国有股东持股后,国有股东持股总和大于50%,仍然绝对控股。这对电网电力、石油石化、民航、航运等市场传统理解需要国有资本保持绝对控股的行业具有十分重要的借鉴意义。

第三,中国联通方案再次明确阐述了国企混改的真正价值不在于简单地引入非国有资本、改变股权结构,而是要实现通过引入战投资金、资源,全面提高企业竞争力,以及通过降低国有股比例,推动国企企业治理和运营管理机制进一步市场化的双重目标。

---

① 连欣. 中国联通发布混改总体方案[N]. 人民邮电,2017-08-17.
② 力度最大的国企混改:联通这次能否实现逆袭[EB/OL]. [2017-09-01]. https://www.shanghai-star.com.cn/12285.html.

第十章
中国能建葛洲坝集团混改案例

一、混改背景

中国葛洲坝集团有限公司（以下简称"葛洲坝集团"）是中国能建旗下骨干企业，是一家集建筑、环保、房地产、水泥、民爆、公路、水务、装备制造、金融等主营业务为一体的具有较强国际竞争力的企业集团。[①]葛洲坝集团坚持结构调整、转型升级、改革创新和科技进步，产业结构日趋多元，发展品质不断提升，被誉为环保业务、PPP业务和"一带一路"的领军企业。面对经济新常态，葛洲坝集团积极应对国内电建、水电市场萎缩危机，紧跟国家战略方向，加快推进企业并购，快速切入新兴战略行业，占领行业技术制高点。

二、混改模式

（一）"混"的内容

1. 明确混改战略体系

葛洲坝集团始终紧跟国家政策，把兼并重组作为转型升级的重要抓手，积极探索并购企业的管控和治理模式，对"混改"进行了大胆尝

[①] 获奖企业、董秘介绍[J].支点,2019(8).

试和有益探索。葛洲坝集团瞄准燃气分步式能源系统和燃油内燃发电机组细分市场，选择在分布式能源领域拥有国际化、专业化的技术方案团队作为合作者，组建葛洲坝能源重工公司，引进国际知名企业先进核心技术，创新商业模式，根据不同客户的需求，提供 PPP、IPP、EPC+F、EPC、EP、O&M、EMC 等不同类型业务，以能源互联网为核心，为行业提供各种分布式能源综合解决方案及核心设备，促进制造产业提档升级。为建立资源回收、初加工和深加工等再生资源全产业链条，实现从"收进来、卖出去"向"深加工、再利用"的战略转变，打造再生资源高端产业，提高经济效益，葛洲坝集团全资子公司绿园公司与再生有色金属领域的知名企业战略合作，强强联合，成立葛洲坝展慈（宁波）金属工业有限公司，快速抢滩再生资源深加工领域，努力打造国内再生有色金属深加工龙头企业。充分利用上海自贸区政策和公司业务市场的协同优势，成立葛洲坝融资租赁公司，引入资本运作经验丰富的银行、信托、投行等专业化精英团队，快速打通公司国内外融资通道。紧跟国家环保产业政策，与国内再生资源龙头企业合资设立葛洲坝大连环嘉再生资源公司，并加快推进环保业务全国布局。

2. 引入战略投资者

葛洲坝集团全资子公司绿园公司和致力固体废物处置与资源化研究的武汉大学教授合作设立的葛洲坝中固科技公司，专注水土治理等环保业务，绿园公司持股占比55%。通过全面科学梳理股东双方的优势，制定了合作方专注技术研发、更新，葛洲坝方专司市场开发和生产经营管理的合作管控方式，促进了科技研发与生产经营的有效衔接和成果转化；通过磨合和不断探索，在企业治理和经营管理过程中，葛洲坝中固科技公司股东双方相互尊重、相互认同、准确定位、沟通顺畅，通过不断攻克技术难关，成为滇池治理的示范企业，奠定了在水土治理行业的领先地位，受到行业和主管部门的高度认可，形成优势互补、合作共赢的局面。目前葛洲坝中固科技公司已发展成为专业从事水体环境综合治理、土壤及地下水污染防治、固体废弃物处理处置、HAS系列产品及技术应用，集环保技术产品研发、环境工程咨询、规划设计、施工及运营于一体的全产业链高新技术企业，成为葛洲坝集团环保业务板块的重要组成部分。

3. 合理设置股权比例

科学设置股权结构。根据不同行业，在二级、三级混合所有制企业分类设置股权结构，持股比例均在50%以上，确保国有资本的控股地位和决策控制权。

（二）"改"的措施

1. 健全法人治理结构

按照"权力制衡、责权清晰、程序严谨、决策科学、运作高效、监督独立"的原则，在所有的混合所有制企业中设立股东（大）会、董事会、监事会，设董事长、党组织书记、总经理三个主要领导职位，原则上董事长、党组织书记由一人担任，总经理单设，班子主要成员实行"双向进入、交叉任职"，即均为董事、党组织委员（非党员除外）。挑选能力较强的党务干部加强党务工作，明确党组织在公司治理中的地位，确保混合所有制企业的发展方向。

所属水泥公司具有较强的核心竞争优势，利用国家产能调整化解落后产能的改革政策，主动承担产业结构调整重任，积极推进兼并重组，提高产业集中度，所属11家混合所有制企业，大多数为水泥生产企业，运营管理较为同质化。水泥公司通过科学分析，结合自身优势，在所属公司实施"1411"运营型集中管理模式，即对混合所有制企业战略规划、投资决策、企业治理、经营计划、财务管理、人力资源、质量品牌、市场营销、集中采购、技术研发、企业标准、企业审计、风险控制、企业文化等14个方面实现统一管理，全面统筹调配各系统资源。实行对标管理分析会、经济活动分析会、生产计划会、供应管理会、销售管理会、安全质量管理会"六会合一",搭建企业大数据平台、能源管理系统、销售管理系统、财务供应链系统、生产自动化系统、商混管理系统并行的信息化系统管理平台,全面掌握混合所有制企业的日常经营,实现对混合所有制企业的关键环节有效管控,促进运营效率提升,确保混合所有制企业的发展符合水泥公司的战略思路、发展方向和决策部署。

所属葛洲坝能源重工公司,通过加强董事会建设和日常监督考核机制的管控力度,合理授权经理层日常经营活动,释放了更大的经营活力,已经创造出北京太阳宫电厂,北京中金、上海周浦、黔中南数据中心、山西阳曲县20兆瓦分布式光伏发电项目、新疆克拉玛依伴生气热电联产项目、利比里亚200兆瓦重油电站、安哥拉水泥厂重油电站、巴基斯坦卡洛特重油电站等一系列国内外经典案例,葛洲坝集团在分布式能源领域的行业地位不断攀升。

2. 完善市场化经营机制和健全激励约束机制

葛洲坝集团充分发挥国有企业管理体制机制优势和民营企业属地化资源优势,吸引有能力、有业绩、有职业道德的职业经理人(职业经理人团队)成为小股东,形成既有活力又能有效制衡的管理团队。

此外,葛洲坝集团在企业文化方面,一是导入核心文化理念,加强集团公司发展战略和核心文化理念的宣贯,充分发挥企业文化引领、宣传、凝聚、激励、约束作用,促进并购企业文化融合,增强企业向心力、凝聚力。二是加强制度融合,构建符合混合所有制企业实际的制度体系,促进依法治企、依章办事,改变了民营企业"人治"管理模式,[1]确保上下级管理顺畅对接,实现治理、制度、流程的协调统一。三是组织并购企业干部职工广泛参与集团公司组织的巡回演讲、辩论赛、演讲比赛以及各种文体活动,使企业文化内化于心、外化于行,促

---

[1] 沈亦周. 构建混合所有制企业的良好生态[J]. 商讯,2019(28).

进企业融合。四是规范标识系统。将公司的视觉识别系统导入混合所有制企业，更替混合所有制企业形象标识系统，统一视觉形象标识，以统一的葛洲坝人形象激发员工的自豪感、荣誉感、归属感。

三、混改方案成效与经验启示

（一）混改成效

葛洲坝集团积极开展混合所有制改革探索，所属易普力公司通过子公司股权置换和公司经理层、核心骨干员工持股等方式对公司进行了混合所有制改革，引入民营企业和自然人持股，迅速实现了从传统民爆施工向上游炸药原材料生产、产品制造的延伸，形成了产业一体化的服务能力，产能居行业第3位。所属水泥公司抢抓湖北省淘汰落后水泥生产线机遇，走兼并重组、区域提升的发展之路，与自然人股东联合重组或新设公司，推进优势互补，在扩大产能的同时淘汰大量落后产能，综合实力跃居中国水泥上市公司第4位。

（二）经验启示

1. 推进优势互补，强化合作共赢

葛洲坝集团在合作者的选择中，坚持高端切入、高端运作，引进实力强、有技术、价值理念趋同、业绩优的战略合作者，通过充分尊重合作者的股东地位，发挥国有资本和民营资本的优势互补，强化合作共赢，实现公司快速发展和转型升级。

2. 严格决策程序，强化风险防控

企业兼并重组风险较大，具有多样性、复杂性和隐蔽性的特点，葛洲坝集团始终把防控风险作为兼并重组的第一要务，确保国有资产保值增值。一是严格决策程序，兼并重组事项必须经公司投资委员会、董事长办公会、中国能建集团以及董事会逐级审核审批，有效防控重大决策风险。二是设计了"前台操作、后台评审"的决策制衡机制,围绕战略匹配、经济指标、操作要领、风险评估等要素,全面评审项目的可行性和合规性;加强决策后评价,开展投资风险和收益评估,确保程序严谨、运作规范、决策科学、风险可控。三是在重大决策上注重借用外力外脑或引入第三方机构,提供法律意见书和专项风险评估报告等,确保投资项目决策的科学性和可靠性,提高决策水平和效率。四是对已实施的兼并重组项目,重视过程管控和项目后评价,针对发现的问题和风险,及时采取措施,确保风险可控、回报可期。

3. 完善治理结构,提高自律能力

提高混合所有制企业的自律能力和发展动力,归根结底就是要规范企业治理。葛洲坝集团经过多年的探索和实践,摸索出一种对混合所有制企业"管得住、有活力"的治理与管控模式。一是科学设计治理结构,加强党的领导与企业治理结构有效结合。二是因企施策,灵活运用治理管控模式,实现混合所有制企业责权清晰、有效制衡、协调运转。在公司具备优势的行业全面接管其治理和管理工作,充分确保国有资产的安全和企业战略发展方向。对于公司不具备技术、人才、管理优势的行业,则通过董事会对战略思路、基本制度、重大决策、经营计划、经理层选用、监督考核、激励约束、企业文化等方面进行管控,在确保国有资产安全的前提下,将日常经营和管理合理授权给经理层负责,充分释放企业经营活力。三是对二级和部分三级混合所有制企业试行专职董监事制度。二级单位专职董监事由葛洲坝集团委派,组成二级单位的董事会和监事会,专职董监事人事关系保留在集团,直接参与决策,专职监事独立监督,促进了混合所有制企业的规范运作和科学决策。四是发挥混合所有制企业股权多元化给企业治理带来的天然优势,给予小股东充分的知情权、监督权和建议权,发挥了促进企业规范治理的重要作用。

4. 加强企业融合,推动和谐发展

国企与民企在体制、机制、文化等方面风格迥异,能否有效融合往往成为企业并购成败的关键因素。葛洲坝集团在大力推进并购工作的同时高度重视企业融合工作,促进了混合所有制企业健康可持续发展。

第十一章
中船重工中国动力混改案例

一、混改背景

中国船舶重工集团动力股份有限公司（以下简称"中国动力"）是中国船舶重工集团公司（以下简称"中船重工"）对旗下原上市公司风帆股份有限公司（以下简称"风帆股份"）实施重大资产重组，打造的动力装备业务平台。

风帆股份前身保定蓄电池厂（国营第四八二厂）始建于1958年，是"一五"期间国家156个重点建设项目之一，2000年6月设立风帆股份有限公司，"风帆股份"A股（SH600482）2004年7月在上海证交所上市。2016年5月中船重工完成风帆股份重大资产重组，更名为中国船舶重工集团动力股份有限公司。风帆股份一直承担着国家小型军用电池的研发、生产任务，包括航空、装甲、坦克、海航等多系列产品，高质量完成国庆35周年、50周年、60周年、纪念抗日战争胜利70周年以及朱日和阅兵产品保障任务，先后得到国务院、国家军委、总装备部表彰和嘉奖。风帆股份拥有博士后工作站和发展改革委、科技部双认定的国家级企业技术中心，先后通过国军标9001A-2001和ISO/TS16949：2002质量管理体系认证，ISO14001环境和ISO18001职业健康安全管理体系认证,① 取得国家认可委（CNAS）颁发的"国家实验室"和"国防科技实验室"认可证书。② 现拥有授权专利255件，其中发明专利43件。系中国化学与物理电源行业协会酸性蓄电池分会和中国电池工业协会铅酸蓄电池分会理事长单位。③

风帆股份从20世纪80年代开始，抓住中国汽车工业发展的机遇，通过率先开展蓄电池国产化研制、实施经销商特约经销制度等营销模式创新、积极进入资本市场并持续开展资本运作等改革创新举措，逐渐发展成为技术领先的汽车起动电池龙头企业，是中船重工动力产业的标杆企业。

2015年以来，中船重工进一步强化改革创新，为充分发挥集团整体优势，积极推进内部军民产业整合重组和资本运作，提出打造四大领域、十大军民融合产业方向，积极推进分板块重组上市的资本运作思路。

中船重工是我国海军装备研发及供应保障的主体力量，集中了我国舰船及其动力、电子、特种机电、核心配套装备研究、设计、制造的主体力量，特别是在动力领域拥有国内技术最全面的燃气动力、蒸汽动力、化学动力、全电动力、民用核动力、柴油机动力、热气机动力等七大动力④装备研发、设计和制造能力，但业务和能力未实现有效整合，难以适应我国海军装备及国民经济对动力产业发展的需要。

国之重器，离不开国之动力。动力问题是中国制造业创新发展和推进"中国制造2025"、建设制造强国的重大问题，舰船动力更是关乎我人民海军制胜打赢和船舶工业国际竞争力提升的重大要素。为了充分发挥自身优势，服务国家战略，促进自身更好发展，中船重工提出对风帆

---

① 孙威. 风帆蓄电池品牌管理研究[D]. 保定:河北大学,2015.
② 杨建峰. 创新升级调结构 科学谋划夺先机——中船风帆股份有限公司发展侧记[J]. 中国军转民,2014(4).
③ 孙威. 风帆蓄电池品牌管理研究[D]. 保定:河北大学,2015.
④ 龙昊. 注入动力业务资产风帆股份扬帆起航[N]. 中国经济时报,2015-09-03.

股份实施重大资产重组,打造以军为本、军民融合、海陆并进的动力装备龙头企业。

二、混改模式

(一)"混"的内容

1. 借壳风帆股份,实现集团动力业务整体上市

2015年5月至2016年7月,风帆股份启动重大资产重组。2016年5月,中船重工完成风帆股份重大资本重组,注入约134亿元动力资产,同时配套融资134亿元。重组后的中国动力是国内技术最全面的动力业务龙头企业,而风帆股份实现了一次跨越发展的"华丽转身",并更名为风帆有限责任公司(承接原风帆股份整建制资产、业务和人员)。

2. 实施整合重组,推进动力业务专业化发展

一是率先推进低速柴油机业务整合重组,整合旗下大连船柴、宜昌船柴、青岛船柴资产,在青岛设立中国船柴总部,优化能力结构布局,打造"一总部+三基地"的战略布局,建立统一的销售平台、战略采购平台、全寿命服务保障平台、集成研发平台和管理平台,致力于打造最具竞争力的柴油机研制与服务企业。公司总资产106亿元,具备年产400万马力低速柴油机能力,其低速柴油机产品将占国内市场份额的45%~50%、国际市场份额的15%~20%。[①]

二是积极推进化学动力整合重组,以中国动力全资子公司风帆公司为主体,整合淄博火炬能源和武汉长海电推军民电池业务,致力于形成军用电池、汽车电池、牵引电池、工业电池、锂电池、循环经济等板块协调发展的军民融合产业格局,打造中国第一、世界前列的科技型电池

---

① 郭传.中国最大船用低速机公司诞生[N].中国水运报,2017-09-06.

产业集团。

（二）"改"的措施

为了进一步完善公司的法人治理结构，发挥整体协同效应，促进公司建立健全激励约束机制，充分调动员工积极性、责任感、使命感，有效地将股东利益、公司利益和经营者自身利益结合在一起，共同关注公司的长远发展，针对公司董事、高级管理人员、中层管理人员以及公司认为应当激励的业务骨干，制定实施了股权激励计划。[①] 股权激励计划涉及854人，占公司全部职工人数的4.43%，授权额度占总股本的0.9913%，激励对象在未来36个月内分三期行权，将发挥积极的激励作用，促进公司业绩提升。

三、混改方案成效与经验启示

（一）混改成效

1. 实现动力板块整体上市，充实产业升级所需资金

公司整合七大优质动力业务并募集配套资金134亿元，为动力产业发展奠定了良好的基础。配套融资后中船重工合并持有中国动力股比达到57.78%，为下一步资本运作留下更大的空间。中国动力成为全球动力领域专业覆盖面最全、国内自主创新能力最强、"国内龙头、国际一流"的动力装备公司。[②]

2. 初步完成部分业务整合重组，内部协同效应显现

柴油机动力已率先发挥出整合效力。自2017年5月成立以来，中国船柴由总部统一负责战略规划、市场开发与销售、服务保障与培训、

---

① 桑培光,余来文.网宿科技的商业模式创新[J].企业改革与管理,2013(12):38-40.
② 咨文.中国动力重组融资超百亿 七大动力整合持续推进——中国动力重组上市的五大亮点[J].国防科技工业,2016(9).

集成研发与设计、经济运行、供应商管理、财务管控与资本运作,① 产能布局得到优化、减少内部竞争,有效降低了采购和制造成本,同时资金使用成本也明显降低,使公司低速机业务整体竞争力得到提升,加速打造集低速机研发、销售、售后服务于一体的服务体系。

化学动力整合正在积极推进。在资产重组中,关于减少化学动力同业竞争的承诺部分已达到注入条件,中国动力董事会已审议通过注入方案,收购淄博火炬控股有限责任公司的部分资产和业务。同时中国动力拟通过子公司划转及业务划转等方式,以风帆公司为牵头单位将公司化学动力业务进行内部整合,依托行业品牌和营销网络优势,② 产研结合、统筹布局,积极发展新能源产业,持续深入做好结构调整、技术升级、电池回收、国际化经营等支撑战略,积极履行企业社会责任,坚持绿色发展,早日建成"中国第一、世界前列"的科技型电源产业集团。

3. 现代治理机制的引入,发挥了积极的激励作用

自实施股权激励以后,公司上下在核心员工的带动下凝心聚力,坚持以军为本、以军促民的发展战略,在保证军工订单任务的前提下,积极探索军民融合业务,在天然气长输管线建设、分布式能源、民用全电推进等领域取得突破。③ 2017年上半年,公司实现营业收入116.41亿元,同比增长10.14%;净利润5.61亿元,同比增长21.53%。

(二)经验与启示

1. 推进业务重组上市是落实供给侧结构性改革要求、促进企业转型升级的重要途径

动力装备是中船重工具备较强核心竞争力的装备领域,涉及的厂所

---

① 郭传. 中国最大船用低速机公司诞生[N]. 中国水运报,2017-09-06.
② 欧阳春香. 军工民品双增长 中国动力资产整合将提速[N]. 中国证券报,2017-08-14.
③ 董少鹏,谢岚,矫月. "电池王"中国动力闯出军民融合发展新航道[N]. 证券日报,2018-12-26.

较多,在重组上市前内部协同不够,科研生产资源较为分散,部分领域还存在内部竞争,集团整体优势未充分发挥,不适应国防建设和国民经济发展对动力装备自主发展的强烈需求。此次借壳风帆实施资产重组,对于深化军民融合、产融结合、产研结合,促进动力装备专业化、规模化、集约化、国际化发展具有重要意义。

2. 在军工科研院所资产证券化方面进行了积极探索

本次重组上市整合了中船重工旗下几家动力军工科研院所的资产,开创了上市公司的先例,成为军工科研院所资产证券化的标杆案例。作为资本市场重大无先例的重组项目,同时又是执行周期最高效的军工资产证券化项目,除自身的充分准备外,[①] 离不开我国实现军民融合、推动混合所有制改革政策导向的引领,离不开相关主管部门的大力支持。历时一年完成全部重组过程,抢占了非常重要的资本运作先机。

3. 借助资本市场是推动军民融合、混合所有制改革的重要途径

此次整合重组,主要借力资本市场,实现了军民领域七大动力业务注入上市公司,既推进了业务军民融合式整合重组,又通过引入社会资本实现了混合所有制改革。同时,依托资本市场的监管,推行股权激励计划等现代治理机制,推动建立完善法人治理机制。

---

① 董少鹏,谢岚,矫月."电池王"中国动力闯出军民融合发展新航道[N].证券日报,2018－12－26.

第十二章
三峡集团西安风电混改案例

一、混改背景

西安风电设备股份有限公司（以下简称"西安风电"）成立于2007年7月，注册资本1.6亿元，是三峡集团所属三峡新能源公司（以下简称"三峡新能源"）控股的混合所有制企业。公司主要经营项目涉及风电设备及配套部件的研发、设计，风电设备及通用机械设备的制造与销售，风电技术的咨询、服务。[①] 拥有各类生产设备700余台套，具备年产1500台兆瓦级定转子支架和500台机舱底座的生产能力。截至2016年底，西安风电资产总额84164.80万元，实现年营业收入42607.98万元，利润总额12238万元。

二、混改模式

（一）"混"的内容

西安风电引入多方社会资本，构建多元股权结构。一是成立之初，奠基础。西安风电在2007年7月成立时就设计了混合所有制的股权结构，保持在国有股东相对控股前提下，增加民营股东股权比重，支持非公资

[①] 魏梦杰. 张弛有度 金风科技风电布局动作频频[N]. 上海证券报, 2009-08-18.

本股东参与管理，形成了国有股东、供货商、核心技术方、客户方等各利益相关方多元化的股权结构。三峡新能源作为国有股东，具有较为雄厚的资金实力，为企业产能的迅速扩张提供了强有力的支持，并充分发挥国有企业规范管理的特点，为企业发展的合法合规保驾护航；民营股东西安振邦公司掌握机械加工相关技术，具备相应生产设备的资质，为西安风电的发展提供了技术支持和市场基础；金风科技作为风电设备行业主要客户参与西安风电的设立，进一步密切了西安风电与金风科技的关系，稳定了西安风电的销售市场。二是发展之时，快深入。随着公司规模和业绩的不断提升，为适应公司快速发展的需要，大力提高公司的市场竞争力和创造力，持续增强发展后劲，西安风电通过增资扩股、老股东对外转让股权等方式，引入新的战略投资者，为西安风电的稳健发展提供了重要财务支持。三是腾飞之际，再加速。为了更加充分引入社会资本参与公司发展，进一步提高公司证券化水平和资产价值，建立长期可持续的融资平台，西安风电筹划通过IPO推进上市。股东航天新能源基金作为券商直投，发挥专业优势，为西安风电持续推进IPO提供专业的技术支持和服务，提高了工作效率，为其最终实现上市提供便利。

(二)"改"的措施

1. 健全法人治理结构

（1）完善法人治理结构，提高公司治理能力。

一是建立规范的股东会、董事会、监事会"三会制度"。股东会是公司的权力机构，审批、决议公司重大事项；董事会是公司决策机构，把控具体投资经营方案，决定高管任免及其薪酬；监事会是公司的监督机构，依法对董事会、高管实施监督职责。股东会、董事会、监事会明确权责边界，做到无缝衔接，依法依规行权，各司其职，各尽其责，又相互融合，相互支持，形成了权责对等、运转协调、有效制衡的公司治理机制。

二是把加强董事会建设作为完善公司治理结构的核心。在董事会人员聘用上,股东推荐选择具有战略管理、风险管控、资本运作、财务审计等特长的专职外部董事占绝大多数,落实"一人一票"表决制度,保证董事行使表决权的独立性,体现董事会决策的集体性、科学性;切实落实董事会职权,将投资重大项目、决定高管任免及薪酬等权利赋予董事会,提高董事会治理效率,同时健全董事会制度体系,形成董事选聘、管理、考核、激励、追责的制度闭环。

三是提高国有控股股东的决策效率。为适应混改企业管控需要,三峡新能源实行了股权代表负责制和股权管理重大事项内部提前请示制度,设置专门的股权管理部门和人员,跟踪研究西安风电重大决策事项。股权管理部门牵头相关部门提前审议西安风电股东会议案并提出表决建议,填写重大事项请示表,提交领导或决策会议决策后,快速将决策意见反馈给股权代表,保障了西安风电各股东在股东会上决策的同步性、高效性,满足了西安风电适应市场发展及时作出决策的需要。

(2) 坚持党的领导,发挥政治核心作用。

坚持"投资并购到哪里,党组织就建设到哪里",明确党组织在公司法人治理结构中的法定地位,把坚持党的领导和完善公司治理有机统一起来,将发挥党组织的政治核心作用内化于公司章程,把党组织的职责权限、机构设置、运行机制、基础保障写入公司章程,建立了统一归口、责任明晰、有机衔接的国有企业党建工作机制,把促进企业生产经营作为党建工作的基本出发点和落脚点,围绕生产经营搭建活动平台,创新党建工作方式,真正实现体制对接、机制对接、制度对接、工作对接。

2. 完善市场化经营机制和健全激励约束机制

西安风电通过健全业绩评价机制,增强经理层经营动力。一是让董事会成为经理层业绩评价的主体,以市场价值为标准对经理层的经营业绩进行科学评价,建立与经营业绩紧密挂钩的薪酬体系,实现薪酬与业绩有效匹配。经理层收益与公司效益共享,损失与风险共担,充分激发了其经营积极性,强化了其管理责任心,增强了其经营动力。二是探索短期激励与长期激励相结合,将经理层薪酬中一定比例以风险性薪酬(包括年度奖金和长期激励分红)的方式进行支付,其中长期激励分红占多数,使经理层切身利益与企业长远发展紧密结合,更加注重公司长远发展,实现了从"要我发展"到"我要发展"的根本转变,有效激发了经理层的工作潜能,维持了经营团队稳定,增强了企业发展后劲。

三、混改方案成效与经验启示

(一)混改成效

1. 经营业绩显著提升,股东回报日渐丰厚

2007年西安风电成立之初,公司资产总额11196.73万元,年营业收入2973.31万元。截至2016年底,西安风电资产总额达84164.80万元,实现年营业收入42607.98万元,十年改革发展,资产总额增加6.52倍,营业收入增加13.3倍。截至目前,三峡新能源实际出资10072.5万元,已获得现金分红18500万元。西安风电上市成功后,将为股东创造更加丰厚的价值回报。

2. 管理体制日臻完善,公司发展持续健康

通过建立健全覆盖全面、分工明确、协同配合、制约有力的经营管理机制,保障了公司的规范有序运行;通过不断完善组织机构议事规则、"三重一大"决策制度,持续优化内控规范体系,完善责权划分和流程,进一步提升了公司的管控能力和风险防范水平,进而全面提升了公司综合经营管理能力,促进了公司的持续健康发展。

3. 技术创新不断加快,竞争优势明显提高

通过技术股东引进的新工艺、新技术,西安风电工艺制造水平大幅提升,金属焊接领域已经达到了国际水平,通过了ISO3834-2国际焊接质量认证评审验收;通过了中国质量认证中心对公司质量管理体系的再认证，取得了新版 ISO9001 质量管理体系证书；自主研发能力大大增强，共获得专利 8 项，其中变更发明人专利获得 3 项，自主申请专利获得 5 项，企业竞争优势明显提高。

4. 改革方向日趋明朗，混改目标初步实现

西安风电混改的十年摸索，逐步坚定了"三个有利于"的混改目标导向。通过多次引入战略投资者，以近 1 亿元国有资本撬动了近 7 亿元的社会资本，放大了国有资本功能；通过多次股权运作，后续股东溢价增资入股，持续放大了国有股东的权益价值，目前已累计获得 1.8 倍投资资本的收益，实现了国有资产保值增值；通过引进并充分利用民营股东技术优势、创新优势和基金公司股东资本运作优势提高了公司的综合竞争力，初步实现了混改目标。

（二）经验启示

1. 设计好合理的股权结构是混改取得成功的前提

西安风电近十年混改实践表明，股权结构的合理设置非常重要，西安风电设立之初设计了四分天下的股权结构，国有控股股东不谋求绝对控股，但发挥积极主动作用，着重把握企业的战略发展方向，既不畏首畏尾，也不草率冒进；非国有股东持股比例接近 40%，拥有了相当程度的话语权，充分调动了非国有股东参与公司决策的积极性，着重扬长避短、优势互补，共同促进企业健康发展。

2. 选择好互补的合作股东是混改取得成功的关键

首先，在公司设立之初就要明确合作股东的引进方向，要引进在行业具备一定技术优势，或者具备一定产业基础，能够与国有股东形成优势互补的非国有股东。其次，根据公司发展需要，适时针对性地引入新的资源互补股东，满足公司发展需要。最后，在后续投资者引入方面，当企业急需补充资金或扩大规模时宜采用定增方式；除此之外，其他情况宜采用老股转让方式，尤其是当老股东有减持意愿或其行为影响到公

司正常生产经营时，就应鼓励其减持、转让。

3. 建立好科学的管控体系是混改取得成功的保障

要区别混合所有制企业和全资子企业的管理，针对混合所有制企业建立科学的管控体系，切实落实董事会职权，依法放开人事、薪酬等方面的管控权限，转向以管资本为主，真正按《公司法》和公司章程规定下放相关决策权，调动各位董事行权的积极性，通过充分协商、平等决策，发挥各方合力，支持经营层和骨干员工持股，设立有效的考核激励机制，激发经营层管理活力。

| 第十三章 |

中国黄金中金珠宝混改案例

一、混改背景

中国黄金集团黄金珠宝股份有限公司（以下简称"中金珠宝"）是中国黄金集团有限公司（以下简称"中国黄金"）的控股公司和七大板块之一。中金珠宝是专业从事"中国黄金"品牌运营的大型专业黄金珠宝生产销售企业，[①] 处于一个充分竞争的市场领域，"老凤祥""周大福"等知名首饰品牌在此领域长期精耕细作，拥有很高的市场占有率。中金珠宝经历了十余年的发展历程，虽然取得了一定的成绩，但市场竞争日趋激烈，发展遇到了严重的瓶颈，企业面临"不进则退"的危险。混改前期，中金珠宝改革的重要性和必要性虽然已初露端倪，但远未达成共识。一方面，中金珠宝经过多年培育和发展，已经成为黄金集团业绩增长最快、效益最优的板块企业之一，对整个集团的业绩起到了较强的支撑和引领作用。[②] 在这种形势下推行混改，引入集团外资本，共享发展红利，难免笼罩上一层"国有资本流失"的阴影。另一方面，大部分的企业员工还存在着"求安稳"的想法，缺乏一定的风险意识以及竞争意识，对于混改，没有足够的心理准备和情感认同，而改革带来的是更健全的法

[①] 任腾飞.中金珠宝借力"双百行动"突破发展瓶颈[J].国资报告,2019(7).
[②] 第一财经.中金珠宝混改记:为何挑京东入股？如何跟非公股东交朋友？| 国企改革双百行动调研[EB/OL].[2019-06-25]. https://www.yicai.com/news/100236557.html.

人治理机制以及更公开透明的绩效考核办法,对部分人来说更是挑战。经过长时间、高密度地汇报、沟通、博弈、磋商,改革得以顺利进行。2016年10月21日至2017年7月28日,黄金集团先后召开八次专题会议,研究讨论中金珠宝混合所有制改革试点实施方案,就中金珠宝增资扩股引入战略投资者和产业投资者,并进行骨干员工持股试点细节深入研讨。中金珠宝最终成为国家发展改革委第二批混合所有制改革试点单位,2018年8月又成功入围"双百行动"企业名单。①

二、混改模式

(一)"混"的内容

1. 明确混改战略体系

中金珠宝的混合所有制改革工作,本着"在探索中总结经验、在发展中解决问题"的工作原则,坚定信心,步步为营,稳步扎实,制定了"混"与"改"紧密结合的工作方针,分为"引资本""转机制""IPO上市"三步走。②

第一阶段为增资扩股阶段,从2017年1月至10月,引入了战投、产投、员工持股平台进行增资。增资扩股阶段的融资总额为22.5亿元,完成后,前述三类投资者合计持股比例将达到41%左右,黄金集团及其一致行动人持股比例降低到51%,但仍保持控股地位。③

第二阶段为股份制改造阶段,从2017年10月至2018年6月。以2017年9月30日为股改基准日完成审计报告、评估报告,2018年3月将930评估报告及国有股权管理方案上报集团及国资委,2018年5月下旬拿到国资

---

① 第一财经.中金珠宝混改记:为何挑京东入股?如何跟非公股东交朋友?丨国企改革双百行动调研[EB/OL].[2019-06-25]. https://www.yicai.com/news/100236557.html.
② 任腾飞.中金珠宝借力"双百行动"突破发展瓶颈[J].国资报告,2019(7).
③ 第一财经.中金珠宝混改记:为何挑京东入股?如何跟非公股东交朋友?丨国企改革双百行动调研[EB/OL].[2019-06-25]. https://www.yicai.com/news/100236557.html.

委批复，6月26日拿到了股份公司营业执照，完成股份公司设立。

第三阶段为IPO阶段，以2018年6月30日为申报基准日。从2018年7月开始至2019年上半年，主要分为两个阶段，一是上市辅导和上市申报准备阶段，需要完成证监会辅导备案、验收，申报材料的准备；二是2018年底提交申报材料，2019年进行反馈，最终完成发行上市。

2. 引入战略投资者

中金珠宝本着"强化党建统领、放大国有资本、建立现代企业制度、提升企业效率和效益"的原则，一方面，通过增资扩股引入中信证券、京东、兴业银行、中融信托、建信信托、越秀产投和浚源资本等战略投资者；另一方面，引入下游30家优质加盟商作为产业投资者。

金融资本的引入着眼于中金珠宝资本需求的增加以及供应链金融等领域的布局，选择京东则是基于前期双方良好的合作基础以及京东在新零售、物流、云计算等方面的突出优势，为推进中金珠宝线上线下融合发展健全体系、夯实根基。30家优质加盟商均为中国黄金从2008年进军终端市场之初的合作者，双方知根知底，共同见证和参与了中金珠宝的发展历程。[①] 他们的参股不仅降低了中金珠宝招股的成本和风险，更在常规的商业合作关系之外，以"资本"为纽带，为中金珠宝夯实线下渠道打下良好基础。

3. 合理设置股权比例

中金珠宝通过增资扩股，引入战略投资者、产业投资者和骨干员工持股平台（含管理层）。引入11家股东均为非公资本类型，本轮增资扩股的融资总额为22.5亿元。增资扩股完成后，前述三类投资者合计持股比例将达到41%左右，中国黄金及其一致行动人持股比例降低到51%，但仍保持绝对控股地位。其中，战略投资者：持有本次增资扩股

---

① 第一财经.中金珠宝混改记:为何挑京东入股？如何跟非公股东交朋友？丨国企改革双百行动调研[EB/OL].[2019-06-25].https://www.yicai.com/news/100236557.html.

完成后的中金珠宝约 24.52% 的股权,融资金额 13.7 亿元;① 产业投资者:将持有本次增资扩股完成后的中金珠宝 9.81% 的股权,融资金额 5.5 亿元;骨干员工持股平台:在多方考虑并充分听取员工意见后,中金珠宝以员工职级(40%)、司龄(40%)及学历(20%)三项指标作为评定标准,② 骨干员工将持有本次增资扩股完成后的中金珠宝 6% 的股权,融资金额 3.3 亿元。中国黄金持股比例由 72.16% 下降到 43.07% 后保持控股地位不变,股权多样化形成国有资本保持相对控制力,各所有制资本取长补短的内部制衡机制和相互促进发展的积极态势,有效实现了国有资本放大。③

(二)"改"的措施

1. 健全法人治理结构

中金珠宝通过切实完善股东大会与董事会制度等公司治理机制,使董事会真正成为多种资本意志表达和决策的平台。目前中金珠宝董事会有 9 名董事(黄金集团及其一致行动人推荐 4 名,其中中金黄金 1 名,2 名外部董事,3 名独立董事),国有资本董事数量已经降到 50% 以下。监事会有 5 名监事(其中 2 名职工监事),能够有效落实和维护公司董事会依法行使重大决策、选人用人、薪酬分配等权利,加快形成有效制衡的法人治理结构。

外部董事及独立董事在重大事项上,如公司经营范围、对外融资事项及其他重要事项,已开始行使一定的质询及否决权。其中,京东作为美国上市企业,其丰富的上市经验、规范的管理流程、健全的内部治理体系等优势,为中金珠宝提供借鉴的同时,也倒逼着中金珠宝对公司治理体系和内控管理制度进一步优化。而产业投资者的加入,让中金珠宝

---

① 王健生,袁琳. 中金珠宝混改为国企改革勇探新路[N]. 中国改革报,2019-07-10.
② 中金珠宝混改记:为何挑京东入股? 如何跟非公股东交朋友? | 国企改革双百行动调研[EB/OL]. [2019-06-25]. https://www.yicai.com/news/100236557.html.
③ 任腾飞. 中金珠宝借力"双百行动"突破发展瓶颈[J]. 国资报告,2019(7).

在制定战略规划、经营方案时,能更大程度上听到来自一线市场的不同声音,为公司科学、民主决策提供重要保障,真正实现"让听到炮火的人来影响决策甚至指挥战斗"。[①]

2. 完善市场化经营机制和健全激励约束机制

在组织调整方面,通过拆分、合并等手段,部门数量从19个压减至14个;同时为配合公司机构改革,建立办事处组织机构,组建了7个办事处。

在员工结构优化方面,通过开展中层干部竞聘,员工与部门双向选择,激发全员积极性,中层干部队伍人数减少;首次开展主管竞聘工作,主管占比从40.5%下降到30%,加强了人才的梯队建设。

在薪酬结构改革方面,对员工整体进行了调薪,加大考核比例,缩减档级、拉大级差(中层平均上调15%、主管平均上调25%、员工平均上调32%),与骨干员工持股相结合,将工资收入和资本利得构建成为员工收入双驱动的增长机制,强化激励。[②]

在深化选人用人制度改革方面,真正形成了中金珠宝"干部能上能下,人员能进能出,收入能增能减"的良好氛围,建设了一支"有激情、敢担当、勇进取"的骨干员工队伍,培育出更加具有"市场基因"的人才,为公司转型发展注入新的活力。

三、混改成效与经验启示

(一)混改成效

中金珠宝混改前后的营业情况如表13-1所示。

[①] 第一财经.中金珠宝混改记:为何挑京东入股?如何跟非公股东交朋友?丨国企改革双百行动调研[EB/OL].[2019-06-25]. https://www.yicai.com/news/100236557.html.

[②] 任腾飞.中金珠宝借力"双百行动"突破发展瓶颈[J].国资报告,2019(7).

表 13-1 2017 年中金珠宝混改后销售收入和利润总额 单位：亿元

年份	销售收入	利润总额
2014	507	2.7
2015	433	3.8
2016	386	3
2017（混改后）	405	3.9

2019 年 6 月，中金珠宝已完成券商辅导，实现混改上市目标。混合所有制改革，一方面夯实了传统业务板块发展，借助混改新进投资者，优势互补、协同发展；另一方面借助资本市场对具有良好发展前景的黄金珠宝行业产业链的企业实施重组并购，加快了中金珠宝的新业务板块布局。

（二）经验启示

1. 国有资本相对控股且股权相对分散，避免管理内讧

中金珠宝在混改的股权结构设计过程中，为保证上市前后国有资本控制力不发生转移，采取了"国有资本相对控股且股权相对分散"的股权结构设计方式。混改后，黄金集团及其一致行动人的持股比例由 85.79% 降至 51.19%。上市前，国有资本拥有相对控股地位。第一大股东中国黄金持股比例下降将近 30%，中金珠宝股权分散度与制衡度进一步提升，进一步激发了国有企业活力。另外，即使上市股权被稀释，黄金集团及其一致行动人仍对中金珠宝具有控制权，在一定程度上避免了股权与控制权之争。

2. 实施员工持股计划，形成资本所有者与劳动者的利益共同体

首先，中金珠宝员工持股激励对象选择恰当。中金珠宝通过设立三个合伙企业间接持股的方式进行员工持股，选择 150 名核心骨干员工持股 6%。其次，员工持股与业绩目标结合在一起设计和实施。中金珠宝实施员工持股的同时，开展薪酬结构改革，通过加重考核比例、缩减档级、拉大级差，打破"大锅饭"和平均主义的薪酬弊端。①

3. 在共同治理的基础上，保证国有资本的控制权

混改后，中金珠宝董事会成员9人，其中中国黄金及其一致行动人拥有4个名额，国有资本董事数量降至50%以下。中金珠宝董事会成员中独立董事数量为1/3，能够确保董事会决策的合理性，已经形成有效制衡的法人治理结构。但是，国有资本在董事会层面仍具有一票否决权。

总之，清晰明确的混改战略规划、相对合理的股权结构设计、以产业协同发展为原则引入外部投资者、有效的员工持股计划、完善的公司治理结构设计等，都是中金珠宝能够实现混改阶段性目标且即将实现混改终极目标（IPO）的关键点。

---

① 混改发力 中金珠宝注入新动能[EB/OL].[2019-06-26]. http://finance.stockstar.com/JC2019062600000047.shtml.

|第十四章|
中国建材集团混改案例

一、混改背景

中国建材集团有限公司(以下简称"中国建材集团")是经国务院同意,国资委批准,由中国建筑材料集团有限公司(以下简称"中建材集团")与中国中材集团有限公司(以下简称"中材集团")重组而来,是中国最大、世界领先的,集产业制造、科技服务、物流贸易、成套装备和新型房屋于一体的综合性建材产业集团。[①] 2017年,中国建材集团(合并后)实现营业收入3042亿元,利润总额111亿元,利润、税费、薪酬、利息合计社会贡献总额达668亿元,全面超额完成年度经营任务,混合所有制试点、员工持股试点、内部机制改革等向纵深推进,深入推进两材重组"四大优化""六大整合",新型建材、新型房屋、新材料等新兴产业快速成长,多家企业跻身世界级"隐形冠军",还涌现出T 800碳纤维、1.5毫米超薄光伏玻璃、锂电池隔膜、加能源5.0房屋、CIGS薄膜太阳能电池等世界一流的技术。

近十年来,中国建材集团积极适应经济发展需要,遵循市场经济规

---

① 宋志平,曹江林,光照宇,等.中国建材集团发展混合所有制经济试点的做法与思考[A]//中国企业改革与发展研究会.中国企业改革发展优秀成果(首届)上卷[M].北京:中国经济出版社,2017.

律和企业发展规律，坚持市场化改革方向，积极推进混合所有制经济发展。① 原中建材集团由一家底子薄、资本金少的"草根央企"逐步成长为全球建材制造业领军企业，连续八年进入世界 500 强，引领了我国建材行业的结构调整、转型升级和节能减排，走出了一条国有资本和非公资本交叉持股、相互融合、共同发展的路子，2014 年 7 月被国资委列为发展混合所有制经济和落实董事会职权"双试点"企业。原中材集团是我国最大的建材工程建设企业，拥有行业最强的工程建设力量，中材集团充分利用科技型企业优势，依托在非金属材料领域领先的技术与产业基础，有效重组和整合内部资源，在战略性新兴产业诸多领域发挥了重要作用，② 并形成中材节能、中材科技、中材高新等优秀的新兴产业公司。2016 年 7 月中国建材集团再次被列为中央企业兼并重组试点和落实董事会职权试点企业。

中国建材集团的混改既是压力所倒逼，也是企业遵循市场经济规律和企业发展逻辑的主动选择。中国建材集团处于充分竞争行业，水泥、玻璃等行业产能严重过剩、布局分散、恶性竞争情况较为突出。发展混合所有制经济，加快推进资源整合、结构优化和产业升级成为中国建材集团成功"突围"、实现快速发展的现实选择。③

二、混改模式

（一）"混"的内容

一是以"央企市营"赢得机制优势。在发展混合所有制之初，中

---

① 宋志平,曹江林,光照宇,等.中国建材集团发展混合所有制经济试点的做法与思考[A]//中国企业改革与发展研究会.中国企业改革发展优秀成果（首届）上卷[M].北京:中国经济出版社,2017.

② 耿含星.国有企业混合所有制改革路径与资本优化配置——基于中国建材集团的案例分析[D].北京:北京交通大学,2017.

③ 李予阳."混改"改出新天地——中国建材集团推进混合所有制改革的实践[J].先锋队,2016(26).

国建材集团提出并践行"央企市营"模式，探索建立适应市场经济的体制机制，努力实现与多种所有制企业共生多赢。"央企"是所有者属性，包括四个内涵：坚持企业中党组织的政治核心作用；带头执行党和国家的方针政策；主动承担政治责任和社会责任；创造良好的经济效益，为国家保值增值，为全民积累财富。"市营"是市场化属性，包含五个核心：股权多元化、规范的公司制与法人治理结构、职业经理人制度、公司内部机制市场化、依照市场规则开展企业运营。①

二是以"三七原则"设计股权结构。《中共中央 国务院关于深化国有企业改革的指导意见》提出，"要充分发挥市场机制作用，坚持因地施策、因业施策、因企施策，宜独则独、宜控则控、宜参则参"。中国建材集团采取"正三七"和"倒三七"的多元化股权结构。"正三七"是中国建材集团持有上市公司30%以上的股份，作为第一大股东进行相对控股。中国建材集团董事长宋志平提出，发展混合所有制要"混得适度"，就是在"相对控股""第一大股东""三分之一多数"等基本前提下，探索多元化股权结构，重点是要引入积极股东。改革中既不能"一股独大"，让所有者缺位，也要防止股权过于分散，否则就会"三个和尚没水吃"，股东无法统一意见或不会真正关心公司发展，使得公司权力被内部人控制。至于"倒三七"，指的是中国建材集团的上市公司采取"倒三七"的股权结构，即约70%的股份由上市公司持有，给其他投资者或民企创业者保留约30%的股份。②

中国建材集团试点实施单位共有六家，分别为建材制造板块的中国建材股份有限公司（以下简称"中国建材股份"）、中国联合水泥集团有限公司（以下简称"中联水泥"）、北新集团建材股份有限公司（以下简称"北新建材"）、中国玻纤股份有限公司（以下简称"中国玻纤"，已更名为中国巨石股份有限公司，以下简称"中国巨石"）、科研

---

①② 李予阳."混改"改出新天地——中国建材集团推进混合所有制改革的实践[J].先锋队，2016(26).

设计板块的中国建材检验认证集团股份有限公司（以下简称"中建材检验认证"或"CTC"）、新材料板块的安徽中创电子信息材料有限公司（以下简称"中创电子材料"）。在操作中，中国建材股份股权多元化方案出于多种原因未能实施；中联水泥和北新建材的股权多元化方式有所调整，增加了凯盛科技为试点实施单位。①

中国建材股份拟向社会投资机构非公开配售 H 股（不超过已发 H 股的 20%），已获核准，将择时进行，完成后国有股比进一步下降约 4 个百分点（至 42.6% 左右），但受到市场环境影响，中国建材股份股价一直低于净资产，按照国资委有关规定，暂不能增发。中联水泥拟与具有协同价值的大型民营水泥企业集团，通过组建合资公司或股东换股等多种资本运作方式开展合作，前期中联水泥已经完成了对河南区域水泥上市公司同力水泥的现金增资，现为其第三大股东。北新建材拟以定向增发或转让老股的方式引入社会投资者，交易完成后，北新建材股比由 45.2% 降至 37% 左右，保持控股且为第一大股东，原泰山石膏创业团队和投资机构各持股 10% 左右，社会公众持股 43.3%。基本完成试点任务。中国巨石采用定向增发的方式，中国建材股份持股比例已经从最初的 40.17% 下降到 26.97%，保持实际控制人身份并为第一大股东，原民营创业团队振石集团持股 15.59%；珍成国际间接持股 4.20%；其他流通股 53.24%（见图 14-1）。凯盛科技以"现金+股权"的方式收购产业链下游企业深圳市国显科技股份有限公司（以下简称"国显"），引入国显原有股东，优化了凯盛科技的股权结构。中国建材集团持有凯盛科技的 26.11%（包括安徽华光光电材料科技集团有限公司 21.74% 和蚌埠玻璃工业设计研究院 4.37%，见图 14-2），保持第一大股东并为控股股东，国显原股东合计持有凯盛科技的 6.4%，其余是公众流通股。

---

① 宋志平,曹江林,光照宇,等.中国建材集团发展混合所有制经济试点的做法与思考[A]//中国企业改革与发展研究会.中国企业改革发展优秀成果(首届)上卷[M].北京:中国经济出版社,2017.

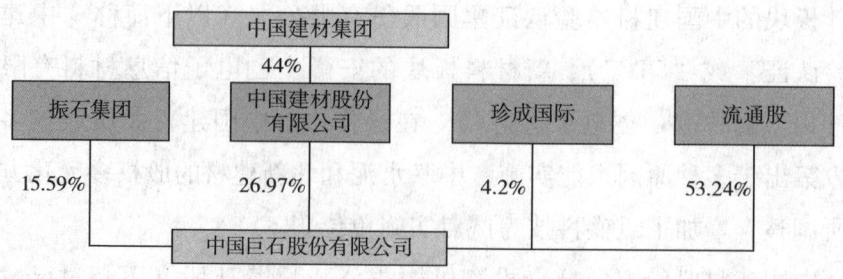

图 14-1 中国巨石的股权多元化

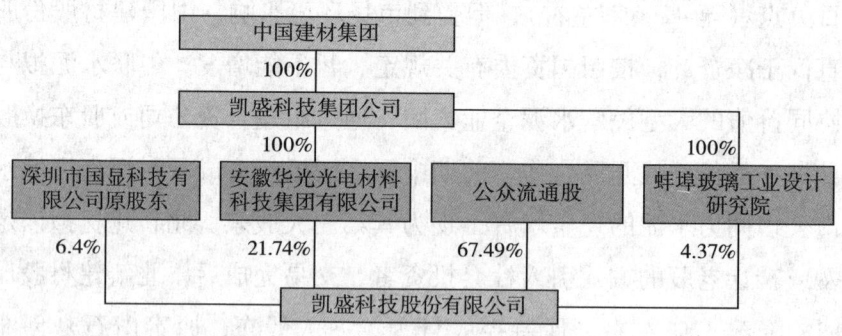

图 14-2 凯盛科技的股权多元化

(二)"改"的措施

1. 健全法人治理结构

健全协调运转、有效制衡的公司法人治理结构。上述试点实施单位对公司章程、三会议事规则以及相关管理制度进行了梳理和完善,进一步明确了中国建材集团与混合所有制企业的治理关系与权责界限,依法落实混合所有制企业董事会职权等。公司治理有关规定和做法完全符合相关法律法规和证券监管机构要求。中国建材集团已经完成《股权董事管理办法》,将以"两材"重组为契机,根据国资委有关要求,建立专职董监事制度。

中国建材集团在对混合所有制企业的管理整合中,不断创新管理方法、管理措施和管理工具,建立起一整套符合集团特点的管控模式,包括坚持"格子化"管控,将所属企业的职能分工、经营模式和发展方向固定在相应的格子里;推行"八大工法"(五集中、KPI、零库存、辅导员制、对标优化、价本利、核心利润区和市场竞合)、"六星企业"(业绩良好、管理精细、环保一流、品牌知名、先进简约、安全稳定)等一系列行之有效的管理整合方法,外抓市场,内控成本,保证重组成功的同时,有效提升企业竞争力。中国建材集团在整合南方水泥过程中,推行"对标优化"的创新管理模式,通过与国内外一流企业进行对标,提升企业运营效率,实现系统优化;同时,在以销定产的大思路下,推行零库存管控,科学配置产能利用率,避免资源浪费和资金占用,维护稳定的市场价格,提升整体管理水平。[①]

2. 完善市场化经营机制和健全激励约束机制

(1)探索完善职业经理人制度和市场化劳动用工制度。

中国建材集团积极探索适应混合所有制体制的职业经理人制度和市场化劳动用工制度,逐步形成了一支优秀的职业经理人队伍,有效解决了人才短缺难题,激发了人才活力。

中国建材集团职业经理人以内部转化为主,市场公开招聘为辅,主要有三个来源:一是有步骤、有重点地从市场中选聘,包括猎头选聘,例如2009年公开招聘南方水泥CEO,2011年通过国资委、中组部组织全球招聘,千里挑一选聘了集团的总会计师;二是在联合重组中,由被重组企业的管理人转化而来,并且可以保留一定的股权,例如北方水泥CEO;三是自我培养,稳步推进现有经理人向职业经理人转变,如中联水泥董事长、北新建材董事长等。

职业经理人要接纳企业的文化和理念,在此前提下,按照职业操守、职业化能力和业绩三大任职要求,按市场论价,建立与业绩挂钩的

---

① 宋志平,曹江林,光照宇,等.中国建材集团发展混合所有制经济试点的做法与思考[A]//中国企业改革与发展研究会.中国企业改革发展优秀成果(首届)上卷[M].北京:中国经济出版社,2017.

晋升与降职通道以及退出机制。同时对职业经理人不单是"用",也注重"育",通过对职业经理人的培养,着重提高其专业素质、学习能力、领导能力和经营管理能力。①

在试点中,中国建材集团确定了职业经理人制度建设要把握"两个核心"和"六个关键点":"两个核心"是身份市场化和管理契约化;"六个关键点"即董事会选聘是市场化选聘的重要方式、职业经理人以企业现有经理人转化为主、职业经理人的档案关系应转至社会人才管理部门、实现待遇和解聘契约化、有专业能力的职业经理人按契约解聘后仍可按招聘程序回企业从事其他专业工作、正常退休时其档案关系可根据本人意愿转回原单位管理。对市场化选聘的职业经理人要建立市场化薪酬分配和激励约束机制。

在完善和落实市场化劳动用工制度方面,集团已经基本建立了以合同管理为核心、以岗位管理为基础的用工机制。中国建材股份积极推行定岗定编工作,优化岗位配置,提出了"533"的"三定"原则,即水泥板块公司总部人员50人,区域公司人员30人,产能5000T/D的标准成员企业人员约300人。此外,在"533"的基础上,中国建材股份继续探索"5325""5320""5315""5310"等不同等级的定员标准,在泰安中联智能工厂已经实现"5310",即产能5000T/D的生产线人员数约100人。实施退休人员的社会化管理尚待出台相关政策。②

(2)探索完善市场化激励和约束机制。

中国建材集团一直努力探索市场化的薪酬和激励体系,积极稳妥完善激励机制,建立经营者利益、所有者利益和公司效益的正相关关系。一方面,利用央企的社会地位、品牌形象和发展平台等综合优势,吸引职业经理人干事创业;另一方面,确定了比市场水平低、比国企现状略

---

①② 宋志平,曹江林,光照宇,等.中国建材集团发展混合所有制经济试点的做法与思考[A]//中国企业改革与发展研究会.中国企业改革发展优秀成果(首届)上卷[M].北京:中国经济出版社,2017.

高、具有一定竞争力的"半市场化"薪酬激励标准。在考核方面,强调以经营效益为关键要素。确立职业经理人的契约化管理模式,明确职业经理人的岗位责任、绩效责任和任期目标,突出对经营效益等 KPI 指标的考核。

在市场化激励约束机制方面,中国建筑材料科学研究总院所属衢州金格兰公司按照《国有科技型企业股权和分红权激励暂行办法》(财资〔2016〕4 号,以下简称《暂行办法》)实施岗位分红激励。衢州金格兰公司是中国建材总院投资设立的从事石英玻璃材料及制品的科技型企业,是国家认定的高新技术企业,符合《暂行办法》规定的实施分红权激励的主体资格,其岗位分红激励方案符合《暂行办法》相关规定。

(3) 探索建立员工持股制度。

2016 年 9 月,"两材"重组后,按照《员工持股试点意见》和国资委《关于中央企业开展员工持股试点有关事项的通知》(国资厅改革〔2016〕565 号)要求,中国建材集团积极推荐中材江西电瓷电气有限公司(以下简称"中材电瓷")申报国资委员工持股试点。中材电瓷是由中国建材集团所属中材高新材料股份有限公司(以下简称"中材高新")于 2013 年 3 月在江西省萍乡市投资设立的控股子公司,公司注册资本 1 亿元,其中中材高新占比 70%,民营企业江西怡源绝缘子有限公司占比 30%。中材电瓷目前是国内最大的电站用支柱电瓷制造商,其自主研发并应用于特高压工程的棒形支柱电瓷,经中国电力企业联合会鉴定,技术水平达到国际领先水平。中材电瓷员工持股方案完全符合《员工持股试点意见》及相关要求,目前已被国资委选定为首批 10 家试点企业之一。

中国建材集团总结提炼出员工持股四个关键点,即要在人力资本为主的企业开展;以骨干持股为主,设立回购和退出通道,保持持股者永远是骨干;以持股平台方式进入;区分与创业股的不同,员工持股强调人力资本,创业股强调原始投入。

3. 探索建立混合所有制企业党组织发挥政治核心作用的有效机制

一是中国建材集团党委加强对混合所有制企业党组织的管理与指导，主要分为两种管理方式，一种是领导型管理，比如对上市公司北新建材，其党组织关系隶属于集团党委，党建工作完全在集团党委的直接领导下进行；另一种是强化指导型管理，比如对上市公司中国巨石，其党组织关系属地化管理，隶属于浙江省桐乡市国企办党工委，同时接受集团党委指导。每次党内集中教育活动和重要工作，集团党委都会对中国巨石作出部署、指导。凭借集团央企政治优势，中国巨石会比当地企业先行学习中央精神，先行落实中央部署。

二是完善混合所有制企业发挥党组织政治核心作用的有效机制。把加强党的领导和完善公司治理统一起来，进一步完善"双向进入、交叉任职"领导体制，适当增加进入董事会的党组织领导班子成员人数，经理层成员与党组织领导班子成员适度交叉任职。健全党组织议事决策机制。把坚持党管干部原则和发挥市场机制作用结合起来，党组织在确定标准、规范程序、参与考察、推荐人选等方面发挥领导和把关作用，按照管理权限，重点管理混合所有制企业党组织领导班子成员和派出进入董事会、监事会、经理层的成员。

三是践行区域联合党组织实行"1+N"形式的党组织管理模式。以中联水泥为试点，按照全覆盖的原则，对某一区域内新联合重组的企业，特别是党员人数少、暂不具备条件设立党组织的商混企业和粉磨站企业，结合实际，依托区域内某家较大规模、党建工作规范成熟的企业，成立区域联合党组织，将区域内若干小企业的党员管理和活动开展都纳入主体企业内，形成"1+N"的管理模式。

四是在混合所有制企业营造"亲情"文化氛围，使不同成分（股东型、职业型、体制内）的经理人之间做到政治上互相爱护、工作上互相帮助、关系上亲切友好、合作上亲如一家、利益上清清爽爽、做人上清清白白、迎来送往上清淡如水。具体来说，人际关系上要"亲"：亲切友好是指互相信任，互相尊重；亲密合作是指互相帮助，取长补短；亲如一家是指顾全大局，互利多赢。利益关系上要"清"：清清爽爽是指不搞寻租，不搞输送；清清白白是指作风廉洁，风清气正；清淡如水是指粗茶淡饭，严守规定。①

三、混改成效与经验启示

（一）混改成效

1. 放大国有资本功能

连续八年进入财富世界500强，以300亿元国有权益吸引700亿元非公资本，控制超过4300亿元总资产。从经营指标看，营业收入、利润总额年复合增长率超过40%。

2. 提升了企业活力和竞争力

水泥、商混、石膏板、玻璃纤维产能居世界第一，多项产能居全国第一。科技创新能力显著增强，累计有效专利近6100项，其中发明专利超千项。② 在国内率先实现千吨级T800碳纤维产业化生产，成功拉引0.15毫米超薄浮法电子玻璃，刷新国内纪录，薄膜太阳能铜铟镓硒光电转换率刷新世界纪录，达17.9%，并获认证。涌现出北新建材、中国巨石、凯盛科技等一批优秀上市公司，以及一支具备资本运作专长、重组整合经验、良好经营能力的管理团队。

3. 带动不同所有制企业共同发展

以"央企实力+民企活力=企业竞争力"的融合公式，把央企的规范治理、规模优势、技术实力与民企的市场化、激励机制、企业家精神

---

① 宋志平,曹江林,光照宇,等.中国建材集团发展混合所有制经济试点的做法与思考[A]//中国企业改革与发展研究会.中国企业改革发展优秀成果（首届）上卷[M].北京:中国经济出版社,2017.

② 耿含星.国有企业混合所有制改革路径与资本优化配置——基于中国建材集团的案例分析[D].北京:北京交通大学,2017.

融合起来,① 实现不同所有制经济取长补短、相互促进、共同发展。

4. 加速行业供给侧结构性改革进程

在中国建材集团大规模联合重组的推动下,我国水泥行业产能集中度(前十家)从12%提高到60%以上,探索出一条以行业整合、国民共进方式推进过剩行业供给侧结构性改革的有效路径。中国建材集团重组水泥企业的经验入选哈佛案例。

(二) 经验启示

1. 以规范操作为前提

国有企业推进混合所有制改革,既要科学周密地做好制度性安排,依法进行资产评估,严防国有资产流失,又要确保民营企业利益。中国建材集团牢牢把握"三个关键""三个要点"和"三六六"规范操作指南:② "三个关键"是明确混改目的、选择合适混合对象、建立高效的混合机制;"三个要点"是"混得适度""混得规范""混出效果";③ "三六六"是指在操作策略上,坚守指导原则、操作原则、行为原则三类原则,操作主体上有六大机构,操作流程上遵循选区域、选企业、审计评估尽职调查、谈判协议、交接、重组后评价六个程序。通过实施规范操作的各项措施,有效防控风险,提高联合重组效率,切实保护各类出资人权益,为成功"混改"奠定坚实基础。

2. 以产权改革为基础

现代产权理论证明,多元化产权结构比单一化产权结构更具动力、更富效率。中国建材集团通过"三层混合"深化产权制度改革:第一层,

---

① 李予阳."混改"改出新天地——中国建材集团推进混合所有制改革的实践[J].先锋队,2016(26).

② 国务院国资委研究中心课题组.国有企业混合所有制发展实践研究——以中国建材集团为例[A]//中国企业改革与发展研究会.中国企业改革发展优秀成果(首届)上卷[M].北京:中国经济出版社,2017.

③ 以混合所有制推动建材行业的供给侧结构性改革[N].中国建材报,2018-07-04.

上市公司层面，中国建材股份等公司吸纳大量社会资本；第二层，平台公司层面，把民营企业的部分股份提上来交叉持股；第三层，业务公司层面，给原所有者留30%左右的股权。通过三层混合、"正三七"和"倒三七"的多元化股权结构，形成了一整套自上而下的有效控制体系，既保证了集团在战略决策、固定资产与股权投资等层面的绝对控股，又确保了上市公司和子公司合并利润，也调动了子公司在精细化管理、技术改造等环节的积极性。更为重要的是，将市场机制真正引入央企内部，提升了企业的竞争力。①

3. 以转换机制为核心

深化国企改革的核心目标就是推进国有企业转换机制，与市场经济深度融合。中国建材集团坚持"央企市营"改革思路，促进企业转换经营机制，使企业真正成为市场竞争的法人主体；规范公司治理，完善现代企业制度，建设规范的董事会运作体系，使董事会真正成为公司决胜市场的战略性力量；建立职业经理人制度，② 构成企业委托代理的"完整闭环"。

4. 以创新驱动为手段

大力实施创新驱动战略，是企业适应经济发展新常态、化危为机的必由之路。③ 通过"混合"整合资源，采取原始创新与集成创新相结合等方式，加快推进技术创新；通过变"量本利"为"价本利""跨境电商+海外仓"等方式探索商业模式创新；通过建立"格子化"管控机制、采用"八大工法"、获批"六星企业"等实现管理模式创新。以创新为持续驱动力，培育出一批具有创新能力和核心竞争力的骨干企业。

---

① 李予阳."混改"改出新天地——中国建材集团推进混合所有制改革的实践[J].先锋队,2016(26).

② 国务院国资委研究中心课题组.国有企业混合所有制发展实践研究——以中国建材集团为例[A]//中国企业改革与发展研究会.中国企业改革发展优秀成果(首届)上卷[M].北京:中国经济出版社,2017.

③ 以混合所有制推动建材行业的供给侧结构性改革[N].中国建材报,2018-07-04.

5. 以企业文化为纽带

"文化定江山",先进文化是"混改"重组、整合各方资源的软基础,也是企业战略实施的保证。中国建材集团在"混改"中以"包容文化"为纽带,坚持"规范运作、互利共赢、互相尊重、长期合作"的"十六字"混合原则,寻求各方最大公约数,① 形成"注重共同利益远远大于个人利益"的高度认同感,吸引大批企业家加入;树立"以人为本"的包容性发展的文化理念,最大限度地调动员工为企业创造效益的积极性和创造性。

6. 以加强党建为保障

坚持把发挥党组织的政治核心作用与规范法人治理结构有机结合,积极探索集团党委指导和属地化管理相结合,建立区域联合党组织管理模式,创新国有企业中党组织发挥政治核心作用的途径和方法,有力地发挥了党建工作对企业改革发展的促进作用和混合所有制企业中党员的先锋模范作用。②

---

①② 国务院国资委研究中心课题组.国有企业混合所有制发展实践研究——以中国建材集团为例[A]//中国企业改革与发展研究会.中国企业改革发展优秀成果(首届)上卷[M].北京:中国经济出版社,2017.

| 第十五章 |

中国节能太阳能公司混改案例

一、混改背景

中国节能太阳能科技股份有限公司（以下简称"太阳能公司"）成立于2009年9月，是目前国内第一家以太阳能发电为主业的上市公司，是中国最大的太阳能投资运营商之一。

公司成立以来至2017年，年年上台阶，从最初4个项目发展到目前70多个子公司，人员从20多人发展到2000余人，资产总额从几亿元发展到200余亿元，利润从亏损到盈利6亿多元，创造了"光一样的中国节能速度"。太阳能公司已在全国18个省（区、市）投资建设90个光伏并网发电项目，截至2017年底，公司已建、在建项目超过4吉瓦。同时，公司已进入光伏全产业链，打造出具有国际先进技术水平的太阳能组件和电池产业基地。[①]

太阳能公司能够快速发展，一方面得益于集团公司的支持和全体员工的努力；另一方面得益于公司全力开展了混合所有制改革。公司成立之后，光伏产业开始逐步进入"成本下降、政策减弱"的良性发展阶段，光伏应用将迎来新一轮高速增长。为了抢占市场先机，做强做大光伏产业，早在2011年，太阳能公司就开始谋划引入战略投资者，开始混合所

---

① 孔繁荣.XJ 太阳能公司发展策略研究[D].西安:西北大学,2015.

有制改革。2011年7月，公司上报了《关于太阳能公司2011年融资改制计划的请示》，正式拉开了混合所有制改革的序幕。

二、混改模式

(一)"混"的内容

按照公司制定的融资改制路线图，2011年9月太阳能公司进行第一轮融资的工作，引入战略投资者4名，引入资金62100万元，于2012年2月24日完成了首轮融资的工商登记变更。首轮融资后，太阳能公司的注册资本为185361万元人民币，中国节能持股比例降低至85.4%。

太阳能公司在2012年2月启动了第二轮融资，引入资金250600万元，并于2012年8月31日完成了第二轮融资的工商登记变更。第二轮增资完成后，太阳能公司的注册资本增至2817456154元人民币，中国节能持股比例降低至56.2%，其余15家股东持有其余43.8%的股权。

2014年3月26日，中国节能太阳能科技有限公司完成了股份制改造，正式更名为中国节能太阳能科技股份有限公司。

2015年底，太阳能公司完成了借壳上市，中国节能太阳能科技股份有限公司100%股权过户登记至重庆桐君阁股份有限公司名下。

2016年，太阳能公司积极开展募集配套资金工作，在完成上市公司名称、工商、股票简称等变更后，迅速启动了募集配套资金之非公开发行工作，与8名发行对象人签订了《股份认购协议》，成功募集资金46.75亿元，为公司快速发展提供了坚实的资金保障。截至2017年底，中国节能持股比例为34.7%。

(二)"改"的措施

1. 健全法人治理结构

混合所有制改革的最终目标是提高国有企业经营效率和国有资本的运行效率，实现国有资本最大限度地保值增值，更有效地实现各类国有企业的使命。要实现这个目标,最为直接的决定性因素就是企业治理结构的健全和完善。太阳能公司不断深化改革,进一步理顺了股东会、董事会、经理层、监事会和党组织的权责关系,构建高效的运行机制,保证企业的市场主体地位和有效的市场运转机制,保证加强党的领导与完善公司治理有效结合起来。①

2. 完善市场化经营机制和健全激励约束机制

太阳能公司探索各种员工激励机制,让混改成果惠及更广大的员工,确保国有资产保值增值。国有企业混合所有制改革不仅要保证国有资产保值、不流失的"底线",还要建立有效的员工激励机制,员工迸发出的工作激情是混改成功和国有资产保值增值的最大保证,可以使国有资产达到最大限度的增值。太阳能公司进一步加大市场化选聘、建立差异化薪酬制度的力度,同时探索了各种形式的员工持股计划。

三、混改方案成效与经验启示

(一) 混改成效

太阳能公司完成了混合所有制改革后,经历了脱胎换骨般的变化。一是混合所有制改革盘活了资产存量。混改之前公司虽然具备相当规模,但是由于发展资金有限,后续投资受到严重制约。前期的投入部分项目是示范性工程,若无后续投入,在市场的激烈竞争下,公司发展将面临较大挑战。经过混改引入战略投资者,净利润由2012年的3000万元增长至2017年的8亿元,资产负债率由2012年的82%下降至2017年的61%。二是通过多种形式聚集其他资本,迅速扩大了公司资本总量。公司引资之前,中国节能投入15.8亿元。首轮引资引入6.2亿元,第二轮引资引入25亿元,上市后定向增发引入46.7亿元,三次合计撬动社会资本投入

---

① 黄群慧. 国企混改常见的八个误区[J]. 财经界,2017(6):57–59.

78亿元。加之公司合理利用金融杠杆，截至2017年底，太阳能公司资产总额已经超过300亿元。三是规范了公司治理，增强了企业活力。混合所有制改革完成后，太阳能公司不再是单一国有全资企业。多元化股权使得不同经济利益主体之间相互制衡，在企业的发展问题上相互协商、相互补充。公司也按照相关要求完善了治理结构，理顺了公司经营过程中的各项流程。多元化股权也使得公司更加自觉地遵循市场效率原则，并在动态中不断得以优化，增强了企业活力。

（二）经验启示

公司自开展混合所有制工作以来，时间长、跨度大、困难多，既有经验也有教训。太阳能公司的混改能够取得成功，主要是其扎实地做了如下几方面的工作：一是选择适合自身的混改路线。公司认真分析自身和外部因素，选择了引入战略投资者并股改上市的路线。二是集团公司果断决策，集团各部门鼎力支持。三是太阳能公司认真筹备，高效展开相关工作。无论是融资还是股改上市，太阳能公司本部都在融资筹备阶段成立了由第一经营责任人任组长、公司全体班子成员参与、相关部门为主，各部门选派骨干人员加入的工作组，各项工作高效开展。四是吃透政策，确保国有资产保值增值，各项工作合规有序。无论是引资还是股改上市，公司均严格执行相关政策规定，确保国有资产保值增值，按照规定需要公开的就公开。比如，两次融资过程中，公司均在网站上公布了《引资公告》，历次经济行为中，公司均按照要求进行审计、评估等工作。五是具体问题具体分析，及时调整工作思路。比如，两轮融资过程中，多次就融资的规模、价格、太阳能公司上市后集团公司持股比例、公司后续利润情况进行了充分的探讨，按照实际发展和谈判情况进行调整。股改上市也经历了从IPO到借壳的变动。

第十六章
中粮集团中粮资本混改案例

一、混改背景

中粮集团有限公司（以下简称"中粮集团"）是国资委公布的首批国有资本投资公司试点央企之一，其子公司中粮资本投资有限公司（以下简称"中粮资本"）是中粮集团旗下运营管理金融业务的专业化公司，整合了期货、信托、寿险、银行、产业基金、保险经纪等金融业务，以中粮产业链为依托，完善金融服务链。中粮期货一直保持大宗农产品期货的市场领先地位，大豆、豆油、豆粕、菜粕、白糖等品种持仓量长期处于交易所前五名；农产品交割量占交易所交割量的20%以上；中粮信托建立农业食品企业生态圈，以供应链管理、土地流转信托、农业股权投资及消费信托为主要业务模式，打造农业金融的实业投行；中粮农业产业基金旨在引导国内外资金在农业食品领域的投向，以支持国家农业及健康食品产业政策并配合中粮发展战略;① 中怡保险经纪已成为行业领先力量，为中粮集团各业务板块提供风险管理及员工福利等服务，为中国企业"走出去"提供一系列服务；中粮资本（香港）、深圳中粮商贸将通过跨境金融业务、跨境期货业务，提供一体化国际金融服务。

从母公司集团发展战略来看，中粮集团官方称："十三五"期间，中

---

① 周敏.中粮集团全产业链战略实施及其财务绩效分析[D].南昌:江西财经大学,2019.

粮集团将致力打造 2~3 个营收超 1000 亿元规模、4~5 个超 500 亿元规模的专业化公司（平台）。而对于各类专业平台，中粮集团将分类分层地推进混合所有制与股权多元化：农粮业务保持中粮集团绝对控股地位，在现有股东基础上，积极引入国内外各类资本，中粮集团通过层层控股的形式，充分放大国有资本功能；食品业务保持中粮集团相对控股或仅保留第一大股东地位，积极引入各类资本；金融业务通过产融结合提高服务主业的能力；地产业务通过混合所有制改革优化资本结构、提升盈利水平、服务主业发展。中粮集团将努力实现布局国际化、治理结构现代化、团队专业化、薪酬考核市场化，真正改组成为一家有担当、能作为的国有资本投资公司，更好地承担保障国家粮食安全和食品安全的责任。①

从目前复杂的金融环境及监管政策变化来看，中粮资本始终坚持立足于集团产业金融服务，深耕现有优势业务，深入推进产融结合，努力将其打造成具有核心竞争力、行业领先的金融服务公司。同时，中粮资本深刻意识到，在当前竞争态势下，若想持续发展，必须不断适应市场变化，培育自己的核心竞争力，并创造出比竞争对手更强大的核心竞争力，必须积极推进混合所有制改革。

中粮资本作为中粮集团下属"18+1"家专业化公司之一，在中粮集团国有资本投资公司改革试点方案的指导下，积极争取并获批成为发展改革委第二批混合所有制改革试点企业。②

---

① 张旭.中粮国有资本投资公司改革方案:启动"混改"[EB/OL].[2016 – 07 – 19]. http://www.sohu.com/a/106492143_115443.
② 桂小笋.中粮旗下 18 家公司混改陆续破冰 未来 18 家专业化公司都将是独立法人和多元主体[N].证券日报,2017 – 08 – 24.

二、混改模式

(一) "混"的内容

1. 明确混改战略体系

中粮资本混改自 2017 年 1 月启动,根据国资委有关国有企业发展混合所有制经济的相关规定和要求,以"完善治理、强化激励、突出主业、提高效率"方针为指引,采用"增资+售股"相结合的方式,进一步降低国有资本持股比例,优化股权结构。① 混改分为两个阶段进行:

第一阶段,通过股权转让和增资引进首农食品集团等 7 家多种所有制经济主体作为战略投资人,持股 35.49%。

第二阶段,中原特钢经无偿划转控股成为中粮集团控股上市公司后进行重大资产重组,实现中粮资本整体"借壳上市"。②

2. 引入战略投资者

中粮资本严格筛选战略投资者,综合战略协同、优势互补、财务实力、品牌影响力等因素,确定战略投资人选择标准。中粮资本摒弃传统的投资人对挂牌标的进行尽调的惯例,主动由中粮资本相关业务领导组队考察有意向的潜在投资人,洽谈未来业务合作可能性与协同性,交流公司治理经验及未来业务发展方向等,寻找真正对公司发展有积极影响的战略投资人。最终经过北京产权交易所公开挂牌和竞争性谈判,择优引进不同领域排名靠前或有独特优势的战略投资者。基于发展改革委批复的《中粮资本混合所有制改革试点方案》,中粮资本通过整体设计,积极引入了北京首农、温氏投资、弘毅弘量、雾繁投资、上海国际、国有

---

① 赵雯,杨林华,范娟娟,等.电网公司综合能源服务业务混合所有制改革模式探析[J].电力与能源,2019(1):78-80.

② 中粮资本重组上市混合所有制改革实践对国企混改的借鉴[EB/OL].[2019-02-25]. https://wenku.baidu.com/view/b9d3fe97eef9aef8941ea76e58fafafb068dc4424.html.

企业结构调整基金、航发资管等7名战略投资者,降低国有股权比例,实质性地推进混合所有制改革,并将以市场化为导向,健全公司治理机制,提高企业效率和竞争能力。①

中粮资本背靠中粮集团,已形成综合性央企金融控股平台。弘毅弘量认可的是中粮资本的业务基础和经营能力,看好公司未来的发展空间,同时又能发挥所长,包括在战略、机制、海内外并购整合等方面发挥优势。北京首农②则是看中中粮资本的渠道优势,为旗下食品、农产品走向全国市场铺路。

3. 合理设置股权比例

中粮资本以较净资产1.46倍溢价引入战略投资者。本次引进战略投资人,在定价方面,中粮资本增资项目评估基准日为2016年12月31日,合并口径归属于母公司净资产为99.5亿元。经比较,市场法显著优于收益法,因此采用市场法评估,资产评估值为143.94亿元,增值率44.66%。经与投资人竞争性谈判,确定的交易价格为145.4亿元,较合并口径归属于母公司净资产增值46.13%,较评估值增值1.01%。在非上市情况下,无论是PB和PE都高于上市同时引进投资人的五矿资本和中油资本,尤其是PE高达17倍,显著高于五矿资本的8.57倍和中油资本的12.43倍。

混改前,中粮资本的注册资本为10亿元,由中粮集团100%持股。2017年4月19日,中粮资本披露拟通过"增资+售股"的方式募资总额80亿元,其中以增资入股的形式募资60亿元,再以增资价格向投资方转让价值20亿元对应股权。③ 最后中粮资本实际募资69亿元。增资后,中粮集团的持股比例降至约65%,新股东持股比例合计约35%,其中,员工持股比例约3%,弘毅弘量、广东温氏投资、北京首农持股

---

① 桂小笋. 中粮旗下18家公司混改陆续破冰 未来18家专业化公司都将是独立法人和多元主体[J]. 证券日报,2017-08-24.
② 刘宗根. 赵令欢:做"成人之美和带着资源的资本"[N]. 中国证券报,2017-09-25.
③ 赵雯,杨林华,范娟娟,等. 电网公司综合能源服务业务混合所有制改革模式探析[J]. 电力与能源,2019(1):78-80.

分别为9.26%、5.14%、4.63%，上海国际资管、结构调整基金和航发资管各持有中粮资本4.12%的股权。中粮集团仍处于绝对控股地位，实现了国有资产保值增值目标。

（二）"改"的措施

1. 健全法人治理结构

中粮资本加强董事会建设、完善治理机制、建立健全公司管理制度，改制后的中粮资本实现了规范的公司治理，切实防止"一个人说了算"，真正做实董事会。中粮资本设立5人董事会，其中中粮集团委派3名董事，弘毅弘量、温氏投资各派1名董事，北京首农委派监事1名，其他3位投资人各派1名观察员参与公司运营决策。公司股东会赋予董事会投资权、任免权、考核权等权限，更好地落实董事会职权，进一步建立有效制衡的公司治理结构，推动公司建立灵活高效的市场化经营机制。同时，公司也有效地建立和完善多项管理制度，为推动中粮资本的顺利发展提供可靠保证。

2. 完善市场化经营机制和健全激励约束机制

中粮资本优化薪酬激励体系，探索实施MD管理体系，积极推动建立市场化薪酬激励机制，坚持在选人用人、薪酬激励、考核评价等方面，全面按照市场化原则实施改革，以业绩、能力为基础，全面实施MD管理体系和经理人岗位任期制，实现员工能进能出、领导能上能下、薪酬能高能低、编制能增能减的市场化经营机制，并落实"红黄牌"刚性考核机制。

三、混改成效与经验启示

（一）混改成效

一是业绩实现显著增长。中粮资本2015—2017年实现营收分别为47.09亿元、66.48亿元和80.72亿元，实现利润总额分别为12.13亿元、14.71亿元和19.26亿元，在完成混改后的2017年超额完成各项年度工作目标，营收同比增长21%，利润总额同比增长31%。

二是拓展了与股东之间的业务合作模式。中粮资本与各股东之间已就协调各方优势资源、拓宽业务合作模式达成初步意向，各方表示将在寿险服务、信托新业务开发及期货大宗商品套保等方面展开多渠道合作，并共同推进可合作项目落地。

下一步，中粮资本将通过本次混合所有制改革做强做大农业金融，打造农业金融控股平台，通过农业投入和金融体制的创新，探索以产融结合的模式推动农业供给侧结构性改革，推进农业提质增效，拓展农业产业链、价值链，强化科技创新驱动，引领现代农业加快发展，进一步激活农业经济内生发展动力。

（二）经验启示

中粮资本以发展农业金融促进产融协同为业务方向，业绩较突出，借鉴其混改实践，可以得出以下经验。

1. 重视推动公司上市的混改模式

中粮资本重大资产重组完成后，中原特钢置出原有亏损业务，置入中粮资本100%股权，实质性提高上市公司质量。推动实施上市的混改模式，可以在公司上市后通过资本市场进一步引入投资主体，强化混改成效。而且，国有企业内部的"借壳上市"，可以优化整合国有资源内部配置，利于国有资产保值增值。市管国有企业混改可考虑借助国资系统内已有上市公司作为平台，以混改企业目标资产置换产业相对落后、业绩较差的上市公司资产，在国有资产监督管理机构等的支持下推动混改资产上市。[①]

---

① 中粮资本重组上市混合所有制改革实践对国企混改的借鉴[EB/OL].[2019-02-25]. https://wenku.baidu.com/view/b9d3fe97eef9aef8941ea76e58fafab068dc4424.html.

2. 审慎选择外部投资者

中粮资本以确保国有资产保值增值为目标，以集团整体发展战略为指引，从与公司产品关联度、业务紧密度、财务状况与经济实力、商业信誉和诚信记录等维度综合考量选择外部投资者。对于纯财务型的投资基金，要选取业内有卓越的声誉、优良的业绩，有相关企业的成功投资经验，能够在企业后续融资上市、产业资源整合、业务发展策略、优秀人才推荐等方面提供附加价值的；对于产业型的投资者，要能形成上下游协同，通过核心优势嫁接，在技术能力提升、客户发展、模式创新、联合营销等方面提供附加价值。

3. 保证混改与公司治理完善的紧密结合

股权多元化并非混改的最终目标，关键在于"引资的同时引智"，完善公司治理结构，推动混改企业发展。中粮集团注重选择管理完善、优势互补的合作对象，为完善公司治理奠定基础。中粮资本在混改中持续健全公司治理结构，制定新版章程，改选董事会、监事会，战略投资人参与委派董事、监事。国有企业混改需注重混改安排与完善公司治理紧密结合，提前对意向投资人进行资质核查，及时健全各主体议事规则等运行机制，明确权责边界，坚持依法合规治理，提高混改企业公司治理有效性。[①]

[①] 中粮资本重组上市混合所有制改革实践对国企混改的借鉴 [EB/OL]. [2019 – 02 – 25]. https://wenku.baidu.com/view/b9d3fe97eef9aef8941ea76e58fafab068dc4424.html.

| 第十七章 |

山东交运集团混改案例

一、混改背景

山东省交通运输集团有限公司（以下简称"山东交运集团"）成立于1989年11月，是一家国有大型综合性交通运输产业集团，被国家发展改革委、省经信委确定为发展物流的重点扶持企业，入选中国交通百强、中国物流百强和中国服务业500强。

混改前，山东交运集团虽然在山东的交通运输行业地位显著，但在充分竞争的市场环境下，国企的决策慢、效率低、资产利用率低、机制不灵活等因素已经直接影响企业的发展；近年来集团面临着前所未有的发展压力，而且集团的资产情况复杂、权属企业众多，截至2015年末，集团共有员工5000多人，拥有分公司37家，二级子公司16家，三级子公司14家，参股公司8家。① 虽然形成了客运为主体，集物流、旅游、汽车后服务、三产、港航等关联产业于一体的业务格局，但是在激烈的市场竞争环境下，客运主业业务持续下滑。2016年，山东交运集团的30%股权划转山东省社保基金理事会后，又将70%的股权划转国惠投资，山东交运集团成为国惠投资的二级公司，省属一级企业的光环

---

① 张映军. 国有企业混合所有制改革的"山东模式"——山东省交通运输集团有限公司混改项目[J]. 产权导刊, 2019, 178(2): 55-58.

彻底消失。① 正是出于对上述问题的清醒认识，山东交运集团亟须输入新鲜血液、引进先进管理理念和产业配套资源，解决企业内外兼修的发展问题，加快企业转型升级。同时，山东交运集团资产规模适中，内部干部职工思想统一，混改积极性高，加快了混改推进的速度。而且，山东交运集团被确定为山东省首批国资委、发展改革委混改试点和职工持股试点企业之一，要从机制、体制、市场等方面进行全方位的改革。

二、混改模式

（一）"混"的内容

1. 明确混改战略体系

从混改方向来看，山东交运集团混改方向明确，以加大资产证券化率、股权激励和加快推进混合所有制改革为重点。主要推进方向是"实施新旧动能转换重大工程"，促进科研转化，助推山东交运集团转型升级。

山东交运集团设计了"存量＋增量"的交易方案，"存量＋增量"方式即公开进场转让存量资本与引入增量资本，通过增资扩股引进战投与核心骨干持股，同时出售部分存量给二者，这样既控制了引入资金规模，也解决了员工入股资金压力大的问题。存量方面，山东省社保基金理事会完全退出，其享有的标的企业股东权益1.62亿元由战略投资人认购，山东国惠投资有限公司享有的1.26亿元股东权益由员工持股平台认购。增量方面，新增1.39亿元增资额度。其中，6237.57万元的份额，将允许不少于两家战略投资者认购；其余7754.34万元的份额，则面向员工持股平台，由职工认购。最终，国有股权在保值增值基础上，出让股权获取转让收益，补偿改制成本；增资为企业后续发展带来新的

---

① 张映军.国有企业混合所有制改革的"山东模式"——山东省交通运输集团有限公司混改项目[J].产权导刊,2019,178(2):55-58.

资本，存量与增量被新进投资者认购，实现股权多元化和科学股权比例。"存量+增量"的交易方案实现了在企业夯实资本实力的同时，国有股东也能够实现一次性的资本回报。

此次混改并不是山东交运集团混改的终点，未来，公司还会启动B轮、C轮融资，并购优质地方交运企业，争取到2020年从传统的交通运输企业转型成为创新型交通运输综合服务商，最终完成混改并实现整体上市。

2. 引入战略投资者

战略投资者引进是企业混改成功的关键。山东交运集团成功引入的战略投资者包括三家有限合伙企业：新余国寿尚信健隆投资中心、济南福道长瑞股权投资基金合伙企业、济南国惠兴鲁股权投资基金合伙企业，持股比例依次为17%、11%、5%。战略投资者的持股方式包括认购山东交运增资股权对应权益6237.57万元，以及受让山东省社会保障基金理事会享有的股东权益1.62亿元。其中，济南国惠兴鲁股权投资基金合伙企业、济南福道长瑞股权投资基金合伙企业的出资人以国有投资公司、券商、资管为主，而新余国寿尚信健隆投资中心背后则是新加坡物流商普洛斯、网约车平台"首汽约车"等具有产业协同效应的实业投资者社会资本。

引入实业投资者目的很明确，就是与集团主业形成互补，实现产业提升。山东交运集团引入的战略投资者中有新加坡上市公司普洛斯。普洛斯是亚洲最大的工业及物流基础设施供应商和服务商，在山东青岛、济南等城市也建设了大型物流园区。物流、港航是山东交运集团的第二大业务板块，该集团2015年物流板块实现收入3.4亿元，但只产生了994万元的利润。物流业务整体处于亏损状态，原因包括规模小、定位不清晰、专业人才缺乏，以中间代理业务为主、利润率低、货源不稳定等。物流属于大交通运输行业，引入普洛斯这样的国际企业，对于山东交运集团这样的传统企业来说，一方面有助于提升现代企业管理理念，另一方面也将进行物流业务的融合与提升，普洛斯在物流管理、仓储管理、信息化、大数据平台等方面的优势，将助力山东交运集团物流业务的发展。

目前首汽约车已与青岛交运集团战略合作共同发展网约车业务，新投放网约车120辆，同时还对出租车公司进行网络化平台改造，对山东交运集团拓展网约车业务很有帮助；另外，建信投资、长城资本等战投将在投资融资、上市等方面为山东交运集团提供增值服务。国惠投资作为山东省改革发展基金，通过子基金济南国惠兴鲁股权投资基金入股山东交运集团，将为山东交运集团提供资本运作、资产证券化等方面的增值服务。

山东交运集团为充分发挥新进投资者资源优势，促进改制后企业实现持续、稳定发展，此次混改还引入了战略投资者对于山东交运集团反向对赌的探索性尝试，并取得比较好的效果。虽然战投都以基金平台入股，但是每家战投都穿透到基金的实体企业，对山东交运集团产业协同发展的物流、旅游、网约车和汽车后服务进行了相应的业绩承诺，将战投的利益和国有股东、职工的利益完全捆绑，形成了优势互补、系统发展的局面。[①]

3. 合理设置股权比例

山东交运集团成立伊始，国资委是唯一出资人，2017年4月，集团70%股权划转至省国资委新成立的全资子公司——山东国惠投资有限公司，30%股权划转至省社保基金理事会（见图17-1）。

混改过程中，按照"存量+增量，转增同步"的原则，山东国惠投资有限公司、战略投资者和员工持股平台重新组阁，混改后，山东国惠投资有限公司出资2.52亿元，持股37%；员工持股平台出资2.04亿元，持股30%，战略投资者出资2.24亿元，持股33%，山东省社会保

---

① 张映军.国有企业混合所有制改革的"山东模式"——山东省交通运输集团有限公司混改项目[J].产权导刊,2019,178(2):55-58.

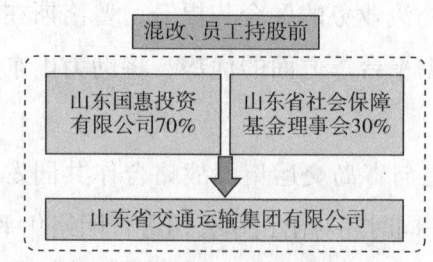

图 17-1 山东交运集团混改前股权比例

障基金理事会退出,社会资本比例将超过国有资本(见图 17-2)。

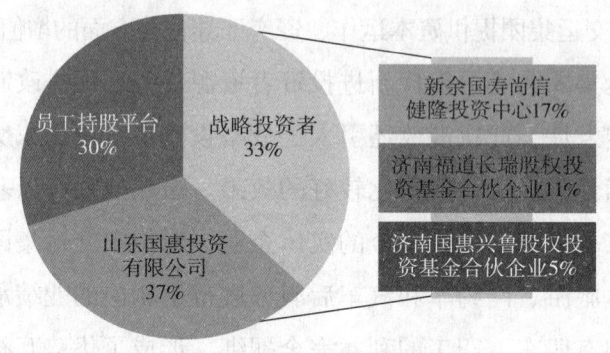

图 17-2 山东交运集团混改后股权比例

其中,战略投资者除普洛斯直接持有山东交运集团 4.25% 的股权外,均以私募基金的形式投资山东交运集团,分别是济南国惠兴鲁股权投资基金合伙企业(有限合伙)出资 3400 万元,占比 5%;济南福道长瑞股权投资基金合伙企业(有限合伙)出资 7480 万元,占比 11%;新余国寿尚信健隆投资中心(有限合伙)出资 11560 万元,占比 17%。

(二)"改"的措施

山东交运集团混改后的董事会架构情况:董事会成员共有 7 人,来自山东国惠投资有限公司、战略投资者、员工持股平台的董事占比为 2.5∶2.5∶2,其中集团董事长、董事吴宗昌占山东国惠投资有限公司、战略投资者各 0.5 个名额。其余 6 名董事中,战献祥、杨国强代表员工持股平台，孙延刚、张玉才代表山东国惠投资有限公司，曹又生、王广军代表战略投资者，其中最后2人的身份系青岛磐霖投资有限公司大股东、山东福道投资有限公司执行董事兼总经理。

山东交运集团的混改方案中，员工持股比例达30%，持股范围为管理层核心骨干员工，通过合伙企业方式设立持股平台。员工持股平台由新余富运投资中心（有限合伙）、新余贵运投资中心（有限合伙）、新余昌运投资中心（有限合伙）、新余兴运投资中心（有限合伙）组成（见图17-3），按照与战略投资者同股同价的原则，认购山东交运集团增资股权对应权益7754.34万元，并受让山东国惠投资有限公司享有的部分股东权益1.26亿元。

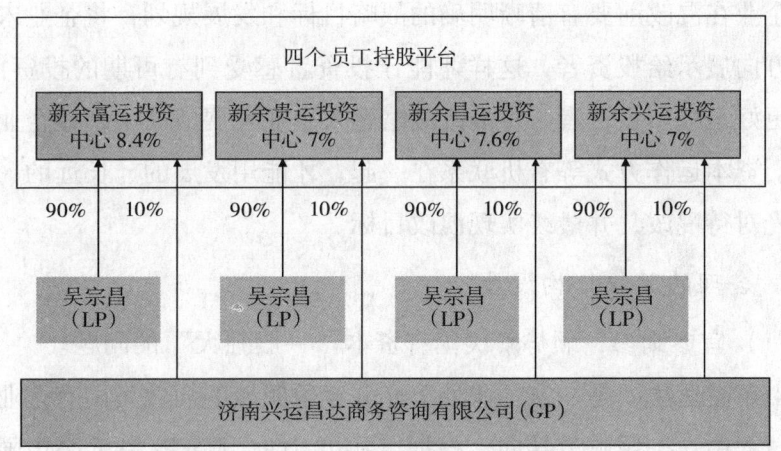

图17-3 山东交运集团员工持股平台

三、混改成效与经验启示

（一）混改成效

2017年9月，成功完成集团层面混合所有制改革，成为山东国企混改"第一单"。2017年，山东交运集团营业收入120537.36万元，利润总额1023.03万元，净利润-914.17万元。截至2018年底，即集团完成混改后第一年,集团营业收入120905.47万元,比上年增长0.31%,利润总额3123.07万元,比上年下降0.42%,净利润1162.22万元,比上年增长227.13%。可以看出,混改后集团的财务状况得到了较大提升。

(二)经验启示

山东交运集团混改的成功离不开明确的发展规划和大胆的突破创新,为之后交通运输类企业的混改起到了重要的先行示范作用。主要有以下几点启示。

1. 混改前应制定好清晰明确的战略目标和发展路径

企业在混改前要有清晰明确的战略目标和发展规划,将企业未来的发展方向展示给投资者,这样才能让投资者感受到有可期的投资回报,才能更好地吸引投资者。将混改战略融入企业发展战略中,让企业发展方向、资本运作方式等有机联系在一起,才能用发展的、长远的、全局的眼光对待混改,并最终实现混改目标。

2. 合理的股权结构设计

(1)宜参则参,顺势解决国有资本"一股独大"的问题。

山东交运集团是一家主业处于充分竞争领域的商业类国有企业,在混改过程中,按照政策导向,根据《中共中央 国务院关于深化国有企业改革的指导意见》规定,在一定程度上解决了国有资本"一股独大"的问题。因此,建议交通运输类企业在混改过程中可以宜参则参,并顺势解决国有资本"一股独大"的问题。

(2)国有企业、战略投资者、员工持股比例相近。

关乎民生需求的领域具有一定的社会效益,从社会效益的角度考虑,国有企业应该保持相对控股地位。山东交运集团混改后仍为第一大股东兼实际控制人。

战略投资者参与混改能更好地激发企业活力,从混改的最终目标来说，应给予战略投资者相对较高的持股比例，同时需要充分考虑员工持股对企业的平衡性作用，进一步促进与完善公司的治理结构和治理机制。

3. 战略投资者引入

（1）以引入具有产业协同效应的战略投资者为主。

交通运输行业竞争激烈，对于交通运输类企业来说，只有进一步夯实现有业务基础、提高现有业务的核心竞争力，或者布局新产业、形成新的利益增长点，才能使企业实现突破式发展目标。因而，交通运输类企业在混改时应引入具有产业协同效应的战略投资者。

此外，山东交运集团做实企业资产，向战略投资者展现了一个"实实在在"的交运，使其投有所值。一方面，山东国惠投资有限公司和福道投资相关人员根据中介机构出具的审计报告的草稿和实际情况，充分利用会计准则和相关的规定对山东交运集团部分产业的资产、财务等进行整理、夯实，并提交山东交运集团和中介机构作为审计报告定稿前的修改意见，得到山东交运集团和投资者的充分认可；另一方面，剥离并提前改制一批产业关联度不高的企业和资产，提高了山东交运集团资产的"实度"和"净度"，剥离资产由山东国惠投资有限公司继续持有，改制资产通过山东产权市场化转让，回笼了部分资金。[①]

（2）以基金形式引入战略投资者。

投资者以基金形式参与国企混改，是山东交运集团的一种混改创新模式。近年来，这种模式被普遍采用。因而，建议交通运输类企业在混改时可以考虑以基金形式引入投资者。

4. 充分发挥员工持股对公司治理结构的制衡作用

对于交通运输类企业来说，主业处于充分竞争领域，企业的活力和

---

① 张映军. 国有企业混合所有制改革的"山东模式"——山东省交通运输集团有限公司混改项目[J]. 产权导刊,2019,178(2):55-58.

效益对企业市场竞争力具有很大影响，企业员工的积极性又直接影响企业活力和效益的提升。因而，对于这一类企业而言，员工持股应为最大比例，涵盖最多员工数量，才能产生更好的激励效果。同时，在员工持股设计时应遵循"以岗定股"的原则，使员工持股额度分配直接与岗位价值挂钩，才能真正实现根据员工价值进行差异化激励的目标。在实施员工持股计划时，需要充分发挥员工持股对公司治理结构的制衡作用。

5. 合理的人员分流安置

在山东交运集团员工自愿情况下，对离退休5年的职工全部进行内部退养分流，缓解了企业后续发展人员老龄化的问题，但职工安置费用落实和审批成为最大的难题，经国惠投资、山东产权、山东交运集团多方协调，最终取得主管部门的同意。根据相关政策规定，公司将离休干部费用、内退人员费用、工伤人员费用等1.3亿元劳动保障费用从净资产中计提，由山东交运集团负责支付。为保证按期、及时、足额地支付或缴纳各项职工安置费用，专门设置银行专户对计提的安置费用进行管理，计提的费用分期划入专户，专户内资金专款专用，由混改后企业按时支付给安置职工。

| 第十八章 |

江盐集团混改案例

一、混改背景

江西省盐业集团公司（以下简称"江盐集团"）是于2005年经江西省政府批准组建成立的全民所有制企业。江盐集团主营业务包括食盐、工业盐及盐化产品的生产，盐产品和厨房食材的流通，目前已形成制盐和商贸流通两大业务板块。① 江盐集团注册资本25476.56万元，实收资本20000万元，集团经营性资产总额23.67亿元。②

江盐集团改制前，在江西省属出资监管企业中体量偏小，加上长期实行专营体制，员工观念相对陈旧，企业市场化竞争力亟待提升。国家盐业体制改革迫在眉睫，企业要想做强做优做大，必须采取体制机制上的变革。③ 2014年，为积极应对盐行业体制改革，推进企业发展战略落地实施，实现做强做优做大，江盐集团被列为党的十八大后江西省积极发展混合所有制经济改革试点单位。截至2014年底，江盐集团总资产26.38亿元，净资产11.97亿元，年销售收入15.9亿元，利润总额8808

---

① 张晓文，祝岩松，赵雷，等.国企推进"混改"，实行员工持股制度的典型模式及分析[A]//中国企业改革与发展研究会.中国企业改革发展优秀成果（首届）上卷[M].北京：中国经济出版社，2017.
② 江西：国企增资实现"四个第一次"[J].产权导刊，2019（5）：56-58.
③ 江翠芳.江西省国企混改的路径及效果研究[D].南昌：南昌大学，2018.

万元,① 较 2009 年分别增长 123.56%、96.23%、123%、34.06%。

二、混改模式

(一)"混"的内容

1. 明确混改战略体系

江盐集团的混改模式是"公司化改制＋增资扩股＋员工持股",具体分三步实施。

(1) 公司化改制,剥离非经营性资产。

江盐集团明确改制范围,在进行清产核资、审计、资产评估的基础上,剥离非经营性资产,转换职工劳动关系并妥善安置职工,将企业改制为江西省国资委全资的有限责任公司。

(2) 增资扩股,引入战略投资者。

江盐集团通过江西省产权交易所进行增资扩股和公开挂牌引进战略投资者。

(3) 员工持股。

江盐集团实施核心骨干员工参与江盐集团增资扩股。

通过混改,江盐集团从一家传统全民所有制企业转变成为混合所有制企业,实现企业股权多元化,有利于建立完善公司治理结构、转换企业经营机制,形成科学的决策、执行、监督机制和有效的经营层激励约束机制,有效防范经营风险,促进公司规范运作;同时,江盐集团通过混改建立市场化的劳动用工体制,激发员工市场竞争意识,促进企业核心竞争力的提升。②

---

① 赵玲玲. 江西混改"第一单"成功落地"江盐有限"有望年内变"江盐股份"[N]. 中国企业报,2016－08－02.

② 金国军. 实施混改 江盐集团力促资源效益最大化[N]. 中国工业报,2015－11－04.

2. 引入战略投资者

本次混改引入四家战略投资者，其中：中国信达资产管理有限公司增资 3 亿元，占注册资本的 22.814%；厦门国贸投资有限公司增资 1.2 亿元，占注册资本的 9.125%；中新建招商股权投资有限公司增资 1 亿元，占注册资本的 7.605%；江西省井冈山北汽投资管理有限公司增资 1 亿元，占注册资本的 7.605%。此外，江盐集团核心骨干团队出资 0.78 亿元，占注册资本的 5.931%。[①]

3. 合理设置股权比例

江盐集团混改完成后，注册资本增加至 42625.6079 万元，江西省国资委以原国有资本 6.17 亿元出资，占注册资本的 46.92%，仍是最大持股股东。四家战略投资者合计以现金出资 6.2 亿元，股权合计 47.15%，公司核心骨干以现金出资，占股本总额的 5.931%。[②]

（二）"改"的措施

1. 健全法人治理结构

混改后，新公司按照现代企业制度的要求规范和完善了企业法人治理结构，形成了以党委会为政治核心、董事会科学决策、经理层有效执行、监事会独立监管的制衡机制。[③] 新公司董事会成员 9 名，除 1 名职工董事外，股东推荐的外部董事比例达到一半，新的法人治理结构及多元化、专业背景的股东董事成员构成，使公司决策程序更加规范，决策质量与执行效率得到进一步提升。

江盐集团第一次在公司章程中明确了党组织在公司法人治理结构中的法定地位。新公司章程中增加了企业党委、纪委等机构设置及履行职

---

① 江西:国企增资实现"四个第一"[J].产权导刊,2019(5):56-58.
② 张晓文,祝岩松,赵雷,等.国企推进"混改",实行员工持股制度的典型模式及分析[A]//中国企业改革与发展研究会.中国企业改革发展优秀成果（首届）上卷[M].北京:中国经济出版社,2017.
③ 江翠芳.江西省国企混改的路径及效果研究[D].南昌:南昌大学,2018.

权等内容,明确企业党组织在公司法人治理结构中的法定地位,坚持党的建设与企业改革同步谋划、同步开展,确保党在国有企业中的领导及政治核心作用,符合中办发〔2015〕44号文件关于在深化国企改革中坚持党的领导、加强党的建设的精神。

2. 完善市场化经营机制和健全激励约束机制

改制时,江盐集团对原国有身份的1427名职工按政策实施了妥善安置,符合条件的员工与改制后新企业重新签订劳动合同,全面建立了新型劳动关系。① 职工安置完成后,江盐集团全面推开了以"市场化"为核心的企业内部三项制度改革。集团本部中层管理人员由原来的25人减少为16人,其中中层副职减幅50%。流通板块进一步精减职能部门及后勤人员数,一线市场销售人员占比超过60%,薪酬分配进一步向业务部门倾斜。制盐板块通过邀请专家诊断优化,从生产车间入手,提出优化生产流程、提高自动化水平、合理减员等方案。生产线员工工资由计时改为计件制,平均日产量提高30%,劳动生产率提高25.56%,企业瘦身增效全面提速。② 后续还将持续优化实施三项制度改革工作,推动实施以"市场化"为核心的干部管理,着力提升人力资源价值与人力资源管理效率。

三、混改成效与经验启示

(一)混改成效

江盐集团混改后形成了合理的多元化股权结构,加上引进的战投在资金、资源、管理等方面形成的支持与共享,混改一年多时间,在建立规范的法人治理结构、转变经营管理机制、主动作为应对盐改、借助资

---

① 赵玲玲.江西混改"第一单"成功落地 "江盐有限"有望年内变"江盐股份"[N].中国企业报,2016-08-02.
② 江翠芳.江西省国企混改的路径及效果研究[D].南昌:南昌大学,2018.

本力量推动产业发展等方面产生了积极的影响。

一是国有资本功能进一步放大，引进资金为集团产业转型跨越发展提供有力保障。混改剥离非经营性资产后净资产账面价值 4.17 亿元，经评估并扣除计提的改制费用后，增资完成净资产达到 13.15 亿元，进一步放大了国有资本功能，实现有效增值，并保留了国有资本第一大股东的地位。[①] 混改引进的近 7 亿元资金，进一步优化了集团股权结构，降低了资金成本，保证了承载集团产业结构调整与转型发展的业务板块重大项目按计划如期推进。

二是职工安置、社区移交妥善完成，为公司步入良性、快速发展轨道搭建良好平台。混改对原国有身份的 1427 名职工按政策分三个主要渠道实施了妥善安置；在江西省委省政府和江西省国资委的高位推动与大力指导下，如期完成集团所属 11 个地市 84 个社区 1728 户社区与属地政府的移交协议签署。通过剥离非经营性资产及完成经营性资产权属变更，保证了新公司资产权属清晰完整，也为企业股改上市、步入发展快车道奠定了坚实的基础。

三是建立完善了法人治理结构，坚持产融结合发展模式，推动资产证券化。有了规范的法人治理结构和良好的发展框架，加上混改后奠定的产业项目基础，江盐集团明确了产融结合发展理念，拟通过 IPO、并购重组等打通资本市场路径，加快资产证券化步伐，用足用好资本力量。

四是企业内部三项制度改革见真章，企业瘦身增效全面提速。通过整合精简机构与管理职数、压缩管理层次、优化生产工作流程等，建立并完善与市场化接轨的用工、薪酬、考核体系，增强员工市场竞争意识，为盐改初期主动应对市场冲击形成机制上的行业相对优势。同时，配合此次混改实施的核心骨干持股，形成了资本所有者和劳动者利益共

---

① 赵玲玲. 江西混改"第一单"成功落地 "江盐有限"有望年内变"江盐股份"[N]. 中国企业报, 2016 – 08 – 02.

同体,核心骨干员工肩负股东身份,责任感、主动性与归属感得到大大提升,对企业经营业绩、费用控制、发展前景等关注与监督作用显著增强,企业发展活力得到释放。①

(二)经验启示

1. 国有相对控股的股权结构有利于企业运营和资本运作

江盐集团在增资扩股时,要求单个战略投资者持股比例不高于44%,非同一实际控制人名下的多个战略投资者合计持股比例不高于49%,以确保江西省国资委的第一大股东地位。这样的股权结构在根本性改变了国有股权"一股独大"的同时,仍然保持了国有相对控股,有利于形成规范、透明的公司治理和推动建立市场化的运营管理机制,为江盐集团长远发展奠定坚实基础。此外,国有相对控股意味着江盐集团实际控制人保持不变,使得江盐集团具备上市资格,为后续上市资本运作创造了条件。

2. 混改操作规范、公开透明

江盐集团混改方案不仅征求职工意见并获得江盐集团职工代表大会审议通过,也履行了清产核资、审计、资产评估等程序。江盐集团第一次聘请独立的第三方机构对改制项目实施进行路径设计、推介与指导。通过聘请企业改制咨询顾问,对集团财务、业务、法务、战略进行全面梳理,编制完成混改投资机会介绍及江盐集团整体改制信息备忘录等文件,建立向战略投资者开放的尽调数据库,共向社会近百家行业及财务投资人公开发出招募文件,与42家签订保密协议,14家提交报价函。聘请改制法律顾问全程参与,提供改制法律专业意见与咨询支持。专业机构的力量保证了整体改制合法依规及方案设计的科学合理。江盐集团第一次尝试在省产权交易所进行增资扩股项目的公开挂牌操作。通过充

---

① 赵玲玲.江西混改"第一单"成功落地"江盐有限"有望年内变"江盐股份"[N].中国企业报,2016-08-02.

分发挥市场发现价格的机制作用，按价高优先的总体原则，成功引入中国信达等四家战略投资者，确保了整个江盐集团增资扩股项目依法依规、公开透明，避免暗箱操作。

3. 员工持股方案有利于稳定骨干员工队伍和公司上市

江盐集团第一次配合混改设计了全新的核心骨干员工持股方案。聘请专业咨询团队，先行先试，方案设计坚持了"同股同价""岗变股变""人走股退"等原则，并有效设计了股权流转等内容。与党的十八届三中全会精神和《国务院关于国有企业发展混合所有制经济的意见》（国发〔2015〕54号）中关于探索实行混合所有制企业员工持股的意见一致，亦符合2016年出台的《关于国有控股混合所有制企业开展员工持股试点的意见》（国资发改革〔2016〕133号）精神，实现了政策的有效衔接。

参考文献

[1]国务院国资委改革办.改革实践——国资国企改革试点案例集[M].北京:机械工业出版社,2019.

[2]本书编写组.国企改革若干问题研究[M].北京:中国经济出版社,2017.

[3]国务院国资委改革办.国企改革探索与实践——地方国有企业100例(上、下)[M].北京:中国经济出版社,2018.

[4]国务院国资委改革办.国企改革探索与实践——中央企业子企业150例(上、下)[M].北京:中国经济出版社,2018.

[5]国务院国资委改革办.国企改革探索与实践——中央企业集团15例[M].北京:中国经济出版社,2018.

[6]柏蓓.民航混改"第一样本"的这一年[N].中国民航报,2018-07-18.

[7]蔡昌,沈静.混合所有制改革中的税收问题探讨(四)[N].财会信报,2018-11-26.

[8]陈国亮.三大着力点加强国企党建[J].企业文明,2019(3).

[9]陈利华.国企混改过程中的关键问题与应对策略[J].企业改革与管理,2018(19):40-41.

[10]陈晓暄,刘晓璐,全威.国有企业混合所有制改革成效关键影响因素研究——基于3家国有企业混合所有制改革案例分析[J].改革与开放,2019(7):15-17.

[11]程楠.国企改革实用指南:混改、PPP、资产证券化[M].北京:法律出版社,2018.

[12]崔园园.试论煤炭企业人力资源管理困境与对策分析[J].现代经济信息,2019(4).

[13] 邓沛琦.中英混合所有制经济模式比较研究[D].武汉:武汉大学,2015.

[14] 丁化美.PPP二级市场建设工作扎实推进[N].中国财经报,2019-04-25.

[15] 东莞市人民政府关于市属国有企业发展混合所有制经济的实施意见[N].东莞日报,2019-01-14.

[16] 董少鹏,谢岚,矫月."电池王"中国动力闯出军民融合发展新航道[N].证券日报,2018-12-26.

[17] 杜雨萌.更高层级国企改革全面铺开 央企集团层面混改有望加速落地[N].证券日报,2018-12-27.

[18] 杜雨萌.央企混改迎官方"操作指南"[N].证券日报,2019-11-09.

[19] 范振林.矿产资源资产价值核算方法与参数估计[J].现代矿业,2019(6).

[20] 服务实体经济,助力转型升级[J].产权导刊,2018,168(4):22.

[21] 耿含星.国有企业混合所有制改革路径与资本优化配置——基于中国建材集团的案例分析[D].北京:北京交通大学,2017.

[22] 耿子恒.关于国有企业混合所有制改革实践的思考[J].中国发展观察,2019,209(5):35-38.

[23] 顾远.引入战略投资者是国企改革的战略举措与重要路径[J].现代商业,2019(13):111-113.

[24] 桂小笋.中粮旗下18家公司混改陆续破冰 未来18家专业化公司都将是独立法人和多元主体[N].证券日报,2017-08-24.

[25] 郭传.中国最大船用低速机公司诞生[N].中国水运报,2017-09-06.

[26] 郭世杰.论党内法规向国家法律转化的具体路径[N].中共福建省委党校学报,2019-01-31.

[27] 国家发展改革委体改司.国企改革面对面——发展混合所有制经济政策解读[M].北京:人民出版社,2015.

[28] 本刊记者.国企改革发展记者会重点要点解析[J].现代国企研究,2019,155(5):12-19.

[29]国务院关于国有企业发展混合所有制经济的意见[J].绿色财会,2015(9).

[30]国务院国资委选定中国石油等十家央企创建世界一流示范企业[J].石油人力资源,2019(1).

[31]国务院国资委研究中心课题组.国有企业混合所有制发展实践研究——以中国建材集团为例[A]//中国企业改革与发展研究会.中国企业改革发展优秀成果(首届)上卷[M].北京:中国经济出版社,2017.

[32]佚名.国有传媒企业特殊管理股[J].思想政治工作研究,2014(1):64.

[33]郝广民,李俊峰,王治清,等.国有企业混合所有制改革若干问题的思考——北京华油房地产公司混改探析[A]//中国总会计师协会.2017年度中国总会计师优秀论文选[M].北京:经济科学出版社,2018.

[34]郝鹏.筑牢迈向世界一流企业的"根"和"魂"[J].当代电力文化,2018(11).

[35]河北省人民政府办公厅关于进一步完善国有企业法人治理结构的实施意见[J].河北省人民政府公报,2018(2).

[36]黄萌.资本市场企业并购重组的市场化改革研究[D].合肥:合肥工业大学,2012.

[37]黄群慧.国企混改常见的八个误区[J].财经界,2017(6):57-59.

[38]获奖企业、董秘介绍[J].支点,2019(8).

[39]季洁."黄金股"制度再审视——以中国国企"黄金股"实践案例为切入点[J].国有资产管理,2019(5):68-72.

[40]贾尽炎.国企混合所有制改革发展的实践与趋势[J].经济导刊,2019,242(5):67-70.

[41]江翠芳.江西省国企混改的路径及效果研究[D].南昌:南昌大学,2018.

[42]佚名.江西:国企增资实现"四个第一次"[J].产权导刊,2019(5):56-58.

[43]姜凌,许君如.深化我国国有企业混合所有制改革的基本思路与政策建议[J].经济研究参考,2018,2914(66):41-43.

[44]蒋永甫,张东雁.自主与嵌入:乡村振兴战略中基层党组织的行动策略

[J].长白学刊,2019,205(1):6-12.

[45]金国军.实施混改 江盐集团力促资源效益最大化[N].中国工业报,2015-11-04.

[46]金希.竞争中立制度视野下的国有企业治理[D].武汉:武汉大学,2018.

[47]孔繁荣.XJ太阳能公司发展策略研究[D].西安:西北大学,2015.

[48]孔晓艳.充分发挥产权交易资本市场作用 全力做好国企混改服务[J].产权导刊,2018,173(9):28-30.

[49]李姣姣,杨子墨.国企混改背景下引入战略投资者还是财务投资者的思考[J].商业会计,2018(17):32-33.

[50]李劲涛.混合所有制改革现状及所需解决的问题探析[J].经济研究导刊,2019,396(10):19-20,75.

[51]李静.东方航空物流混改方案公布[N].文汇报,2017-06-20.

[52]李留宇,杜秋.探索绿色金融,支持清洁产业发展[J].国际融资,2018(8).

[53]李珑.地方金融资产交易场所不良资产处置模式探讨[J].西部学刊,2019(5):76-78.

[54]李楠.中国特色社会主义经济理论体系研究[M].北京:中国社会科学出版社,2012.

[55]李珊珊.混改背景下东航物流股权多元化与公司治理效应研究[D].乌鲁木齐:新疆财经大学,2019.

[56]李胜毅.我市国有资产退出竞争性领域的前景分析[J].求知,2004(4):38-39.

[57]李卫华.收益现值法在旅游资产评估中的应用研究[J].旅游论坛,2011(5):33-36.

[58]李迅.企业经济性裁员如何做到合规[J].山东国资,2019(4).

[59]李予阳."混改"改出新天地——中国建材集团推进混合所有制改革的实践[J].先锋队,2016(26).

[60]李宇英.经济全球化"竞争中立"议题与中国制度选择[D].上海:上海社会科学院,2018.

[61] 李昱. 投资者视角下资产支持票据风险防范[J]. 北京金融评论, 2018(4).

[62] 国企发展混合所有制经济意义重大[N]. 连维良, 解读. 朱剑红, 采访. 人民日报, 2015 – 09 – 28.

[63] 连维良. 国企发展混合所有制经济意义重大[J]. 求是, 2015(20):63.

[64] 连欣. 提气！联通混改股权激励成亮点 且慢！解锁兑现业绩条件颇严苛[N]. 人民邮电, 2017 – 08 – 24.

[65] 连欣. 中国联通发布混改总体方案[N]. 人民邮电, 2017 – 08 – 17.

[66] 连欣. 中国联通全面启动"瘦身健体"[N]. 人民邮电, 2017 – 09 – 07.

[67] 廖年生. 土地金融价值评估分析[J]. 统计与决策, 2012(4):176 – 178.

[68] 林则达. 国有企业改制中的职工安置[J]. 上海国资, 2012(1):78 – 79.

[69] 王丽菊. 基于客户价值的航空旅客细分研究[D]. 北京:北京邮电大学, 2018.

[70] 刘继. 国有企业新混改模式研究[D]. 厦门:厦门大学, 2018.

[71] 刘晶. 混改之后中国联通是否有脱胎之变？[N]. 中国电子报, 2017 – 08 – 25.

[72] 刘柳. 浅析准入前国民待遇原则对我国外资准入法律规制的影响[J]. 法制与经济, 2019,454(1):154 – 155.

[73] 刘双舟. 我国文化产权交易政策现状[J]. 中国拍卖, 2019(11).

[74] 刘为勇. "营业自由":一个不应被忘却的宪法性语词[J]. 法治研究, 2013(6):118 – 127.

[75] 刘轩. 美国资产证券化研究[D]. 成都:西南财经大学, 2014.

[76] 刘宗根. 赵令欢:做"成人之美和带着资源的资本"[N]. 中国证券报, 2017 – 09 – 25.

[77] 龙昊. 注入动力业务资产风帆股份扬帆起航[N]. 中国经济时报, 2015 – 09 – 03.

[78] 陆晞, 杨玉红. 国际碳排放权交易机制对长三角区域建立碳排放权交易市场的启示[J]. 中国发展, 2011,11(4):9 – 12.

[79] 欧阳春香. 军工民品双增长 中国动力资产整合将提速[N]. 中国证券

报,2017-08-14.

[80]任丽梅.发展混合所有制 唱好国企改革"重头戏"[N].中国改革报,2015-09-28.

[81]任腾飞.中金珠宝借力"双百行动"突破发展瓶颈[J].国资报告,2019(7).

[82]桑培光,余来文.网宿科技的商业模式创新[J].企业改革与管理,2013(12):38-40.

[83]沈亦周.构建混合所有制企业的良好生态[J].商讯,2019(28).

[84]宋志平,曹江林,光照宇,等.中国建材集团发展混合所有制经济试点的做法与思考[A]//中国企业改革与发展研究会.中国企业改革发展优秀成果(首届)上卷[M].北京:中国经济出版社,2017.

[85]孙宏斌,王竞雄.黑龙江省森林旅游资源资产评估现状及方法应用研究[J].中国外资,2012(8):199.

[86]孙明华,王继勇,董雷,等.真混真改[J].国企管理,2019(11).

[87]唐晨.为民营经济正名——改革开放四十年来民营经济的宪法地位及其变迁[J].社会科学论坛,2019(2):221-233.

[88]汪海波.对发展非公有制经济的历史考察——纪念改革开放40周年[J].中国经济史研究,2018,137(3):48-64.

[89]王海民.企业资产评估方法刍议[N].企业导报,2011-02-15.

[90]王红茹.首次将"就业优先政策置于宏观政策层面",这意味什么?[J].中国经济周刊,2019(5):84-86.

[91]王健生,袁琳.中金珠宝混改为国企改革勇探新路[N].中国改革报,2019-07-10.

[92]王政.混改为中国联通注入新活力[N].人民日报,2018-10-21.

[93]王志宏.临沂国资委:筑牢"根""魂"促发展[J].山东国资,2018(11).

[94]尉然.资产评估本质:价值还是价格[J].财政监督,2012(9).

[95]魏梦杰.张弛有度 金风科技风电布局动作频频[N].上海证券报,2009-08-18.

[96]吴汝川,朱戈,刘超,等.建设交易所投行服务平台 助力国企混改与科

技创新——北交所"北交汇投"投行服务体系建设与运营服务实践[A]//中国企业改革与发展研究会. 中国企业改革发展优秀成果2018(第二届)上卷[M]. 北京:中国经济出版社,2018.

[97]徐怀玉,向秦. 国企混改加速中的理论与实践"双突破"[M]. 上海:西姆股权激励研究院,2018.

[98]徐善长. 国有企业混合所有制改革的政策与实践[J]. 北方经济,2018,373(12):13-14.

[99]徐晓松. 挑战与变革:国企混改与多层次国家股权控制体系[J]. 中州学刊,2019(10).

[100]徐叶清. 国有企业改制的战略投资者选择研究[D]. 武汉:华中科技大学,2006.

[101]杨建峰. 创新升级调结构 科学谋划夺先机——中船风帆股份有限公司发展侧记[J]. 中国军转民,2014(4).

[102]姚晓红. 股权分散型国有控股企业风险管理[J]. 纳税,2019(30).

[103]以混合所有制推动建材行业的供给侧结构性改革[N]. 中国建材报,2018-07-04.

[104]原诗萌. 国民共进:携手深耕新时代[J]. 国资报告,2019,49(1):52-53.

[105]臧跃茹,刘泉红,曾铮. 促进混合所有制经济发展研究[J]. 宏观经济研究,2016(7):21-28.

[106]张春晓. 混合所有制改革中的股权结构、交易价格和企业机制研究——以中国联通为例[D]. 北京:北京邮电大学,2018.

[107]张光建. 东航物流打造民航混改"第一样本"[N]. 国际商报,2017-06-22.

[108]张继德,刘素含. 从中国联通混合所有制改革看战略投资者的选择[J]. 会计研究,2018(7):28-34.

[109]张向东. 试论中国传媒业的几种体制形态——兼论特殊管理股制度以及管理层持股[J]. 新闻记者,2014(12):78-84.

[110]张晓文,祝岩松,赵雷,等. 国企推进"混改",实行员工持股制度的典

型模式及分析[A]//中国企业改革与发展研究会.中国企业改革发展优秀成果(首届)上卷[M].北京:中国经济出版社,2017.

[111]张映军.国有企业混合所有制改革的"山东模式"——山东省交通运输集团有限公司混改项目[J].产权导刊,2019,178(2):55-58.

[112]赵春雨.竞争性国企混合所有制改革研究[N].山西日报,2019-04-02.

[113]赵玲玲.江西混改"第一单"成功落地 "江盐有限"有望年内变"江盐股份"[N].中国企业报,2016-08-02.

[114]赵雯,杨林华,范娟娟,等.电网公司综合能源服务业务混合所有制改革模式探析[J].电力与能源,2019,40(1).

[115]郑洁.从深圳文交所看文化金融是否迎来"立春"[N].中国文化报,2018-02-10.

[116]中共中央、国务院关于深化国有企业改革的指导意见[J].中国有色建设,2015(3).

[117]中共中央、国务院关于深化国有企业改革的指导意见[A]//国家发展改革委体改司.国企混改面对面[M].北京:人民出版社,2015.

[118]中央企业混合所有制改革操作指引[N].中国远洋海运报,2019-11-15.

[119]周爱静.无形资产评估标准探析[J].科技致富向导,2012(4):128,156.

[120]周海晨,陈俊豪.深入混改七件事——影响混合所有制改革质量与效果的关键因素探讨[J].企业管理,2019(4):13-15.

[121]周凯.东航集团成国家首批混改试点首家民航企业[N].中国青年报,2017-06-20.

[122]周丽莎,肖雪.能源类国有企业混合所有制改革模式探究[J].国有资产管理,2019(6).

[123]周丽莎.国有企业实施中长期激励方式研究[N].经济参考报,2018-09-03.

[124]周丽莎.混合所有制改革政策演变和实践发展[J].开发性金融研究,2018,20(4):57-67.

[125]周丽莎.深化国资国企改革 培育世界一流企业[N].经济参考报,

2019-04-15.

[126]周敏.中粮集团全产业链战略实施及其财务绩效分析[D].南昌:江西财经大学,2019.

[127]咨文.中国动力重组融资超百亿 七大动力整合持续推进——中国动力重组上市的五大亮点[J].国防科技工业,2016(9).

[128]左进波.混改股权结构设计三大影响因素[J].企业管理,2019(7):83-85.

[129]马建平.国企混改的十个关键点[J].国资报告,2019,49(1):71-74.

[130]北京产权交易所官网,http://www.cbex.com.cn。

[131]北京金融资产交易所官网,https://www.cfae.cn。

[132]上海联合产权交易所官网,https://www.suaee.com。

[133]上海文化产权交易所官网,https://www.shcaee.com。

[134]深圳文化产权交易所官网,http://www.szcaee.cn。

[135]天津产权交易中心官网,http://item.tprtc.com。

[136]天津金融资产交易所官网,http://www.tjfae.com。

[137]重庆金融资产交易所官网,http://www.cqfae.com。

[138]重庆联合产权交易所集团官网,http://www.cquae.com。

附录 混合所有制改革政策清单

一、国务院混改相关政策清单

序号	发布日期	文件名称
1	2015年8月24日	中共中央、国务院关于深化国有企业改革的指导意见（中发〔2015〕22号）
2	2015年9月23日	国务院关于国有企业发展混合所有制经济的意见（国发〔2015〕54号）
3	2015年10月25日	国务院关于改革和完善国有资产管理体制的若干意见（国发〔2015〕63号）
4	2015年10月26日	发展改革委、财政部、人力资源和社会保障部、国资委关于印发《关于鼓励和规范国有企业投资项目引入非国有资本的指导意见》的通知
5	2015年10月31日	国务院办公厅关于加强和改进企业国有资产监督防止国有资产流失的意见（国办发〔2015〕79号）
6	2015年12月7日	国资委、财政部、发展改革委关于印发《关于国有企业功能界定与分类的指导意见》的通知（国资发研究〔2015〕170号）
7	2016年2月26日	关于印发《国有科技型企业股权和分红激励暂行办法》的通知（财资〔2016〕4号）
8	2016年6月24日	企业国有资产交易监督管理办法（财政部令第32号）
9	2016年8月18日	关于印发《关于国有控股混合所有制企业开展员工持股试点的意见》的通知（国资发改革〔2016〕133号）
10	2016年8月2日	国务院办公厅关于建立国有企业违规经营投资责任追究制度的意见（国办发〔2016〕63号）
11	2017年4月24日	国务院办公厅关于进一步完善国有企业法人治理结构的指导意见（国办发〔2017〕36号）

续表

序号	发布日期	文件名称
12	2017年4月27日	国务院办公厅关于转发国务院国资委以管资本为主推进职能转变方案的通知(国办发〔2017〕38号)
13	2018年5月13日	国务院关于改革国有企业工资决定机制的意见(国发〔2018〕16号)
14	2019年6月5日	国务院国资委印发《国务院国资委授权放权清单(2019年版)》
15	2019年11月11日	国务院国资委印发《关于进一步做好中央企业控股上市公司股权激励工作有关事项的通知》(国资发考分规〔2019〕102号)
16	2019年11月13日	国务院国资委印发《中央企业混合所有制改革操作指引》(国资产权〔2019〕653号)

二、地方混改相关政策清单

序号	发布日期	文件名称
1	2016年3月16日	山东省关于省属国有企业发展混合所有制经济的意见(鲁办发〔2016〕10号)
2	2016年4月26日	广西壮族自治区人民政府关于推进国有企业发展混合所有制经济的实施意见(桂政发〔2016〕22号)
3	2016年9月8日	甘肃省人民政府关于国有企业发展混合所有制经济的实施意见(甘政发〔2016〕78号)
4	2017年1月9日	广东省国有控股混合所有制企业开展员工持股试点的实施细则(粤国资本〔2017〕2号)
5	2017年1月10日	上海市关于本市地方国有控股混合所有制企业员工持股首批试点工作实施方案(沪国资委改革〔2017〕18号)
6	2017年2月10日	湖南省人民政府关于国有企业发展混合所有制经济的实施意见(湘政发〔2017〕2号)
7	2017年4月1日	天津市开展国有控股混合所有制企业员工持股试点的实施意见(津国资企改〔2017〕6号)